ALTDEUTSCHE TEXTBIBLIOTHEK

Begründet von Hermann Paul
Fortgeführt von Georg Baesecke und Hugo Kuhn
Herausgegeben von Burghart Wachinger
Nr. 90

KONRAD VON MEGENBERG

Die Deutsche Sphaera

Herausgegeben
von
Francis B. Brévart

MAX NIEMEYER VERLAG TÜBINGEN
1980

HUGO KUHN
(1909–1978)

ZUM GEDENKEN

CIP-Kurztitelaufnahme der Deutschen Bibliothek

Konrad <von Megenberg>:
Die deutsche Sphaera / Konrad von Megenberg. Hrsg. von Francis B. Brévart. – Tübingen : Niemeyer, 1980.
(Altdeutsche Textbibliothek ; Nr. 90)
ISBN 3-484-20109-6
ISBN 3-484-20108-8

ISBN 3-484-20108-8 Geb. Ausgabe
ISBN 3-484-20109-6 Kart. Ausgabe

Inhaltsverzeichnis

Vorwort

Die vorliegende Neuausgabe der 'Deutschen Sphaera' ersetzt die seit langem vergriffene und heute nur noch schwer zugängliche Edition von Otto Matthaei in den 'Deutschen Texten des Mittelalters' (1912). Angeregt wurde meine intensive Beschäftigung mit Konrads von Megenberg 'Deutscher Sphaera' in einem von Herrn Prof. Dr. Hans Fromm im WS 1976/77 in München gehaltenen handschriftenkundlichen Seminar, wofür ich ihm an dieser Stelle herzlichst danken möchte. Die Entdeckung einiger bisher unbekannter 'Sphaera'-Handschriften einerseits, die Erkenntnis andererseits, daß Matthaeis Arbeit, gemessen an heutigen textkritischen Ansprüchen, unzulänglich und vor allem in der dargebotenen Form für die Beschäftigung mit spätmittelalterlicher Gebrauchsliteratur von nicht allzugroßem Nutzen sei, veranlaßten mich dazu, eine sich von der früheren in manchen grundsätzlichen Punkten unterscheidende und der heutigen Gebrauchssituation im akademischen Unterricht angepaßte Ausgabe zu gestalten.

Gegenüber der alten Edition von O. Matthaei weist die vorliegende folgende Unterschiede und Änderungen auf:

1. Sie beruht auf Autopsie der Gesamtüberlieferung.[1]
2. Sie bietet durch die Aufbereitung des vollständigen handschriftlichen Materials in einem übersichtlichen Lesartenapparat eine textkritisch zuverlässigere Ausgabe.[2]
3. Sie korrigiert zahlreiche Irrtümer der früheren Ausgabe in Text[3], Variantenapparat[4] und Glossar[5].
4. Sie strebt größere Übersichtlichkeit an: der Text wird, entsprechend der lat. Vorlage,

---

1 Für seine Edition hatte Matthaei (Bibl. Nr. 2) lediglich drei Textzeugen (A, b, C) benutzt und dabei Hs. b, weil sie angeblich „wenig Wert" (S. VII) besitzt, vielfach ignoriert, obwohl stellenweise gerade sie den richtigen Wortlaut bietet und als Korrektiv seiner Leiths. A hätte eingesetzt werden müssen.

2 Nicht ganz durchschaubar ist Matthaeis Vorgehen bei seiner Auswahl von Lesarten. Einerseits verfährt er äußerst eklektisch und läßt dabei zahlreiche, für die Textkonstitution bedeutsame Varianten unberücksichtigt, andererseits aber verzeichnet er eine Fülle von für den Text belanglosen (oft nur iterierenden) Varianten, die den Apparat unübersichtlich machen.

3 Besonders folgende Fehlertypen fallen auf: a) Lesefehler des Herausgebers; b) in der Überlieferung vorhandene (Sach-)Fehler, die vom Herausgeber nicht als solche erkannt wurden; c) sinnstörende Interpunktion des Herausgebers.

4 Auch hier lassen sich die Fehler gruppieren: a) falsche Angaben (z.B. 4,16 ***beschreibt*** bis ***und*** fehlt C [in C vorhanden!]); b) Auslassung mehrerer Worte innerhalb einer Textvariante (z.B. S. 6 App. Z. 3: zwischen ***sagen*** und ***allain*** fehlt ***wan wir sagen***); c) nicht eingetragene Hss.-Siglen im Anschluß an die Lesart (z.B. 5,16 b*C*; 16,22 *b*; 17,29 ***ordnung und die zal der*** aus b usw.); d) irreführende Information (z.B. 4,6f. ***waz*** bis ***sei*** fehlt b: welches ***waz***? 36,32f. welches ***niht***? etc.).

5 Vor allem falsch erklärte Begriffe (z.B. ***sumerzeichen*** als ***signum australe*** und ***winterzeichen*** als ***signum septentrionale*** statt umgekehrt oder ***wagen*** [9,6] als Sternbild statt als Umschreibung für Nordpol), falsch erkannte grammatikalische Formen (***ligen*** statt ***līden***), Rechtschreibungsfehler, die zuweilen sogar in Wortneuschöpfungen übergehen können (Matthaei schreibt gegen alle Hss. ***zuowendec*** statt ***zuendig*** – der Fehler wird von Lexer übernommen!); außerdem falsche Stellenangaben oder Wortbestimmungen usw.

in vier Kapitel eingeteilt und darüber hinaus in Abschnitte gegliedert als Vorschlag für eine inhaltliche Strukturierung. Diese Abschnitte werden zur schnelleren Inhaltsorientierung mit knappen Überschriften versehen.

5. Im Gegensatz zu Matthaeis Wortregister, das vielfach nicht über eine bloße Stellen- und Wortartangabe hinausgeht oder sich, statt eine Erläuterung des Begriffs zu bieten, lediglich mit der Aufführung der lat. Entsprechung begnügt, versucht das stellenweise als Kommentar fungierende Glossar dieser Ausgabe den Fachwortschatz der 'Deutschen Sphaera' sinnvoll zu erschließen.[6]

   In diesem Zusammenhang erschien mir eine Konkordanz der Fachtermini der 'Deutschen Sphaera' und des 'Puechleins von der Spera'[7] angebracht, um an zwei nahezu zeitgenössischen, unabhängig voneinander angefertigten Übersetzungen der 'Sphaera mundi' Johannes' von Sacrobosco auf die dt. Wortschöpfung im Bereich des astronomisch-kosmographischen Zweigs spätmittelalterlicher Fachprosa aufmerksam zu machen.

6. Um dem Benutzer den Vergleich der deutschen Übertragung mit der lat. Vorlage zu erleichtern, wird der Text der 'Sphaera mundi' nach der maßgeblichen Edition abgedruckt. Darüber hinaus soll, damit dem Leser ein Eindruck von einer Bearbeitung der 'Deutschen Sphaera' aus dem 16. Jh. vermittelt wird, auch noch ein Kapitel aus Conrad Heinfogels 'Sphaera materialis' als Faksimile dargeboten werden.

Für viele Anregungen und kritische Bemerkungen danke ich vor allem den Herren Professoren Dr. Klaus Grubmüller und Burghart Wachinger und Herrn Gerd Dicke (Münster) von ganzem Herzen wie auch Frl. Ulrike Bodemann, Gudrun Kaufmann und Herrn Reinhart Kubak für ihre unermüdliche Hilfe bei der Durchsicht des Manuskripts. Ferner gilt mein Dank der University of Chicago Press für die Druckgenehmigung der lat. 'Sphaera mundi', der Senckenbergischen Bibliothek, Frankfurt, für die Reproduktionserlaubnis von Heinfogels 'Sphaera materialis' und den Damen und Herren Bibliothekaren in München, Harburg über Donauwörth, Berlin, Graz, London und Washington D.C., die mir nicht nur Einsicht in die Handschriften gewährten oder Mikrofilme zur Verfügung stellten, sondern mir durch zahlreiche Auskünfte behilflich waren. Am meisten verdanke ich der Geduld, dem Verständnis und dem ermutigenden Zuspruch meiner Frau.

Dieses Buch widme ich posthum meinem verehrten Lehrer Hugo Kuhn in dankbarer Erinnerung.

---

6 Wie Werner Besch, Zur Edition von deutschen Texten des 16. Jahrhunderts, in: Alemannica. Landeskundliche Beiträge (FS Bruno Boesch), Bühl 1976, S. 392–411, hier S. 393f., treffend bemerkt, muß man „gelegentlich den Germanisten in das Gedächtnis rufen, daß unsere Nachbardisziplinen von einer Edition in der Regel mehr erwarten als nur die Wiedergabe einer verläßlichen Textgestalt. Sie erwarten die inhaltliche Erschließung des Textes oder wenigstens Hilfsmittel dafür."

7 Francis B. Brévart (Bibl. Nr. 3).

Einleitung

1. Der Verfasser der 'Deutschen Sphaera'

Konrad von Megenberg, Verfasser theologischer, kirchenrechtlicher, hagiographischer, moralphilosophischer, staatspolitischer und nicht zuletzt naturwissenschaftlicher Schriften,[8] zählt zweifellos zu den bedeutendsten Autoren und Übersetzern des deutschen Spätmittelalters. Er ist im Jahr 1309 als Sohn wahrscheinlich eines fränkischen Ministerialen in Mäbenberg (Kreis Schwabach) südlich von Nürnberg geboren. Nach dem Besuch der Trivialschule in Erfurt zog er – wann genau ist ungewiß – zur Fortsetzung seines Studiums nach Paris, wo er den Magistertitel erwarb und dort zwischen 1334 und 1342 Vorlesungen sowohl über Theologie und Philosophie als auch auf dem Gebiet des Quadriviums an der Artistenfakultät hielt.[9]

1342 verließ er Paris, um das Amt eines Rektors an der Stephansschule in Wien anzutreten. Dort entstand nach 1347 (Datum der Beendigung seiner 'Questiones super speram') und vor 1350 (Vollendung seines 'Buches der Natur') die 'Deutsche Sphaera',[10] Konrads erste naturwissenschaftliche Übersetzungsarbeit, vermutlich in Verbindung mit seiner an der Stephansschule ausgeübten Lehrtätigkeit.[11] Im Jahr 1348 siedelte er nach Regensburg über, wo er „vielleicht Scholaster, sicher von 1359 bis 1363 Dompfarrer von St. Ulrich, jedoch nicht Domprobst"[12] war.

Er starb am 14. April 1374 und wurde im Niedermünster zu Regensburg beigesetzt.

2. Einführung in die 'Deutsche Sphaera'

Konrads 'Deutsche Sphaera' gehört zu den ältesten volkssprachlichen Übersetzungen der lat. 'Sphaera mundi' des Engländers Johannes von Sacrobosco (Ende des 12. Jh.s. bis 1256 [1244?]),[13] eines Traktats astronomisch-kosmographischen Inhalts, der aufgrund seines systematischen Aufbaus und seiner klaren Darstellungsweise vom Zeitpunkt seiner Entstehung um 1230 an bis in für die Astronomie 'moderne Zeiten' (um 1543) zu einem der

8 Zum Umfang von Konrads Oeuvre siehe Helmut Ibach (Bibl. Nr. 5), S. 181f. und Sabine Krüger (Bibl. Nr. 7), S. XVII–XXII.

9 Vgl. den Artikel von Joseph Klapper im VL 2 (^{1}1936), Sp. 900–906, hier 900 und Klaus Arnold (Bibl. Nr. 8), S. 159.

10 Arnold (Bibl. Nr. 8), S. 151. Zur Datierung des 'Buches der Natur' und der 'Deutschen Sphaera' siehe Ibach (Bibl. Nr. 5), S. 62ff.

11 Anton Mayer, Die Bürgerschule zu St. Stephan in Wien, Bl. d. Ver. f. Landeskunde von Niederösterr. NF 14 (1880), S. 341–382, zufolge gehört die 'Sphaera' des Sacrobosco im 14. Jh. zu dem Lehrprogramm der Stephansschule (S. 359).

12 Krüger (Bibl. Nr. 7), S. XVI.

13 Näheres über Sacrobosco und die Rezeption seiner 'Sphaera mundi' bei Brévart (Bibl. Nr. 3), S. 1–13 (mit ausführlichem bibliographischen Material).

meist benutzten Lehrbücher der mittelalterlichen Artesliteratur an den Universitäten zählte und noch weiter bis ins 17. Jh. hinein immer wieder durch Korrekturen und zahlreiche Kommentare aktualisiert wurde.[14]

Hauptquelle[15] der 'Sphaera mundi' waren vor allem die seit dem 9. Jh. als 'Almagest' bekannte 'Megale Syntaxis' des Ptolemäus (um 138 n. Chr.) und die arabischen Kommentare zu diesem Werk von Alfraganus (gest. nach 861) und Albategnius (gest. 929) in lat. Übersetzung;[16] als weitere Quellen dieses Kompendiums dienten außerdem der Macrobius-Kommentar zum 'Somnium Scipionis' und die von Eratosthenes (ca. 273–192 v. Chr.) ausgehende Tradition zur Berechnung des Erdumfangs.

Mit seinen 'Questiones super speram' und der im selben Kodex vorangehenden Schrift 'Expositio super speram'[17] leistete Konrad vor allem für die 'Deutsche Sphaera', aber auch in Bezug auf das Kapitel über die Himmelskunde im 'Buch der Natur' wichtige Vorarbeiten. In achtzehn *questiones*[18], bei denen seine in Paris erworbenen Kenntnisse der Astronomie und seine dort ausgebildeten pädagogischen Fähigkeiten in den Vordergrund treten, setzt er sich mit Einzelproblemen vornehmlich aus dem ersten Kapitel der 'Sphaera mundi' auseinander und zitiert dabei zahlreiche Autoren[19], deren Werke er zu diesem Zweck herangezogen hat: Aristoteles, Ptolemäus, Alfraganus, Averroës, Thebit, Messahala, Albumasar, Almansor usw.; außerdem die 'Enarratio in sphaeram mundi' des Cecco d'Ascoli, der 1327 samt seinen Schriften in Florenz als Ketzer verbrannt wurde, und den 'Sphaera'-Kommentar eines Zeitgenossen, Hermanns von Nürnberg[20] (abgeschlossen 1346 in Gent).

Ein Vergleich der Übersetzung Konrads mit der lat. Vorlage zeigt, daß Konrads Zusätze gegenüber der 'Sphaera mundi' größtenteils dem Text der 'Expositio' oder der 'Questiones' entstammen, ihnen stellenweise sogar wortwörtlich entsprechen, so zum Beispiel der Exkurs über die Natur der Planeten 7,23ff. (vgl. 'Expositio' Bl. 3va–4ra und Thorndike [s. u.] S. 63), über die Charakteristika der einzelnen zodiakalen Abschnitte 23,4ff. (vgl. 'Expositio' Bl. 20va–21rb und Thorndike S. 70), über die Perspektive 13, 27ff. (vgl. 'Expositio' Bl. 11rb–12va und Thorndike S. 66), oder bei der Behandlung des siebten Klimas 54,28f. (vgl. 'Expositio' Bl. 56ra und Thorndike S. 85).[21]

Das 'Sphaera'-Lehrbuch besteht aus vier Teilen. Im ersten Kapitel wird das aristotelisch-ptolemäische Weltbild dargelegt, nach dem sich der Kosmos aus einer Anzahl konzentri-

14 Einen guten Überblick über die nachhaltige Wirkung der 'Sphaera mundi' gibt Lynn Thorndike (Bibl. Nr. 1), S. 21–56.

15 Über die Quellen Sacroboscos informiert Thorndike (Bibl. Nr. 1) S. 14–21.

16 Vgl. Francis James Carmody, Arabic Astronomical and Astrological Sciences in Latin Translation. A Critical Bibliography, Berkeley/Los Angeles 1956, S. 113ff. George Sarton (Bibl. Nr. 43), Bd. 2, S. 617f. Paul Kunitzsch, Der Almagest. Die Syntaxis Mathematica des Claudius Ptolemäus in arabisch-lateinischer Überlieferung, Wiesbaden 1974, S. 46ff.

17 Eine detaillierte Beschreibung der bisher einzigen bekannten Überlieferung des Clm 14687 gibt Arnold (Bibl. Nr. 8), S. 152–154.

18 Diese werden aufgezählt von Jean-Paul Deschler (Bibl. Nr. 12), S. 23f. Darüber hinaus enthält ein Nachtrag ***secundum aliam litteram*** auf Bl. 93vb weitere sieben ***questiones***.

19 Vgl. Deschler (Bibl. Nr. 12), S. 378, Anm. 110 und Arnold (Bibl. Nr. 8), S. 166f. Nach Otto Matthaei (Bibl. Nr. 13) soll Konrad außerdem noch die 'Mainauer Naturlehre' einmal vor Augen gehabt haben (S. 16).

20 Hier ist wahrscheinlich Heinrich von Sirenberg gemeint (vgl. Thorndike [Bibl. Nr. 1], S. 37).

21 Vgl. Arnold (Bibl. Nr. 8), S. 173–175; weitere Stellen bei Deschler (Bibl. Nr. 12), passim.

scher Sphären zusammensetzt, die, angefangen oben mit dem Firmament bis zum Elementarbereich hinab, um die Erde als unbeweglichen Weltmittelpunkt kreisen. Es unterrichtet in einzelnen Abschnitten über die Entstehung aller Dinge aus der Mischung der vier Urstoffe: Erde–Wasser–Luft–Feuer, über deren Veränderlichkeit und Vergänglichkeit, über die ost-westliche Bewegung der Himmel, weiterhin über die Wölbung von Himmel, Erde und Wasserflächen und endet mit Größenangaben der Erde und ihres Durchmessers. Kapitel 2 erörtert im wesentlichen die großen und die kleinen Kreise: Äquator, Tierkreis, Koluren, Meridian, Horizont, Polar- und Wendekreise, während Kapitel 3 zunächst die drei Möglichkeiten von Auf- und Untergang der Himmelskörper behandelt, dann die Verhältnisse von Tages- und Nachtdauer in den verschiedenen Jahreszeiten, um abschließend auf die sieben bewohnbaren Erdteile oder Klimata einzugehen. Das vierte und letzte Kapitel lehrt die Bewegungsläufe der Himmelskörper, die Himmelsmechanik also, und endet mit der Beschreibung und den Ursachen von Sonnen- und Mondfinsternissen.

3. *Die Handschriften*[22]

A = München, Bayerische Staatsbibliothek, Cgm 156, 2. Hälfte des 14. Jh.s, Bl. 1ra–31ra.
Herkunft unbekannt. Pergament, 31 Bll., Papier, 2 Bll. (= 32 + 33); 34 x 24,5 cm, 2-spaltig; 1 Schreiber; zahlreiche Initialen, Randglossen und -zeichnungen; 14 Textillustrationen.
Mundart: nordbair.
Außer der 'Deutschen Sphaera' enthält die Hs. einige astronomische Federzeichnungen auf Bl. 32^{r+v}, wahrscheinlich von Conrad Heinfogels Hand (vor 1516).[23]

b = München, Bayerische Staatsbibliothek, Cgm 328, 2. Hälfte des 15. – 1. Hälfte des 16. Jh.s, Bl. 97ra–119va.
Herkunft unbekannt. Auf Bl. 174^{v} Einträge von möglichen Vorbesitzern: *Caspar Wintzrer* und *Ritter Sigmundt Küngsfelder.* Papier, 175 Bll.; 28 x 19,5 – 20 cm; 6 Schreiber; 'Sphaera'-Text: 2-spaltig von einer Hand (Hand 4: Bl. 96^{v}–119va) geschrieben; einzelne Wörter unterstrichen; Initialen, Lombarden, astronomische Figuren in Federzeichnung.
Mundart: ostschwäb.
Abgesehen von einigen kürzeren Abhandlungen über Namenmantik, Wetterregeln und Voraussagen über Finsternisse, befinden sich in dem Codex folgende Werke:

1. 3^{r} – 24^{v} Jakob Pflaum von Ulm: Kalender mit Erklärung.
2. 26^{r} – 60^{v} Alkabitius: Libellus Isagogicus (dt. Übersetzung der lat. Bearbeitung des Joh. Hispalensis von Arnold von Freiburg 1312).
3. 62^{r} – 73^{r} Robertus Anglicus: Feldmeßkunst.
4. 73^{v} – 92^{v} Perscrutator (Robert von York?): De mutabilibus elementorum, dt.

22 In meinem Aufsatz zur Überlieferungsgeschichte der 'Deutschen Sphaera' (Bibl. Nr. 11) habe ich die 'Sphaera'-Hss. im Detail beschrieben. Die folgenden Ausführungen geben in gekürzter Form die wesentlichen Daten wieder.

23 Siehe dazu Karl Schottenloher (Bibl. Nr. 17), S. 303f.

5. 97^{r} – 119^{v} Konrad von Megenberg: Deutsche Sphaera.
6. 122^{r} – 138^{r} Lazarus Behaim: Vom Einfluß der Planeten.
7. 150^{r} – 157^{v} Die 12 Tierkreiszeichen.
8. 166^{v} – 171^{v} Die Sandkunst der 16 Richter.

C = Graz, Universitätsbibliothek, II, 470, Anfang des 15. Jh.s, Bl. 135ra–145vb.
Herkunft: Chorherrenstift Seckau. Pergament, 145 Bll.; 29 x 22 cm; 3 Hände; 'Sphaera'-Text: 2-spaltig, von einem Schreiber (Hand 1: Bl. 1ra–122ra und 135ra–145vb) geschrieben; Rubrizierung, Initialen, rote Überschriften, astronomische Figuren.
Mundart: mittelbair.
Die Hs. umfaßt folgende Werke:

1. 1^{r} – 122^{r} Heinrich von München: Weltchronik.
2. 122^{v} – 125^{r} Bruchstück einer Kaiserchronik 1191–1376.
3. 125^{r} – 134^{r} Epistel des Rabbi Samuel, dt. von Irmhart Oeser.
4. 134^{r} – 134^{v} Kurze Geschichte Karls des Großen.
5. 135^{r} – 145^{v} Konrad von Megenberg: Deutsche Sphaera.

d = London, British Museum, Add. 15696, Mitte des 15. Jh.s, Bl. 2ra–21va.
Herkunft unbekannt. Papier, 27 Bll.; 29,8 x 20,4 cm; 2 Hände; 'Sphaera'-Text: 2-spaltig von einer Hand (Hand 1: Bl. 2ra–21va) geschrieben; einige Begriffe im Text unterstrichen; Initialen, astronomische Zeichnungen.
Mundart: bair.
Außer der 'Deutschen Sphaera' enthält der Codex auf Bl. 22^{r}–27^{v} ein Fragment einer bebilderten, deutschen astrologischen Schrift von Geburtsprognosen, die auf das 'Astrolabium planum' des Petrus von Abano zurückzuführen ist.

e = London, British Museum, Add. 22808, Mitte des 15. Jh.s, Bl. 41^{v}–52^{r}.
Herkunft: möglicherweise aus der Bibliothek des Klosters Amorbach. Papier, 64 Bll.; Pergament, 1 Bl. (=Bl. 1); 28,3 x 20,4 cm; 6 Kopisten; 'Sphaera'-Text: durchgehend von einer Hand (Hand 5: Bl. 41^{v}–52^{r}) geschrieben; deutliche Gebrauchsspuren; weder Illustrationen noch Initialen.
Mundart: niederalemann.
Abgesehen von einer kurzen historischen Notiz auf Bl. 1^{r} enthält die Hs.:

1. 2^{r} – 11^{v} Marcus Manilius: Astronomicon (Fragment), lat.
2. 12^{r} – 23^{r} Johann von Sachsen: lat. Kommentar über die Alfonsinischen Tafeln.
3. 24^{r} – 41^{r} Pseudo-Ptolemäus: Centilogium, lat.
4. 41^{v} – 52^{r} Konrad von Megenberg: Deutsche Sphaera.
5. 53^{r} – 60^{r} Alfonsinische Tafeln, lat.

f = Harburg, Fürstlich Oettingen-Wallerstein'sche Bibliothek, Cod. II,1 4°61, Mitte des 15. Jh.s, Bl. 48^{r}–85^{r}.
Herkunft: bis 1803 im Besitz der Benediktinerabtei Hl. Kreuz in Donauwörth. Papier, 191 Bll.; 21,3 x 15,5 cm; mindestens 4 Schreiber; 'Sphaera'-Text: durchge-

hend von zwei Händen (Hand 2: Bl. 48r–56r; Hand 3: Bl. 56v–143r) geschrieben; Rubrizierung, Initialen, astronomische Abbildungen.
Mundart: schwäb.
Abgesehen von einigen Regeln für Neu- und Vollmondberechnung und für Holzfäller umfaßt Hs. f folgende Abhandlungen:

1. 1r – 12r Lat. Traktat über die sieben freien Künste.
2. 13r – 46v Bearbeitung der Alfonsinischen Tafeln.
   14r – 22r Tafeln für Erfurt, Jahrgang 1444.
   27r – 39v Tabellen zur Berechnung der wahren Neu- und Vollmonde für Erfurt mit Erläuterungen.
   40r – 46v Umarbeitung der vorigen Tabellen für Augsburg und Berechnung einer Finsternis für das Jahr 1093.
3. 48r – 85r Konrad von Megenberg: Deutsche Sphaera.
4. 86v – 91v Planetentraktat, dt.
5. 101r – 134v Volkskalender, dt.
6. 135r – 139v Geräteverwendung, dt.
7. 139v – 142v Anweisungen für die Herstellung eines Astrolabiums; verschiedene mathematische Regeln, dt.
8. 144r – 180r Hermann Schedel: lat. Pesttraktat.

g = Berlin, Staatsbibliothek Preussischer Kulturbesitz, Ms. germ. fol. 1068, Mitte des 15. Jh.s, Bl. 217ra–240vb.
Herkunft unbekannt. Im Vorderdeckel Besitzeinträge aus dem 15. Jh. von *Panthaleon Händpekchen... im 72 jar* und von *Hanns Hörbst burger zu Lannczhuet.* Papier, 278 Bll.; 29,5 x 22 cm; 2 Schreiber; 'Sphaera'-Text: 2-spaltig von einer Hand (Hand 2: Bl. 217ra–240vb) geschrieben; Hs. durchgehend rubriziert; rote Lombarden, astronomische Zeichnungen.
Mundart: mittelbair.
Die Hs. enthält:

1. 1r – 5v Register zu Konrads von Megenberg 'Buch der Natur' (siehe unten 4).
2. 5v – 12r Gottfried von Franken: Pelzbuch.
3. 12v Medizinische Rezepte.
4. 13r – 216v Konrad von Megenberg: Das Buch der Natur.
5. 217r – 240v Konrad von Megenberg: Deutsche Sphaera.
6. 242r – 268r Macer floridus, dt.
7. 268r – 273v Die 12 Tierkreiszeichen.
8. 273v – 276v Medizinische Rezepte.

K = München, Bayerische Staatsbibliothek, Cgm 7962, 2. Hälfte des 14. Jh.s, Bl. 68vb–103vb.
Herkunft unbekannt. Zahlreiche familienchronistische Einträge aus dem 15. Jh.; als Besitzernamen *Hans Hocherstat* und seine Ehefrau *Elsy Fischerin.* Pergament, 105 Bll.; 18 x 13,5 cm; 3 Schreiber; 'Sphaera'-Text: 2-spaltig von zwei Händen (Hand 2: Bl. 68vb–73va; Hand 3: Bl. 73va–103vb) geschrieben; Initialen, astronomische Illustrationen.

Mundart: mittelbair. mit südbair. Elementen.
In der Hs. sind vorhanden:

1. 1r – 14r Lat.-dt. Kalendarium mit komputistischen Tabellen zur Berechnung von Sonntagsbuchstaben, goldener Zahl usw.; Heiligenregister.
2. 14v – 15v Auszug aus dem 'Centilogium' des Pseudo-Ptolemäus und aus 'De anima' des Aristoteles, dt.
3. 15v – 65v Volkskalender.
4. 65v – 68v Verworfene Tage.
5. 68v – 103v Konrad von Megenberg: Deutsche Sphaera.

L = München, Bayerische Staatsbibliothek, Clm 24105, Anfang des 16. Jh.s, Bl. 89r–111v.
Herkunft: ehemaliges Augustiner-Chorherrenstift Weyarn, Oberbayern. Papier, 113 Bll.; 30,5 x 20,4 cm; vermutlich 3 Kopisten; 'Sphaera'-Text: durchgehend von einer Hand (Hand 1: Bl. 2r–57r und 69r–111v) geschrieben; Rubrizierung und schmückende Initialen kaum vorhanden; zahlreiche astronomische Federzeichnungen.
Mundart: bair.
Die Hs. enthält:

1. 2r – 52r Richard von Wallingford: lat. Traktat über das Instrument *albion*.
2. 52v – 53v Über die Armillarsphäre, lat.
3. 53v – 57r Erklärung eines Tegernseer Mönchs zum besseren Verständnis des oben beschriebenen Instruments, lat.
4. 58v Über die Ringsonnenuhr, dt.
5. 59r – 65r Bonetus de Latis: Anulus astronomicus, lat.
6. 65v – 67r Erklärung zur Verwendung der Nachtuhr und des Quadranten, dt.
7. 67v – 68v Herstellung und Verwendung einer Sonnenuhr, lat.
8. 69r – 84r Andreas Stöberl (Stiborius): Über das Instrument *saphea*, lat.
9. 85r – 88v Andreas Stöberl: Über das *organum Ptolomäi*, lat.
10. 89r – 111v Konrad von Megenberg: Deutsche Sphaera.
11. Beigebundener Druck: Georg Peuerbach: Tabulae ecclipsium, hrsg. von Georg Tannstetter, Wien: Joh. Winterburger 1514.

W = Washington, D.C., National Library of Medicine, Cod. 38, 2. Hälfte des 14. Jh.s, Bl. 1ra–11ra.
Herkunft: ursprünglich im Besitz der Kartause Erfurt. 2 Teile: Pergament, 11 Bll., Papier, 151 Bll.; Pergament: 26,3 x 15,5 cm; 4 Schreiber; 'Sphaera'-Text: 2-spaltig von einer Hand (Hand 1: Bl. 1ra–11ra) geschrieben; Randglossen, Initialen, astronomische Zeichnungen.
Mundart: nordbair.
Die mit der 'Deutschen Sphaera' zusammengebundene Papierhs. enthält:

1. 0r – 0v Ratschläge gegen die Pest, lat.
2. 1r – 147v Bernhard von Gordon: Lilium medicinae, lat.
3. 147v Ratschläge gegen die Pest, lat.

Alle zehn aufgeführten Hss. stammen aus dem süddt. Raum. Dabei handelt es sich, sieht man von Hs. A ab, um Sammelhss. astronomisch-astrologischen (b, e, f, g, K, L), mantischen (b), naturwissenschaftlichen (b, g), medizinischen (f, g, K, W) und historisch-theologischen (C) Inhalts, deren Zusammensetzung zweifelsohne gewisse Sammlerintentionen erkennen läßt. Die Vergesellschaftung dieser Werke erklärt sich einerseits vor allem aus ihrem gemeinsamen Versuch, die Welt zu beschreiben, sie zu deuten und Prognosen zu geben, andererseits aus der hilfswissenschaftlichen Funktion z.B. der Astronomie/Astrologie, von deren Kenntnissen vor allem die Medizin abhängig war.[24]

4. *Drucküberlieferung:*

In der 1. Hälfte des 16. Jh.s erreichte die 'Deutsche Sphaera' kurz hintereinander mindestens vier verschiedene Auflagen. Sie gehen im wesentlichen auf die Bearbeitung der Hs. A durch den Nürnberger Mathematiker Conrad Heinfogel (siehe oben S. XI) zurück, der unter Beiziehung einer lat. Vorlage Konrads Text überarbeitete und erstmals 1516 in Nürnberg drucken ließ:[25]

1. Nürnberg: Jobst Gutknecht 1516
   Sphera materialis || [Holzschnitt]
   Expl. Gedrůckt zu Nůrnberg durch Jobst || Gutknecht.
   Anno M.CCCCC.Xvi. ||
   4° 28 Bll. Sign.: $A^8B–F^4$. Mit 26 Holzschnitten.

2. Köln: Arnd von Aich 1519
   Sphera materialis || geteuscht durch meyster Conradt || Heynfogel von Nuremberg . . . [Holzschnitt]
   Expl. Gedruckt zů Cőln durch Arnt von Aych || im jar vnsers herren. M.CCCCC.XiX. ||
   4° 28 Bll. Sign.: $A–G^4$. Mit 26 Holzschnitten.

3. Straßburg: Jakob Cammerlander 1533
   SPhera materialis: || eyn anfang vnd fundament der Astronomi / . . . durch M. Cunrad || Heynfogel von Nůrnberg verteutscht / . . . durch M. Polychorium / . . . widerumb verlesen / . . . [Holzschnitt]
   Zů Straßburg / bei Jacob Cammerlandern von Mentz. || Anno 1533. ||
   4° 32 Bll. Sign.: $A–H^4$. Mit 14 Holzschnitten.

---

24 Genaueres bei Brévart (Bibl. Nr. 11), S. 210f.

25 Für Drucknachweise dieses seltenen Werkes siehe vor allem Jean George Graesse, Trésor de Livres Rares ou Nouveau Dictionnaire Bibliographique, 7 Bde, Paris usw. 1859–1867 (Nachdruck: Milano 1950), Bd. 6, S. 211 und Ernst Zinner, Geschichte und Bibliographie der astronomischen Literatur in Deutschland zur Zeit der Renaissance, Stuttgart ²1964, S. 151 Nr. 1062, S. 154 Nr. 1119, S. 181 Nr. 1544 und S. 194 Nr. 1726. Vgl. Joseph Benzing, AGBW 1 (1958), S. 367 Nr. 11 und ders., Das Antiquariat 16 (1962), S. 280 Nr. 49 und 50.

4. Straßburg: Jakob Cammerlander 1539
   SPhaera Mundi. || Eyn anfang vnd fundament || der Astronomi / auß den alten Astronomis durch Jo || hannem de sacro busto ins Latin zůsamen gesetzt / vnd nachmals durch || M. Cunrad Heynfogel von Nurnberg verteutscht / . . .
   A 1b: [Holzschnitt] || Getruckt zů Straßburg bei M. Jacob Cam- || merlander. Anno MDXXXiX. ||
   4° 40 Bll. Sign.: A–K⁴. Mit 44 Holzschnitten.[26]

In seiner Untersuchung zeigt Deschler (Bibl. Nr. 12, S. 331 ff.), daß Heinfogels Werk keineswegs, wie das seit Diemer (1851) immer wieder übernommene und tradierte Fehlurteil behauptet, nur einen wörtlichen Abdruck der Übersetzung Konrads von Megenberg darstellt,[27] sondern darüber hinaus sogar einige Fehler der Hs. A beseitigt (S. 346 f.) und an manchen Stellen infolge der sachkundigen Bearbeitung Heinfogels zum besseren Verständnis seiner dt. Vorlage beiträgt (S. 347f.). Da hier nicht näher auf diese Bearbeitung eingegangen werden kann, bleibt festzuhalten, daß Heinfogels Werk und die nachfolgenden Auflagen in einem direkten Abhängigkeitsverhältnis zu Hs. A stehen. Die Heranziehung anderer dt. Hss. läßt sich nicht nachweisen.

5. *Verwandtschaftsverhältnis der Handschriften und ihre Charakteristika*

Die Veränderungen, die die handschriftlichen Textzeugen im Verlauf ihrer Überlieferung erfahren haben, im einzelnen zu verzeichnen, um die Hss.-Verhältnisse zu eruieren, erscheint hier nicht notwendig. Daher wurde für die nachstehenden Erörterungen größtenteils darauf verzichtet, die jeweiligen Bearbeitungsmerkmale im Detail zu untersuchen und alle Lesarten nach ihrem textgeschichtlichen Wert zu befragen. Es soll hier lediglich das Abhängigkeitsverhältnis der Hss. untereinander anhand ausgewählter, beweiskräftiger Einzelstellen in einem Stemma aufgezeigt werden, um eine Übersicht über die Textgenese zu ermöglichen und mit deren Hilfe der vermuteten Textform des Archetyps näher zu kommen.

Die folgenden Überlegungen zur Gliederung der Überlieferung[28] müssen auf den Befun-

---

26 In ihrer Bibliographie Générale de l'Astronomie, Bruxelles 1887–1889, berichten Jean Charles Houzeau und Albert Lancaster von einem anderen, 1545 in Frankfurt a. M. erschienenen Druck (vgl. Bd. I, 1, S. 510 Nr. 1662), der bis heute nicht ausfindig gemacht werden konnte. Zinner (wie Anm. 25, S. 76–78), der vor einigen Jahren diese Bibliographie überprüft und eine Liste von Berichtigungen zu diesem Werk vorgeschlagen hatte, geht auf diesen Druck nicht ein. Weder korrigiert er die oben erwähnte Stelle bei Houzeau/Lancaster, noch führt er konsequenterweise den Titel dieses Buches in seiner Bibliographie der astronomischen Literatur auf. Auch Benzing, der die Eintragung in Houzeau/Lancaster als eines der nicht wenigen 'literary ghosts' dieses umfangreichen Werkes bezeichnet (briefl. Hinweis 9.6.78), kennt diesen Druck nicht.

27 Custos Diemer, Kleine Beiträge zur älteren deutschen Sprache und Literatur, WSB, phil.-hist. Kl. 7 (1851), S. 73–90, hier 85: „Aus dem Ganzen geht denn hervor, dass Heinfogel Megenberg's Uebersetzung sehr wohl kannte, sie offenbar und zwar meistens wörtlich abschrieb . . .". Vgl. Schottenloher (Bibl. Nr. 17), S. 303f. Ernst Zinner, Die fränkische Sternkunde im 11. bis 16. Jahrhundert, Ber. der naturforsch. Ges. in Bamberg 27 (1934), S. 1ff., hier 91. Ibach (Bibl. Nr. 5), S. 62 und Gerhard Eis, VL 5 (^{1}1955), Sp. 339–341, hier 340.

28 Zur technischen Darstellung gilt folgendes: Wo nicht näher spezifiziert, bezieht sich die Lesart vor

Konkordanz der Handschriften

A Cgm 156	b Cgm 328	C II, 470	d Add. 15696	e Add. 22808	f Cod.II,1 4°61	g Ms.germ. fol.1068	K Cgm 7962	L Clm 24105	W Cod. 38
1. Vorrede 2. Vorrede	3,16-29			1. Vorrede 2. Vorrede	3,16-29	1. Vorrede	1. Vorrede 2. Vorrede	1. Vorrede 2. Vorrede	1. Vorrede 2. Vorrede
							6,6-21		
							8,24-9,12 11,20-16,7 17,8-30		
							28,10-40,17		
			47,2-54,1						
								56,15- Ende	
		61,11- Ende							

der eckigen Klammer (]) immer auf den edierten Text (Hs. A), die Lesart nach der eckigen Klammer, die in der Lautgestalt der als erste verzeichneten Hs. erscheint, auf die mit Hs. A zu vergleichende Hs., bzw. Hss.-Gruppe. In runder Klammer ( ) befindliche Varianten bezeichnen eine individuelle Abweichung von der Gruppenlesart und beziehen sich nur auf das unmittelbar vorausgehende Wort.

den zum Textbestand aufbauen; ich fasse sie in einer Tabelle zusammen. Dabei werden nur die fehlenden Partien in den Hss. verzeichnet; die Zahlen beziehen sich auf die vorliegende Ausgabe.

Die Gruppe *bf

Diese Gruppe zeichnet sich durch auffallend viele textliche Übereinstimmungen aus. Abgesehen von gemeinsamen lat. Einschüben: 6,8 *spera*] *sp. materialis;* 53,3 *augenender*] *a. = orison* usw., die sich auch über mehrere Zeilen erstrecken können (z.B. 28,3–9), von beträchtlichen Auslassungen (8,20–22; 20,11–14; 55,21–26), Ergänzungen oder Ersatz des überlieferten Textes (6,20f.; 15,7f.; 23,1f.; 34,12–14), läßt sich die enge Zusammengehörigkeit beider Texte an zahlreichen gemeinsamen Fehlern nachweisen:

7,26 *tunkeln*] *trucken*; 10,6 *waltzen*] *wachsent*; 14,4 *scharpf*] *stumpff*; 16,17 *Ptolomeus*] *Bartholomeus*; 21,22 *tregleichen*] *taglich*; 30,29 *ahten*] *alten*; 39,14 *redenstrikke*] *rotunden strick*; 42,9 *du nimst*] *die minsten*; 51,19 *wonhaft*] *namhaft*; 60,20 *schelch*] *schedlich*; 60,30 *kegler*] *tegler*; 61,21 *krichischen*] *cristenleichen.*

Dabei muß festgehalten werden, daß keine der beiden Hss. die Vorlage für die andere gewesen sein kann, da b viele Plus- und Minusstellen gegenüber f hat und umgekehrt.

Die Gruppe *bCf

In folgenden Fällen schließen sich die Hss. b, C, f gegen die übrigen Textzeugen zusammen:

10,6 *geleben*] *beleiben*; 12,23 *daz etlich stat eitel wer*] *das ain tail etleich statt wesen lare* bf *etlich stat ain tail wesen lär* C; 14,2 *stumpf*] *scharf* bf *minner scharf* C; 24,16 *andertail stukt sich*] *a. stuck tailt sich*; 33,11 *widerpernkraizz*] *winterpernkr.*; 38,2 *striks*] *krebs*; 45,27 *erdenpau*] *ersten baw*; 47,24 *wer*] *viel*

wobei Hs. C ihrerseits durch eigene Fehler von *bf bzw. von den übrigen Textzeugen abweicht:

8,17 *klainst*] *chrankst*; 9,7 *oder verre darůber*] *o. wer d. v. wont*; 9,12 *winkellein*] *wichtlein*; 9,15 *matergleich*] *naturleich*; 10,21 *berinne*] *prinnend*; 13,30 *kegels*] *chugel*; 18,21 *verreidung*] *verrung*; 20,5 *stukt*] *kukt* usw.

Im Vergleich mit der Gruppe *bf, die sich vor allem auszeichnet durch zahlreiche selbständige Änderungen gegenüber der Überlieferung und durch ihre wiederholten Versuche, die fehlenden Partien aus ihrer Vorlage unter Heranziehung einer lat. Fassung der ‘Sphaera mundi’ nachzutragen, verhält sich der Schreiber von Hs. C eher zurückhaltend, obwohl auch er gelegentlich seine Vorlage durch Ergänzungen und Korrekturen zu verdeutlichen sucht (vgl. z.B. 9,16; 10,11; 11,30; 16,25; 20,1).

Die Gruppe *eK

Aufgrund nicht unbeachtlicher gemeinsamer Lücken in Hs. e und K (z.B. 44,24 *do die zwu hoh sunwenden*; 52,2 *in der sunnen undergank*; 57,1–3 *Aber* bis *scheinprecherinne*) und folgender Beispiele (weitere Belege unten bei Gruppe *egK), die für eine nähere Verwandtschaft zwischen diesen beiden Textzeugen sprechen, ist zurecht eine Vermittlungshs. *eK zu postulieren:

10,25 *ander*] *erst a.*; 22,9 *ander*] *a. zeit*; 46,29 *Cyene*] *clein*; 49,8 *swimt*] *swint*; 53,10 *Dyameros*] *Dyametros*; 59,27 f. *dez ertreichs erleuhtet*] *daz* (fehlt e) *schinet vnd erl.*

Kontrastiert man dabei Hs. e und K miteinander, so zeigt die weitaus höhere Anzahl von Textverderbnissen in K, daß Lachmanns Vorurteil gegen die jüngeren Codices zugunsten älterer Überlieferungsträger auch für diesen Fall revisionsbedürftig ist. K zeigt, wie die folgenden individuellen Abweichungen illustrieren, daß die Vorlage in vielen Fällen entweder nicht verstanden oder sorglos abgeschrieben wurde, und dies im Unterschied zu e, einer Hs., die von größeren Fehlern und Texteingriffen weitgehend frei ist.

Hs. e:
7,22 *waltzer*] *wasser*; 10,30 *ungestům*] *gestirne*; 18,22 *mittelnaigerin*] *mitteln stern*; 26,12 *enge*] *ende*; 57,7 *trakk*] *tag*; 58,2 *steer*] *steter*; 60,24 *behendicleichen*] *bescheidenlich.*

Hs. K:
8,11 *zorn*] *chorn*; 9,21 *kainen*] *chlainen*; 9,26 *swer*] *fewr*; 10,7f. *unwegleich*] *vngeleich*; 11,3 *lauf*] *luft*; 18,9 *munt*] *vnrat*; 20,9 *vorlenzen*] *vor lazzen*; 23,10 *geschikt*] *gestukcht*; 40,22 *ebenverrer*] *ellen verrer*; 45,12 *tauken*] *daůtten*; 50,24 *dunket*] *drukcht*; 59,2f. *velt* bis *erdenschaten*] *wellent di spitz daz er den schaden*; 60,6 *bedekt*] *wedaut*; 61,6 *haizzt*] *auch haizzer ist.*

Die Gruppe *egK

Die Prüfung der Verwandtschaft der Hss. e, g, K kann sich wegen der fragmentarischen Erhaltung von K (vgl. Konkordanztabelle) nur auf etwa zwei Drittel des Werkes erstrecken. Jedoch glaube ich, mit den folgenden Belegen eine engere Zusammengehörigkeit dieser drei Hss. wahrscheinlich machen zu können:

18,28 *fůzze*] *schuhe*; 18,30 *raste*] *roslauf*; 20,1 *geleicheu stůk*] *g. tail der st.*; 51,10 *steten*] *steten* (*stern* K *steten oder* g) *anderswo*; 51,19 *anderung*] *andern a.* (*veranderung* g); 51,28 *gerehten*] *glichen* (*vnd* g) *rehten*; 60,14 *geschehen*] *gesin.*

Die Gruppe *bCefgK

Daß die Untergruppen *bf bzw. *bCf einerseits, und *eK bzw. *egK andererseits stemmatisch verwandt sind, erscheint aus den obigen Ausführungen relativ gesichert. Aus der Gegenüberstellung beider Untergruppen *bCf und *egK ergeben sich nun auch einige Berührungspunkte zwischen den einzelnen Textzeugen, die, wie die nachstehenden Beispiele zeigen sollen, die Annahme einer gemeinsamen Vorstufe *bCefgK rechtfertigen. Dafür sprechen zunächst einmal die gemeinsamen Textveränderungen von b, C oder f mit g:

12,15 *gemach*] *gemainsam* bf *gemain* g; 16,19 *und die andern sehs gen im unter*] *vnd sechs vnder* Cg; 23,14 *wanne der sunnen schein ist danne*] *w. die sunne in das czaichen gatt so ist irr kraft* bf *w. so dy sunn dar ein chumpt so wird ir schein* g (ähnlich 23,15); 24,21 *smaleu*] *sinewellu* bfg; 29,30 *gemain ist*] *gelych ist vnd* (*oder* g) *gemain* bfg; 30,19 *zuken*] *stucken* bfg; 34,20 *attlanten*] *athlantides* Cg; 34,25 *aufswimt*] *sich auf swingett* bfg; 44,13 *uns*] *vnd* bCfg; 45,1 *sunne*] *schatt* bCfg; 49,8 *swimt*] *swingt* (*sich* g) Cg; 56,8 *widersehend*] *wider* (*gegen* g) *scheintt* bCfg *oder sechentt* bf usw.

wie auch die gemeinsamen Veränderungen von b, C, f mit e, g oder K:

10,25 *ander*] *erst a.*CeK; 16,10f. *der selben*] *ainer* bfgK; 22,2 *versten*] *ersten* CeL; 30,10 *zuken*] *stucken* bef; 34,23 *fůrhen*] *fruchten* Cefg; 48,12 *angelzaichen*] *augen zaichen* Ceg (48,18 auch K); 51,13f. *und ob niht leut da wonten* fehlt CeK; 52,12 *unwonhaft*] *wonhaft* bfK; 54,29 *tailt*] *schaidet oder t.* bef; 60,24 *behendicleichen*] *beschaidenleich* bef; 61,21 *tugentstrazzer*] *taugen straifer* bf *tugent stroffer* eK.

Betrachtet man die hohe Zahl von Lesartkonstellationen, in denen b, C, e, f, g oder K allein gegen die Überlieferung bzw. gegen die engere Gruppe stehen, so wird klar, daß in diesen Textzeugen deutliche Bearbeitungstendenzen vorliegen. Bemerkenswert ist besonders die Arbeitsweise vom Schreiber g, einem gewissenhaften Bearbeiter, der offensichtlich nicht die getreue Wiedergabe seiner Vorlage intendierte, sondern vielmehr bestrebt war, seinen Text durch eine Fülle von stilistischen Eingriffen, Präzisierungen fachlicher Terminologie und durch eigene gelehrte Kommentare verständlicher zu gestalten.

Entweder ergänzt er Definitionen z.B. von *centrum* (7,4) mit *wann es gent all leng in gleicher maß dar auß*, von *rast* (irrtümlicherweise) mit *vnd zwo meil machent ain rast* (19,2) oder von *grad* (24,12) mit *gr. oder staffel*, oder er verbessert mathematische Komputationen durch genauere Angaben z.B. für den Erdumfang mit *vnd zehen ainliff tail ainer meil* (vor *wann* 19,7), *mynus 11 minut* anstatt *on ain klains stůkke* (56,23), oder er schlägt selber weitere Berechnungen vor: *als dikch ist dy erden. nimbstu daz halb so hast du dy verr in daz mitt der erden daz sind 4090 1/2* (19,23). Gelegentlich zitiert er andere Astronomen: *es spricht ain ander maister der clainist stern an firmament den man gesehen mag sey zu 18 mallen grosser wann als ertrich* (nach 17,9), teilt aber auch seine eigene Meinung mit: *daz versten ich also wann dy sunn in dem chrais get so pringt sy den sumer, aber wann sy aus dem chrais get so pringt sy den wintter. daz ist valsch wann dy sunn chumpt nymmer aus dem chrais* (nach *werden* 22,30) oder: *daz ist war so nicht feucht tampf sein in dem luft pey dem orison* (13,14 nach *stet*). Schließlich erweist sich an einer Fülle von Beispielen, daß allein g (bisweilen auch L) gegenüber allen Hss. den grammatikalisch und inhaltlich richtigen Wortlaut bewahrt hat (vgl. 19,4.19; 38,17; 43,6; 54,3.22 usw.). Sieht man von den vielen Interpolationen ab, so rückt der Text von g bei seiner geringeren Anzahl von verderbten Textstellen jenem des Archetyps einen Schritt näher.

Die Handschriften A, d, W

Diesen 3 Hss. fehlen alle Textänderungen, die bei der Untersuchung der Gruppe *bCf und *egK bzw. *bCefgK zur Sprache gekommen sind.[29] Sie gehören einem anderen Überlie-

29 Eine in den obigen Ausführungen nicht berücksichtigte, für die Hss. b, C, e, f, g, K, L charakteristische

ferungsast an, in dem der Text erheblich weniger verderbt ist als der der oben besprochenen Hss. und dem Archetyp wohl am nächsten stehen dürfte. Es haben sich in diese Gruppe lediglich solche Textänderungen eingeschlichen, die entweder rein orthographischer Art sind – vielleicht aber durch den Dialekt des Kopisten hervorgerufen wurden – oder solche, die auf Textausfall geringen Ausmaßes oder (fehlerhaften) Einschüben beruhen, so daß bei der Betrachtung dieser 3 Texte der Eindruck einer ziemlich konservativen Überlieferung entsteht.

Die Gruppe *dW

Das nähere Verwandtschaftsverhältnis von Hs. d und W läßt, wie die nachstehenden Belege – hauptsächlich Wortumstellungen – dokumentieren, auf Deszendenz von einer Vermittlungshs. *dW schließen:

11,4 *omaizz*] *onmaiz*; 13,19 *zwischen die sunnen*] *di s. zw.*; 17,8 *als* bis *ez*] *ain puncte als seit ez*; 23,21 *die* fehlt dW; 24,6 *zaichen* fehlt dW; 25,9f. *die andern planeten*] *di pl. di* (fehlt d) *andern*; 30,26 *naigent*] *naigt*; 31,1f. *spitzzen beschreibt*] *beschr. sp.*; 34,21 *e* fehlt dW; 35,28 *do*] *doch*; 40,14 *sach* fehlt dW; 44,29f. *und* bis *gegen*] *vnd des gegen abens*; 57,16 *dez*] *vnd dez*; 59,13 (2.) *so* fehlt dW; 59,23 *seines scheins nimmer*] *n. s. sch.*; 61,2 *und* bis *dink* fehlt dW.

Die Gruppe *AdW

Ob sich nun die Annahme einer gemeinsamen Vorlage *AdW aus den folgenden, nicht allzu beweiskräftigen Gruppenlesarten von Hs. A, d, W gegen die übrigen Hss. rechtfertigen läßt, muß dahingestellt bleiben. Daß solche Lesarten aber bei der Textqualität von Hs. A, d, W auch nicht rein zufällig sein dürften, ist in jedem Fall festzuhalten:

8,15 *under* statt *die under*; 13,18 *under* statt *unser*; 20,10 *Mathes* statt *Matheus* (*Eufemia* bf); 29,13 *dir* AW *die* (Verschreibung?) d für *das*; 34,15 *kornsat* für *koren sagen* bf (*seget e säen* CgL); 39,22 *klainende* statt *claine(n)t* befg *kl. sich* C *sich myndernt* L; 57,5 *mittemtag* statt *dem himelwagen.*

In Bezug auf Hs. A ist anzumerken, daß sich diese Hs. von der gesamten Überlieferung in einigen Fehlern und individuellen Zusätzen unterscheidet, die sich wohl bei der Abschrift aus einer archetypnahen Vorlage ergeben haben dürften:

11,14 *voll* statt *vil*; 14,22 *selben* für *siben*; 20,2 *tyrzirkelen* statt *zirkelen*; 30,18 *ersten puncte* statt *puncte*; 33,21 *und* statt *oder*; 33,26; 34,1 *wertleich* (34,11 *werleich*) für *werltleich.*

Form von Textänderung ist die Tendenz zur Vereinfachung von Komposita. So steht 54,22 das Simplex ***ächs*** für ***himelahs*** g; 6,15 ***gang*** für ***aufgang*** bf; 47,8 ***punct*** für ***haubtpunct*** (49,14 auch CeLW) oder 17,17 für ***mittelpuncte*** bf (17,17f. auch C); 25,14 ***spitz*** für ***himelspitzze*** K (45,20 auch g); 39,14 ***stricke*** für ***redenstrikke*** L; 16,25 ***tail*** für ***halbtail*** bf; 40,26 ***verrer*** für ***ebenverrer***; 14,24 ***wagen*** für ***himelwagen*** bf (31,2 auch eg); 48,25 ***weldt*** für ***halpwerlde*** bf; 23,10 ***zaichen*** für ***himelzaichen*** C (26,10 auch bf). Bei Hs. d und W lassen sich lediglich zwei Beispiele anführen: 37,20 ***nechter*** für ***ebennehter*** und 36,29 ***kraizzes*** für ***tyrkraizzes*** d (38,26 auch W).

Zusätze: 11,11 *volpringt seinen lauf*; 15,11 *neur*; 15,15.18 *oder an daz gestat*; 15,22 *in diser gegenwertigen figur* (ähnlich 60,27); 43,10 *ersten puncte dez*; 43,18 (2.) *weder*; 44,17 *der maister* (auch 58,18).

Bei der Betrachtung der Gruppe *AdW fällt, im Vergleich mit den anderen Texten, die rigide Disziplin auf, mit der abgeschrieben wurde. Verderbnisse, denen ein Text im Verlauf der Überlieferungsgeschichte ausgesetzt ist, sind hier minimal; vor allem fehlen jene durch eventuell neu gewonnene Einsichten und kritischere Stellungnahme zur Vorlage bedingten Eingriffe (vgl. Hs. g) oder die größeren, nicht immer sinnvollen Schreiberzusätze von *bf. Eine starke Fluktuation des Textes, wie innerhalb der anderen Gruppen deutlich zu sehen war, läßt sich bei *AdW nicht feststellen.

Schwierig in die Überlieferung der 'Deutschen Sphaera' einzuordnen, bleibt die Hs. L, ein Nachzügler aus dem 16. Jh. Einerseits teilt L mit A eine ihrer 3 Lücken (*als . . . Nůrenberg* 17,26f.) und gibt partiell eine individuelle Lesart von A wieder: 15,15 *dez meres ufer oder an daz gestat*] *des meres gestat*; andere Stellen bekräftigen weiterhin die Vermutung einer Verwandtschaft innerhalb des *AdW-Astes, vor allem zu Hs. d:

16,19 *wider vnter* dL statt *unter*; 21,6 *růr* AC *ruert* L statt *růwett* bdefg *rukchet* K; 23,6 *voren* dL für *an dem vodern*; 35,21 *mag* dL statt *moht*; 44,10 *aller maist* dL *das ist aller verrest* d für *aller verrest*; 45,3.5 *si iren* dL für *sich ir.*

Andererseits weist L Ähnlichkeiten mit einzelnen Mitgliedern der Gruppen *egK und *bCf auf, z.B.:

11,10 *satjar*] *saturnus* gL; 11,11 *helfvater*] *jupiter* gL; 11,12 *streitgot*] *mars* gL; 23,1f. *die* bis *himelzaichen*] *die namen der himelzaichen* CgL; 23,4 *krug*] *wasserman* gKL; 45,1 *sunne*] *schatt* bCfgL; 46,15 *ir*] *ir araber* dgKL; 50,3 *wazzerer*] *wasserman* gKL; 54,3 *vier und dreizzig grad*] *39 grad* gL.

Schließlich sind b, f, L über eine Plusstelle gegen die restlichen Textzeugen möglicherweise miteinander verwandt: 21,8f. *aufgank vnd kerett aber zu der sunnen vndergang* bf *aufgank vnd widerumb zu der sunnen vndergang laufft etc.* L.

Die Frage nach dem Grad der Individualität in den gemeinsamen Textpassagen, deren Beantwortung Aufschluß über genetische Zusammenhänge zwischen L und den übrigen Hss. geben könnte, ist hier nur partiell zu beantworten. Ein sicheres Urteil läßt sich z.B. bei Fragen der Rückübersetzung der Planetennamen ins Lateinische, des Ersetzens eines Wortes durch ein geläufiges Synonym (23,4), oder bei Korrekturen wie in 45,1 und 54,3 nicht fällen. Auch das Vorhandensein einer Plusstelle bei b, f, L (21,8f.) ist nicht entscheidend, denn sie könnte auf unabhängige Benutzung einer lat. Vorlage zurückgeführt werden. Dagegen halte ich die gemeinsamen Züge mit A gegen alle übrigen Hss. für beweiskräftiger als die eben besprochenen. Eine Verwandtschaft zwischen L und den anderen Textzeugen wird damit freilich keineswegs ausgeschlossen. Es liegt, wie mir scheint, Kontamination verschiedener Hss. vor.

Die Untersuchung des Verwandtschaftsverhältnisses der Hss. legt abschließend folgendes Stemma nahe:

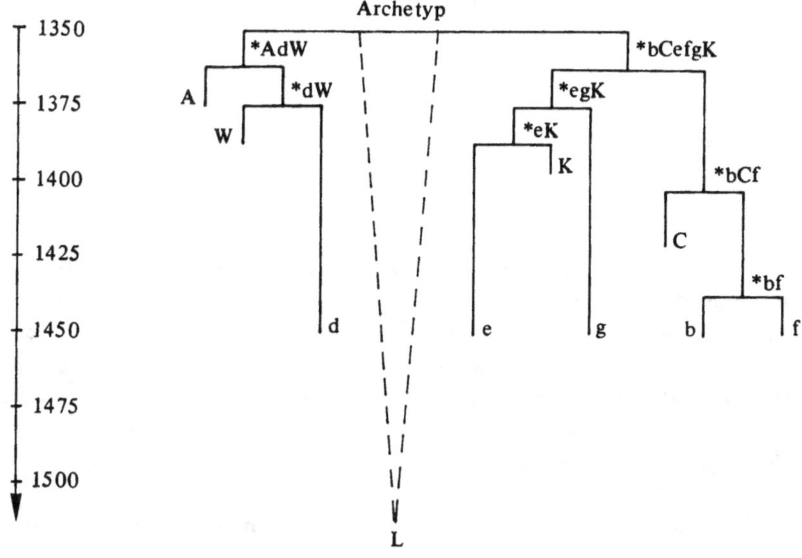
Archetyp
*AdW
*bCefgK
A
*dW
*egK
W
*eK
K
*bCf
C
*bf
d
e
g
b
f
L
1350
1375
1400
1425
1450
1475
1500

Grundsätze der Ausgabe

1. Vorbemerkungen

Der Text dieser Ausgabe der 'Deutschen Sphaera' folgt der Hs. A. Rechtfertigen läßt sich diese Entscheidung damit, daß A nicht nur, sieht man vom Fehlen beider gereimter Vorreden ab, die vollständigste, sondern, wie die Kollationierung der Überlieferungsträger gezeigt hat, auch qualitätsmäßig die besterhaltene Hs. ist und dem Archetyp wohl am nächsten kommt. Gleiches gilt für C als Leiths. beider Versvorreden. Im Unterschied zu b, f, g, die größere Lücken aufweisen (vgl. Konkordanztabelle), und d, die der Hs. C stilistisch unterlegen ist – wenngleich gerade d gelegentlich den vermuteten ursprünglichen Wortlaut bewahrt –, enthält C den besseren Text.

Doch ist mit der Wahl von A bzw. C als Leiths. nicht die rein mechanische Reproduktion des Textes beabsichtigt, wie sie sich Matthaei offenbar – oft zum Nachteil des inhaltlichen Zusammenhangs – zur Methode gemacht hatte.[30] Vielmehr gilt es als Richtlinie dieser Ausgabe, den Text der Leiths. in einer wissenschaftlich verwendbaren, verständlichen Gebrauchsform zu bieten. Um dies verwirklichen zu können, war es notwendig, den Text geringfügig zu vereinheitlichen (siehe 'Normalisierung') und ihn dort zu korrigieren, wo der Sinn einer Aussage etwa durch ein falsches Wort oder durch eine falsche syntaktische Beziehung verdunkelt oder gar zerstört wurde. Dabei bin ich grundsätzlich in der Annahme vorgegangen, daß Konrad als Autor zahlreicher lat. Werke und Kenner der astronomischen Fachliteratur seine lat. 'Sphaera'-Vorlage richtig verstanden und auch richtig übersetzt hat und daß die vorhandenen Übersetzungs- und Sachfehler auf Kosten der dt. Überlieferung gehen – wenngleich die Grenze zwischen sinnstörenden Fehlern der Überlieferung und eventuellen (versehentlichen) Übersetzungsfehlern Konrads auch nicht immer sicher zu ziehen ist. Unter *diesen* Voraussetzungen fühlte ich mich berechtigt, den überlieferten Text zu emendieren, allerdings unter Inkaufnahme des Risikos, dabei möglicherweise auch in Konrads Text eingreifen zu müssen.

Das heißt, daß bei der Beseitigung von Fehlern aus der Leiths. A nicht nur die 'Deutsche Sphaera'-Hss. herangezogen, sondern zum Vergleich – oder besser: zur Kontrolle – auch die lat. Überlieferung befragt wurde. Für die Texterstellung folgt, daß bei Eingriffen in den überlieferten Wortlaut nicht an erster Stelle mithilfe derjenigen Hss. emendiert wurde, die im Stemma dem Archetyp am nächsten stehen (d, W), sondern vorwiegend mithilfe

30 Diese Art von Zurückhaltung, welche auf Kosten der Verständlichkeit geht, lehnt diese Ausgabe im Anschluß an A. Dain, M. Delbouille und K. Stackmann energisch ab. Vgl. Karl Stackmann, Mittelalterliche Texte als Aufgabe (FS J. Trier), Köln/Graz 1964, S. 240–267, hier S. 253f. und vor allem den lehrreichen Aufsatz von George Kane, Conjectural Emendation, in: Medieval Literature and Civilization (Studies in Memory of G.N. Garmonsway), London 1969, S. 155–169, aus dem der Grundsatz stammt: "I will assert that the editor has not so much a right as an intellectual obligation to attempt the recovery of truth. The risk is to himself; however inept he may be he will not ... injure the poet." (S. 167f.).

jener Hss. (b, C, f, g, L), deren Text sich im Blick auf die lat. Vorlage als der richtige erweist. In Bezug auf die beiden Vorreden wird, wenn sich C auf der einen Seite, und entweder b, d, f oder g auf der anderen gegenüberstehen, der Text von C beibehalten. Steht C dagegen allein gegen die übrigen Hss., so wird in den meisten Fällen zugunsten dieser Konstellation entschieden.

2. Der Text

Damit der Leser in jedem Fall den ursprünglichen Wortlaut der Leiths. erkennt, sind alle in den Text vorgenommenen Eingriffe (z.B. Wort- und Buchstabenersatz bzw. -zusatz oder Wortumstellungen) durch Kursivschrift gekennzeichnet.

Wird ein überliefertes Wort von mir getilgt oder eine Textpassage verschoben, macht [] an der Herkunfts-, Kursivschrift an der Zielstelle darauf aufmerksam.

Aus anderen Hss. übernommene oder von mir ergänzte Textpartien werden graphisch und syntaktisch an A, bei der Wiedergabe der beiden gereimten Vorreden an C angeglichen.

Die nicht zum Text der 'Deutschen Sphaera' gehörenden, von mir eingeführten Abschnittsüberschriften zur Benutzerorientierung erscheinen in Versalien, die Verweise auf die der betreffenden Textstelle zugehörige Abbildung in [], die Blattzahl der Leiths. A bzw. C schließlich in ().

3. Zur Normalisierung

Um nicht Gefahr zu laufen, den abzudruckenden Text etwa durch Vereinheitlichung der Schreibgewohnheiten von A[31] so weit 'aufzubessern', daß er kaum mehr dem tatsächlichen spätmittelalterlichen Sprachzustand entspricht, wurden nur wenige, ausschließlich zur Leseerleichterung gedachte Eingriffe in die Überlieferung vorgenommen, die weder im edierten Text noch im Apparat kenntlich gemacht sind. Diese betreffen:

(i) die Auflösung der einzigen Abbreviaturtypen: Nasalstrich ¯ als *m, n* (*dē, ordenūg*) und Apostroph ' als *er* (*wid'p'in*).

(ii) die Verteilung von u/v und i/j in moderner Weise und Wiedergabe von s/ſ mit s, ʒ mit z.

(iii) die Zusammenschreibung und Trennung der Wörter, die im Großen und Ganzen der heutigen Schreibweise folgt.[32]

---

31 Z.B. *stuͤk* für *stuk/stukke/stuͤk/stuͤkke* oder *groͤzze* für *grozze/groͤz/groͤzze* oder *was/waz* je nach grammatikalischer Funktion usw. Der vorliegende, in dieser Gestalt gebotene Text eignete sich in Grenzen somit auch für die Graphieforschung. Für einige Argumente gegen die Normalisierung frühneuhochdeutscher Texte, die hier teilweise berücksichtigt wurden, siehe Oskar Reichmann, Zur Edition frühneuhochdeutscher Texte. Sprachgeschichtliche Perspektiven, ZfdPh 97 (1978), S. 337–361, hier 344ff.

32 Obwohl dieses Verfahren, wie O. Reichmann (wie Anm. 31, S. 345) nicht zu Unrecht bemerkt, „die Quelle für viele Fragen der Wortbildungslehre unbrauchbar" macht, wurde zugunsten dieser Regelung entschieden, um manche Wörter – vor allem sprachliche Neuschöpfungen – lexikalisch erfassen zu koͤnnen, die als Simplizia nicht als solche zu erkennen wären (vgl. z.B. *pernebenverrer, rundengroͤzze, sibenohsin, sibensternig, sibentreterinne, widerpernebenverrer* usw.).

(iv) die Einführung der Großschreibung am Satzanfang, bei Eigennamen und Himmelskörpern (außer *erde, mon* und *sunne* in Wendungen wie *der erden dikken* [19,23], *scheingeprech des monen* [59,8], *der sunnen aufgank* [11,21] u.ä.).
(v) die Interpunktion nach modernen Regeln.
(vi) die Einteilung in 4 Kapitel (entsprechend der lat. Vorlage) und Gliederung in Abschnitte als Vorschlag für eine inhaltliche Strukturierung.

4. Der textkritische Apparat

Der vorliegende Apparat setzt sich an erster Stelle zum Ziel, alle Abweichungen der Leiths. vom kritischen Text (inklusive Schreibversehen) vollständig zu dokumentieren; der Überschaubarkeit wegen bleibt er für die übrigen Hss. jedoch – ausgenommen im Fall der poetischen Vorreden[33] – ein Auswahlapparat. Ferner bietet er handschriftliches Material in einem Ausmaß, das dem Leser ermöglicht, „selbst textkritisch tätig zu werden und seinen Text aufzubauen“[34].

Darüber hinaus aber wurden solche Fehler und Innovationen der Überlieferung verzeichnet – Auslassungen und Verschreibungen habe ich jedoch weitgehend ausgeklammert –, die dazu dienen können, die ‘Schreibstubenmechanik’[35] der Kopisten zu illustrieren und dadurch die Lebendigkeit der Überlieferung deutlich zutagetreten zu lassen; auch kann dadurch „beispielhaft demonstriert werden, in welcher Entstellung die Leser des 14. und 15. Jahrhunderts das wissenschaftlich-belehrende Schrifttum in der Volkssprache zu lesen bekamen“[36].

Einrichtung[37]

1. Bei Eingriffen in den Text von A gibt der Apparat durch Siglen vor der eckigen (]) Lemmaklammer an, auf Grundlage welcher Textzeugen oder nach wessen Vorschlag[38]

---

33 Einige ansonsten nicht zu verzeichnende Varianten (vgl. unten Punkt 6) werden hier – gattungsbedingt – im Apparat berücksichtigt.

34 Hugo Moser und Helmut Tervooren (Hrsg.), Des Minnesangs Frühling, 2 Bde, Stuttgart [36]1977, hier Bd. 2, S. 19 (gesperrter Druck von den Verf.). Im Sinn Stackmanns (wie Anm. 30) soll „der Benutzer ... den Text nicht zu festem Besitz ausgeliefert [erhalten], sondern als Aufgabe, an deren Lösung er in jedem Augenblick mitzuwirken hat.“ (S. 267).

35 Vgl. Michael Curschmann (Hrsg.), Der Münchner Oswald. Mit einem Anhang: die ostschwäbische Prosabearbeitung des 15. Jahrhunderts, Tübingen 1974 (ATB 76), S. XLVI.

36 Aus dem Vorwort Kurt Ruhs, in: Georg Steer (Hrsg.), Konrad von Megenberg, Von der Sel. Eine Übertragung aus dem Liber de proprietatibus rerum des Bartholomäus Anglicus, München 1966 (Kleine deutsche Prosadenkmäler des MA.s 2), S. 7.

37 Für die folgenden Ausführungen und manche grundlegenden methodischen Ansätze bin ich der Edition von Hans Fromm und Klaus Grubmüller (Hrsg.), Konrad von Fussesbrunnen, Die Kindheit Jesu. Kritische Ausgabe, Berlin 1973, verpflichtet. Von den angeführten Grundsätzen kann, sofern die Deutlichkeit es erfordert, gelegentlich abgewichen werden.

38 In Frage kommen vor allem Deschler (Bibl. Nr. 12) und Thorndike (Bibl. Nr. 1 [Textabdruck unten S. 63–88]), gelegentlich auch Matthaei, der erste Herausgeber der ‘Deutschen Sphaera’ (Bibl. Nr. 2). Ist der Vergleich angebracht, so wird der Text des ‘Puechleins’ (Bibl. Nr. 3) angeführt.

emendiert wurde. In eindeutigen Fällen wird der Text vor der Klammer] nicht wiederholt.

2. Alle Angaben vor der eckigen Klammer erscheinen in der Lautgestalt des edierten Textes unter Beibehaltung der Majuskeln und der Interpunktion, alle Lesarten nach der eckigen Klammer unter Auflösung der Kürzungen in der Lautgestalt der jeweiligen Hs., Gruppenlesarten in der Schreibung der zuerst genannten Hs. Die Reihenfolge der Hss.-Siglen ist alphabetisch.

3. Bei geringfügigen Abweichungen von der Gruppenlesart (z.B. unterschiedlicher Wortstellung) wird die betreffende Hss.-Sigle in () eingeklammert; bei Wortausfall, -ersatz oder -zusatz wird die betreffende Lesart zusammen mit der Hss.-Sigle in () gesetzt; diese Lesart bezieht sich dann nur auf das unmittelbar vorausgehende Wort.

4. Gehören mehrere Varianten zum selben Lemma, so wird kein Komma zwischen sie gesetzt.

5. Um Wortzusätze bzw. -auslassungen zu markieren, werden wenn nötig auch die benachbarten Wörter (vielfach abgekürzt) wiedergegeben.

6. Nicht im Apparat verzeichnet sind folgende Variantentypen:

a) Semantisch indifferente Präfixunterschiede (z.B. 9,13 *gepeu*]*paw* g; 10,2 *mischung*] *vermischung* g).

b) Suffixdifferenzen und geringe Unterschiede in der Wortbildung (z.B. 8,10 *leiht*] *leichtsame* bf; 7,30 *widerspruchig*] *widersprech* bf; 25,19 *sůmerleichen*] *sumrigen* bf; 9,11 *schrenkung*] *schrenkchen* g.

c) Genuswechsel (z.B. 9,8f. *die himelspitz*] *der h.* bf).

d) Tempuswechsel (z.B. 32,23 *sprach*] *spricht* CL).

e) Vertauschung von Singular und Plural bei insignifikantem Sinnunterschied (z.B. 6,17 *der neht und der tag*] *der nacht vnd des tages* bf; 8,22 *stukke*] *ein stuk* C).

f) Auflösung eines Kompositums (z.B. 6,16 *himelzaichen*] *zeichen der himel* e).

g) Unbedeutende Wortumstellungen (z.B. 6,17 *der neht und der tag*] *der tag vnd der nacht* Cg).

h) Flickworteinschub, vor allem *da selbs, als, da, doch, nu* usw. und Ergänzungen vom Typ 36,13 *Nu sage wir*] *nu sullen wir sagen* g; 40,11 *daz ist*] *vnd dy selb sach ist* g; 8,24 *Nach dem zuvalle*] *n.d.z. als vor gesprochen ist* g.

i) Einzelne lautliche, grammatische und semantische Parallelformen (z.B. 6,13 *von*] *auß* g; 11,23 *piz*]*vncz* g; 6,27 *so*] *als* bfK; 7,18 *davon*] *dar vmb* bCfg; 8,8 *darůmb*] *da von* g; 7,25 *neur*] *nuwent* e; 8,18 *nach dem*] *dar nach* bCfg; 6,27 *an die*] *zu der* bf; 8,3 *wanne*] *denne, danne* bfKL; 10,29 *hin nach*] *her nach* C; 22,1 *gegen*] *wider* K; 24,11 *iegleich*] *ietlich* bf; 32,29 *durch*] *von* g; 19,6 *hat*] *ist* g; 24,1 *haizzet*] *ist* f; 55,22 *gefůrt ist*] *gef. wird* g).

Außerdem abweichende Pluralbildung, flektiertes – unflektiertes Adjektiv, best. – unbest. Artikel und best. Artikel – Demonstrativum.

7. Von iterierenden Varianten größeren Gewichts seien zur Entlastung des Apparats hier die folgenden aufgeführt; im Text werden sie lediglich bei ihrem ersten Auftreten verzeichnet:

20,7 *anvange*] *aufgang* b (auch fL): gelegentlich.
13,13 *aufgange*] *anfang* L (auch bfg): gelegentlich.
17,30 *dikke*] *oft* g: häufig.

8,19 *erd*] *erttreich* bf (auch Cg): oft.
16,10 *ertreich*] *erden* g (auch CeK): oft.
53,7 *groͤste*] *lengst* g: oft.
7,3 *lengen*] *lini* C: durchgehend.
11,4 *linken*] *tenk* CgK (auch bf): oft.
48,27 *in ainer nu*] *in ainem augenplick* L: meistens.
18,18 *pruͤfe*] *merkch* g: meistens.
17,5 *pruͤfleich*] *mercklich* egK: meistens.
35,7 *pruͤfen*] *versten* g: gelegentlich.
44,1 *pruͤfen*] *wissen* g: oft.
16,17 *Ptolomeus*] *Bartholomeus* bf: durchgehend.
38,17 *ersten punct*] *anfang* g: oft.
6,8 *rundengroͤzze*] *rotunden grozz* bf: durchgehend.
6,16 *undervalle*] *nyderuall* bf *vnterganckch* g, (33,20) *nidergang* L: oft.
12,3 *nidervalle*] *vndergang* bfg *nidergang* L, (45,8) *vndervallent* bfg: oft.

Auswahlbibliographie

A. Textausgaben

1. Thorndike, Lynn (Hrsg.), The Sphere of Sacrobosco and its Commentators, Chicago 1949 [lat. 'Sphaera mundi' (S. 76–117) mit engl. Übersetzung (S. 118–142)].
2. Matthaei, Otto (Hrsg.), Konrads von Megenberg Deutsche Sphaera aus der Münchener Handschrift, Berlin 1912 (DTM 23).
3. Brévart, Francis B. (Hrsg.), Johannes von Sacrobosco, Das Puechlein von der Spera. Abbildung der gesamten Überlieferung, kritische Edition, Glossar, Göppingen 1979 (Litterae 68).

B. Zu Konrad von Megenberg

4. Hetzelein, Georg, Konrad von Megenberg, der erste deutsche Naturhistoriker. Zu seinem 600. Todesjahr 1974, Nürnberg 1973.
5. Ibach, Helmut, Leben und Schriften des Konrad von Megenberg, Würzburg 1938 (Neue deutsche Forschungen 7).
6. Krüger, Sabine, Konrad von Megenberg, Fränkische Lebensbilder 2 (1968), S. 83–103.
7. Krüger, Sabine (Hrsg.), Konrad von Megenberg, Werke: Ökonomik, Buch I, Stuttgart 1973 (MGH Staatsschriften des späteren Mittelalters 3), S. XII–XXII.

C. Untersuchungen

8. Arnold, Klaus, Konrad von Megenberg als Kommentator der 'Sphaera' des Johannes von Sacrobosco, Deutsches Archiv für Erforschung des MA.s 32 (1976), S. 147–186.
9. Bauer, Georg-Karl, Sternkunde und Sterndeutung der Deutschen im 9.–14. Jahrhundert unter Ausschluß der reinen Fachwissenschaft, Berlin 1937 (Germanische Studien 186). [Siehe Register unter Konrad von Megenberg].
10. Brévart, Francis B., Eine neue deutsche Übersetzung der lat. 'Sphaera mundi' des Johannes von Sacrobosco, ZfdA 108 (1979), S. 57–65.
11. Brévart, Francis B., Zur Überlieferungsgeschichte der 'Deutschen Sphaera' Konrads von Megenberg, PBB 102 (1980), S. 189–214.
12. Deschler, Jean-Paul, Die astronomische Terminologie Konrads von Megenberg. Ein Beitrag zur mittelalterlichen Fachprosa, Bern 1977 (Europäische Hochschulschriften Reihe I, Bd. 171). Rez. von Francis B. Brévart in PBB 103 (1981).
13. Matthaei, Otto, Konrads von Megenberg Deutsche Sphaera und die Übersetzungstechnik seiner beiden deutschen Prosawerke, Berlin (phil. Diss.) 1912.
14. Pausch, Holger A., Die naturwissenschaftliche Terminologie Konrads von Megenberg in der *Deutschen Sphaera.* Studien zur Sprachlogik in der Vernacularliteratur des Mittelalters, Montréal (phil. Diss. [Masch.] McGill University) 1971 (vgl. Diss. Abstr. 33 [1972/73], 3622 A).
15. Pausch, Holger A., Die Substruktur des Denkens im Mittelhochdeutschen. Vorfragen zum Problem der methodischen Rekonstruktion, Seminar 11 (1975), S. 1–9.
16. Rupprich, Hans, Das Wiener Schrifttum des ausgehenden Mittelalters, WSB 228, 5. Abhandlung (1954), bes. S. 62–65.
17. Schottenloher, Karl, Konrad Heinfogel. Ein Nürnberger Mathematiker aus dem Freundeskreise Albrecht Dürers, in: Beiträge zur Geschichte der Renaissance und Reformation (FS Jos. Schlecht), München 1917, S. 300–310.

18. Seemüller, Josef, Geschichte der Stadt Wien, Bd. 3,1, Wien 1907, bes. S. 49–50 [behandelt die beiden Vorreden der 'Deutschen Sphaera'].
19. Steger, Hugo, Konrad von Megenberg und die Sprache des Nürnberger Raumes im vierzehnten Jahrhundert. Eine wortgeographische Untersuchung, ZfdPh 82 (1963), S. 63–86.
20. Unger, Helga, Vorreden deutscher Sachliteratur des Mittelalters als Ausdruck literarischen Bewußtseins, in: Werk – Typ – Situation. Studien zu poetologischen Bedingungen in der älteren deutschen Literatur (FS Hugo Kuhn), Stuttgart 1969, S. 217–251, bes. 231–235.

D. *Studium und Unterricht der Astronomie im Mittelalter*

21. Aschbach, Joseph, Geschichte der Wiener Universität, 3 Bde, Wien 1865–1888, bes. Bd. 1 (1865), S. 65ff. [Universitätswesen, Studiengang in den verschiedenen Fakultäten], S. 137ff. und 339ff. [Vorlesungsverzeichnisse der Artistenfakultät; Stellung der 'Sphaera mundi' im Universitätsunterricht].
21a. Brévart, Francis B., (wie Bibl. Nr. 3), S. 7–9.
22. Grant, Edward, Cosmology, in: David C. Lindberg (Hrsg.), Science in the Middle Ages, Chicago/London 1978, S. 265–302.
23. Grundmann, Herbert, Naturwissenschaft und Medizin in mittelalterlichen Schulen und Universitäten, in: H.G., Ausgewählte Aufsätze, Teil 3: Bildung und Sprache, Stuttgart 1978, S. 343–367.
24. Günther, Siegmund, Geschichte des mathematischen Unterrichts im deutschen Mittelalter bis zum Jahre 1525, Berlin 1887 (Monumenta Germaniae Paedagogica 3), bes. S. 175–219 [Methoden des akademischen Unterrichts; Pflichtvorlesungen bis zum Bakkalaureat und Lizenziat].
25. Kibre, Pearl, The *Quadrivium* in the Thirteenth Century Universities (with Special Reference to Paris), in: Arts Libéraux et Philosophie au Moyen Âge. Actes du Quatrième Congrès International de Philosophie Médiévale (27 août–2 septembre 1967), Montréal/Paris 1969, S. 175–191.
26. Kibre, Pearl and Siraisi, Nancy G., The Institutional Setting: The Universities, in: David C. Lindberg (wie Bibl. Nr. 22), S. 120–144.
27. Pedersen, Olaf, Astronomy, in: David C. Lindberg (wie Bibl. Nr. 22), S. 303–337.

E. *Allgemeine Nachschlagewerke*

28. Assion, Peter, Altdeutsche Fachliteratur, Berlin 1973 (Grundlagen der Germanistik 13).
29. Bevan, W.L./Phillott, H.W., Mediaeval Geography. An Essay in Illustration of the Hereford Mappa Mundi, London 1873 (Nachdruck Amsterdam 1969).
30. Boll, Franz / Bezold, Carl / Gundel, Wilhelm, Sternglaube und Sterndeutung. Die Geschichte und das Wesen der Astrologie. Mit einem bibliographischen Anhang von Hans Georg Gundel, Darmstadt ^{6}1974.
31. Crombie, Alistair C., Von Augustinus bis Galilei. Die Emanzipation der Naturwissenschaft (aus dem Engl. übers. von Hildegard Hoffmann und Hildegard Pleus), München 1977 (DTV:WR 4285).
32. Dijksterhuis, Eduard Jan, Die Mechanisierung des Weltbildes (aus dem Holländ. übers. von Helga Habicht), Berlin/Göttingen/Heidelberg 1956.
33. Duhem, Pierre, Le Système du Monde. Histoire des Doctrines Cosmologiques de Platon à Copernic, 10 Bde. Paris 1954–1959.
34. Ginzel, Friedrich Karl, Handbuch der mathematischen und technischen Chronologie. Das Zeitrechnungswesen der Völker, 2 Bde, Leipzig 1906–1911.
35. Götze, Alfred, Anfänge einer mathematischen Fachsprache in Keplers Deutsch, Berlin 1919 (Germanische Studien 1).
36. Haskins, Charles Homer, Studies in the History of Mediaeval Science, Cambridge 1924.
37. Honigmann, Ernst, Die sieben Klimata und die πόλεις ἐπίσημοι. Eine Untersuchung zur Geschichte der Geographie und Astrologie im Altertum und Mittelalter, Heidelberg 1929.
38. Ley, Willy, Die Himmelskunde. Eine Geschichte der Astronomie von Babylon bis zum Raumzeitalter (aus dem Amerik. übers. von Rudolf Ritscher), Wien 1965.

39. Maier, Anneliese, Die Vorläufer Galileis im 14. Jahrhundert. Studien zur Naturphilosophie der Spätscholastik, Rom ²1966 (Storia e Letteratura. Raccolta di Studi e Testi 22).
40. Maurmann, Barbara, Die Himmelsrichtungen im Weltbild des Mittelalters. Hildegard von Bingen, Honorius Augustodunensis und andere Autoren, München 1976 (Münstersche Mittelalter-Schriften 33).
41. Nürnberger, Joseph Emil, Populäres astronomisches Hand-Wörterbuch, 2 Bde, Kempten 1846–1848.
42. Reiner, Karl, Die Terminologie der ältesten mathematischen Werke in deutscher Sprache nach den Beständen der Bayerischen Staatsbibliothek, München (phil. Diss.) 1960.
43. Sarton, George, Introduction to the History of Science, 3 Bde, Baltimore 1927–1948.
44. Scherer, Anton, Gestirnnamen bei den indogermanischen Völkern, Heidelberg 1953 (Forschungen zum Wortschatz der idg. Sprachen 1).
45. Stegemann, Viktor, Artikel 'Planeten' in: Handwörterbuch des deutschen Aberglaubens, hrsg. unter bes. Mitwirkung von Eduard Hoffmann-Krayer ... von Hanns Bächthold-Stäubli, 10 Bde, Berlin/Leipzig 1927–1942, hier Bd. 7 (1935/36), Sp. 36–294.
46. Thorndike, Lynn, A History of Magic and Experimental Science, 5 Bde, New York 1923–1941.
47. Thorndike, Lynn, Science and Thought in the Fifteenth Century. Studies in the History of Medicine and Surgery, Natural and Mathematical Science, Philosophy and Politics, New York 1963.
48. Weigert, A./Zimmermann, H., ABC Astronomie, Leipzig ⁵1976.
49. Wolf, Rudolf, Handbuch der Astronomie, ihrer Geschichte und Litteratur, 2 Bde, Zürich 1890–1892.
50. Zinner, Ernst, Die Geschichte der Sternkunde von den ersten Anfängen bis zur Gegenwart, Berlin 1931.
51. Zinner, Ernst, Astronomische Instrumente des 11. bis 18. Jahrhunderts, München 1956.

(135ra) Ein sträffleiche vorred wider die,
die lieber hören türssenmär dan
die warhait.

Zwen füzz *tragent* mir ain hol
(Was darinn ist, das wais ich wol),
Daraus so gib ich, was ich wil,
Aintweder klain oder vil.
Manig man das vas sicht;
Wie vil darinne ist, das wais er nicht.
Mein vas haisst das w*u*nderspil,
Das scheib ich auf alle zil:
Dem esel wechst darau*s* sein distel,
Dem ochsen häw *gibt* dise zistel.
Daraus so trag ich an die sunnen
*U*lme*c* stok aus hanf gespunnen,
Dem ritter seiden und das golt,
Ettleichem mann seinen solt.
Yedoch so tüt mir dik zorn:
Gib ich den gensen haberkorn,
Do mischent sich die valken zü;
Davon wechst mir unrü.
Gib ich dem adlaren gleste
Der sunnen, schein der himelveste,
Da mischent sich die äwlen zü
Und rüfent auf mich 'hü hü hü',
Die den sunnenglast nicht sehen
Und die nacht müssen spehen.
Werleich das ist an mein schulde,
Ob ich gewünn ir unhulde.
Doch acht ich der äwlen nicht:

Erste Vorrede fehlt AegKLW. 1-3 *Überschrift fehlt bdf.* 4 *bdf*] grabent *C.* 5 ist *fehlt df;* das *fehlt bdf.* 6 so *fehlt bf.* 7 klain] grozz *bf.* 8 man *fehlt f.* 9 ist, das *fehlt bdf.* 10 *bdf*] widerspil *C.* 11 schreib *bf.* 12 *bdf*] darauf *C;* sein] ain *f.* 13 *bdf*] gib ich *C.* 14 so *fehlt bf.* 15 olmen *C* all mein stuck die ich han gespunnen (gesunen *b*) *bf;* aus *fehlt d.* 16 das] *fehlt bf* sein *d.* 17 iegleichem *bf.* 18 doch *d;* so *fehlt bf.* 21 darumb *f.* 22 ich *fehlt bf.* 25 schreyett *bf.* 26 den] der *bf;* sunnenglast] sunnen *f.* 29 huld *bf.* 30 yedoch *bdf.*

An hohem flug stet mein verpfliht.
Ob ich den flug leicht pewg nicht,
So ist doch adel mein verpf*l*iht.
Das pest, das edel sinn hat,
Ist, das er sitzt auf hohem grat.
Kain edel s*i*nn sitzt in der aschen,
Daraus die armen *ir* kind wa*sch*en.
Darumb wil ich mein mezzer wetzen
Ze sneiden und ze wol setzen,
Wie gotes sidel sei gestalt.
Wer das wais, den hais ich alt,
Ob er der jar ain kind wär.
Manger höret gern mär
Von türssen und von reken.
Wolt ich mit gensen leken,
Ich wolt auch liegen also vil,
Das nieman west der lugen zil.
Maniger hebt an und schreibt,
Der doch pei den gensen pleibt.
Ob es gevelt den gensen wol,
Dannoch schreibt er innen hol.

Ein ander vorred, von wem
er schreiben well.

Flüzz in mich aller gnaden runst,
So naigt sich *meiner* minnen prunst
Zemal in götleichs wesen.
Denn müst ich schreiben und lesen,
Wie sich gotes magestat
Setzt in seiner trinitat,
Wie die lawter ainvalt

---

1 pflicht *bf*. 3 edel *bdf*; verpfhiht *C*. 5 das] gans *bf*. 6 *bdf*] snn *C*; der] di *bdf*. 7 armen] hannen *bf*; ir *fehlt allen Hss.*; *bd*] wachsen *Cf*. 8 daruber *bf*. 9 vnd wil schnyden vnd seczon *bdf*. 10 sidel] pild *bf*. 11 der haist alt *f*. 15 mit *fehlt f*. 16 auch *fehlt bf*. 18 auch an *d*. 22-23 *Überschrift fehlt bdf* Hie vecht sich an daz puch von der gestalt der welt; daz hat gemacht maister Joannis von Sacrobosto zw latein vnd maister Conradt von Megenberck hat ez zw teutsch pracht vnd hebt sich an also *g*. 2,22-5,7 *zweite Vorrede fehlt AeKLW*. 24 Flüzz in] als ich mich *f*. 25 *bdf*] immer *C*; prun *b*. 2,25-3,6 So *bis* geschepft] got vater sun heiliger gaist ich main die gotlich kunst dar vmb ich pitt in disen dingen wie got vater nicht sey gesch. *g*.

In drein person sich ewig halt,
Wie der vater ist person
Ewig in der himel kron,
Wie sich der sun *das hat* erkorn,
Das er vom vater ist geporn,
Nicht geschepft und nicht gemacht,
Noch chain ander wesen in sacht,
So müst mein zung dann gantz durchporn,
Wie mensch der sun ist worn
Und vater nicht noch hailiger gaist.
Hie ligt mein purd allermaist,
Wie sich der hailig gaist frumt
Und wunderleich von in paiden kumt.
Wer das vernimpt, der ist allain,
Dem nieman anders ist gemain.
Got hat im das allain behalten,
In sein götleich chraft gevalten,
Das chain engel ye bekant,
Noch kain apostel nie benant.
Nu waiz der grozz Chünrat nicht,
Was kaiser Ludweig inn sicht;
Als klain *waiz* auch der Ziplinger
Ettleiche haimleiche mer.
Der kayser lat die läwt klaffen,
Paide layen und pfaffen,
Und wais er doch das sein darinn.
In disem pild, in dem sinn
(135rb) Nu, das got wais allain,
Das nieman anders ist gemain.
Hylarius betzewgt mir das:

---

1 sich] sey *bf*. 2 *bdf*] *fehlt C*. 3-4 *Zwischen* kron *und* Wie: do er ist der bechenner lon *C fehlt bdf*. 4 sich] im *bdf*; *bdf*] hat dar *C*. 5 von dem *(fehlt d) bdf*; *nach* geporn: noch vater nicht *bis* allermaist *(wie Z. 10-11) f*. 6 nicht sey gesch. *g*. 7 wesen] weyß *bf* weiser *d*; chainer weiß ander *g*. 8 muß *g*; dann *fehlt bg*. 10 Und] noch *bf*. 13 Und *fehlt bdf*; in *fehlt d*. 16-29 Got *bis* gemain *fehlt bf*. 17 vnd in *g*. 18 ye] nie *dg*. 19 nie] das *d*; gesant *g*. 22 *dg*] *fehlt C*. 25 vnd die *dg*. 26 doch] wol *g*. 27 (vnd *g*) in disem sinn *dg*. 28 Nu] nym *d* nur *g*.

In kain bekantnüss nie gesaz
Diser grunt und das *gepeu.*
Wer irret da, das ist nicht new;
D*ie* grösten es verworren hat.
Er ist ze scharf der spitzen grat,
Die zung uns dick das durkift.
Es malent maler und die geschrift,
Das kain bekantnüzz nie umbslos.
Ist das nicht ain wunder gros?
Es sitzt vil dick in sinnes hort,
Das die zung chlain durchport.
Künd ich *sprechen* wol und süzz,
Ich pünd mich in der maid grüzz,
Der rainen chäuschen himelporten;
Mit also lobleichen worten
Marien selden ich durchpolt,
Das ich hofft der gnaden solt.
Nu stet mein sel so gar in seygen,
Das ich mich nicht tar geneigen
In den götleichen grund.
Also besniten ist mein mund,
Da*s* übermazz gib ich nü auf
Und pind mich in der himel lauf:
Aller ir chrais und aller ir ring
In täutscher sprach ich hie versling
In der er der chäuschen maid.
Der ich mich gib in allem laid
Und hüll mich in der gnaden pfaid,
Die ist so zart und ist so prait,
Das mich da *rauſt* chain überlaist.

---

2 *bdfg*] getzewg *C.* 3 Wer irret da] verirret (verwirret *dg* wundert *f*) es dich *bdfg.* 4 *bdg*] den *C;* es] das *bf.* 5 es *df;* spieß *bf* spitzig *g.* 6 vns vil *bdf;* durchpricht *bf.* 7 dy m. vnd auch die *g.* 8 vberslozz *bf* besloß *g.* 9 auch das *dg;* ain] sein *bf.* 10 dick *fehlt d.* 12 *bfg*] sehen *C* spechn *d.* 13 maid] werden *bf.* 15 liepleichen *bf.* 17 hoff *bdfg.* 18 sargen *b.* 20 gelychen *bf.* 21 besynnet *bf;* mir mein *g.* 22 *bdfg*] dar *C;* nü] im *g.* 24 *(2.)* aller ir *fehlt g.* 25 ich daz pring *g.* 27 gib *fehlt bf.* 28 der] ir *g.* 29 Die] den *d; (2.)* ist *fehlt bfg;* prait] gemaidt *bf.* 30 *bdf*] runst *C* můt *g;* der clain *bf.*

Maria, gib mir disen raist!
Johannes von Sacrobusto
Hat geticht das püch also;
In latein es ist gesessen,
So wil ich es ze täutsch messen.
Der man, dem ich gepunden pin,
Vermöcht so vil mein müt *und* mein sin.

---

2 Sacrobeste *bf* Sacrobosco *d* Sacarbusto *g*. 3 gemacht dytz *g*; also *fehlt bf*. 4 es *fehlt bfg*; gelesen *bf*. 5 es *fehlt g*; wol ze *f*. 6 dem manne dem *bdfg* den den *C*. 7 *bdfg*] *fehlt C; (2.)* mein *fehlt f*.

(1ra)Maister Johans von Sacrobosco
Hat getiht daz puch also.
In latin ist ez gesezzen,
So han ich maister Chuͦnrat
von Megenberch ez ze deutsch gemezzen.

INHALT DES TRAKTATS. - Daz kurtz puch von der gestalt der werlt tail wir in vier haubtstuk. In dem ersten woͤlle wir sagen, waz spera oder ain rundengroͤzze sei, waz der rundengrozze gemain mittelpuncte sei, waz der rundengroͤz ahs sei, waz der himel spitz sei, wie vil der werlde rundengroͤzzen sein, waz der werlt gestalt sei und ir forme. In dem andern haubtstuͤkke woͤlle wir sagen von den kraizzen, daraus man die gegenwertigen speram macht von kuͤnsten, deu ain ebenpild ist der himelischen rundengroͤzzen. In dem dritten haubtstuͤkke woͤlle wir sagen von dem aufgang und von dem undervalle der zwelf himel(1[rb])zaichen, und von der anderung der neht und der tag, von der zal der wonung auf erden und von der selben anderung. In dem vierden haubtstuͤke wolle wir sagen von den kraizzen und von den ringen der planeten oder der aigenleuffigen stern, und von der selben lauf und von irem scheingeprechen.

Daz erst capitel

DEFINITION DER SPHÄRE. - Euclydes der maister beschreibt uns, waz spera sei, und spricht: 'spera ist ain gank ainer uͤmbverte ains halben kraizzes, deu veste und eben stet an irr mittelmezzigen lengen und di man also lang umbfuͤrt, piz sie widerkuͤmpt an die stat irs anvanges.' Daz ist so vil gesprochen: spera ist ain leibik dinch, stark und sinwel, daz enspringt von ainem pogen aines umbgefurten halben kraizzes. Aber Theodosius der maister beschreibet

---

1-5 *Überschrift* Maister *bis* gemezzen] Spera materialis *b* In wie uil stuck sich daz püch tail *C* Hie end sich dy vor red vnd hebt sich an in tewtscher sprach dy sper *g* Hie hebt sich an di spera von den himel zaichen *K* Incipit incipit daz ist der anvanch dez puchse spere *W*. 6-21 Daz *bis* scheingepr. *fehlt K*. 8 spera materialis oder ir rotunden gr. *bf*. 9-10 waz *bis (1.)* sei *fehlt bf*. 11 rundengroͤzze *alle Hss*. 12 andern tail oder hauptst. *L*. 13 machen mag *bf*. 16 undervalle] nyderuall *bf* vnderv. oder vnterganckch *g*. 20-21 oder *bis* scheingeprechen] vnd der lauffenden das sibent ist vnd vonn den vnlauffigen das sindt die stillstendum stern oder die gesteckten sternee *bf*. 22 Daz erst capitel *fehlt in allen Hss*. 23 *Überschrift vor* Euclydes: Waz spera sey centrum achs himelspitz vnd auz wie uil speren die welt geordent sey *C* Nu merkch was spera sey an ir selber oder was es bedeutten ist *g* Do lert er waz spera sei *W*. 25 uͤmbverte] vmbfurung *bf*. 6,30-7,1 beschreibet *bis* also] spricht *C*.

uns speram also: spera ist ain leibik stark dinch (1va) mit ainer praiten uͤmbslozzen. In dez mittel ist ain puncte, davon alle lengen gefuͤrt an dem umbkraizze geleich lank sint. Und der punct haizzet centrum oder der lengen gemainer. Aber deu lengen, die aufgerihts get durch den selben punct und begreifet itweder end dez umbkraizzes, deu haizt der rundengroͤzzen ahs. Und die zwene punct, die da die selben ahs ze paiden seiten enden, die haizzen der himel spitzen [*Figur 1*].

EINTEILUNG DER SPHÄRE GEMÄSS IHRER BESCHAFFENHEIT. - Spera oder deu rundengroͤzzen wirt in zwaier hande weiz getailt, nach dem selpwesen und nach dem zuvalle. Nach dem selpwesen wirt sie getailt in neun stuͤke.

Daz erst stukke ist der erst lauf oder der erst waltzer und haizt auch der cristallisch himel, daruͤmb, daz er zemal lauter ist und kainen stern hat. Und ob dem setzen die kristen und die juden ainen himel, der haizzet der (1vb) feurein himel, davon, daz er an im selber zemal leuhtend und prehend ist. Und der hat kainen lauf, sunder got ruͦt mit seinen lieben darinne. Aber unser Johannes sagt von dem selben himel niht, noch kain ander haidenisch sternseher. Nach dem ersten waltzer ist der gesternt himel, den man haizt daz firmament. Darnach ist der himel des ersten planeten oder dez ersten selplauffigen sterns, der da haizet Saturnus oder der satjar. Und der himel hat neur ainen tunkeln stern, dapei man in erkennet. Nach dem ist des andern planeten himel, der da haizzet Jupiter oder der helfvater, daruͤmb, daz er seinen vater satjar seiner kreft beraubet. Und wizze, daz itwederme der zwair planeten sein nam widerspruchig ist. Saturnus haizt der satjar, darumb,

---

1 leibik] liepleich *bf*. 3 lengen] lini *C*. 3-4 vmbkr. in gleicher leng also daz all leng ain geleichew leng haben auß dem punckt. vnd *g*. 4 oder *bis* gemainer *fehlt bf; nach* gemainer: wann es gent all leng in gleicher maß dar auß. aber *g*. 5 deu *(alle Hss.)*] der *A*. 11 hande] lay *g*. 18 lawter leucht *g*. 19 ruͦt] wont *C*. 20 lieben] wesen *bf* erbelten *g* l. heiligen *L*. 21 sternseher] maister *bf* astronnymus *g*. 22 waltzer] wasser *e;* der gesternt himel] der stern h. *C*. 23 *bCdfgKW*] der *AeL*. 26 tunkeln] trucken *bf*. 27 Jupiter] jouis oder j. *g*. 30 haizt] ist *KL*.

daz sein craft (2ra) kalt ist und trukken. Und deu zwai sint allen fruhten und allem leben widerkriegend. Daruͤmb hiez er paz der hungerjar wanne der satjar. Aber Jupiter haizzet der helfvater, darumb, daz sein kraft ist warme und feuht in seiner mozze. Und wanne er sich geselt dem satjar, so hindert er sein kreft, und darumb hiez er paz der raubvater. Nach dem helfvater ist Mars; der planet haizt der streitgot. Daruͤmb, daz sein kraft haiz ist und truken, so zeuht er auz der erden und auz dem menschen vil behender feuhten und inhitzt den menschen, daz er leiht zuͤrnt - wann zorn ist niht anders wanne ain anprunst dez plutes uͤmb daz hertze. Nach dem streitgot ist deu Sunne. Darnach ist Venus oder der morgenstern in seinem himel. Nach dem ist Mercurius. Der haizt der kaufleut her(2rb)re oder der sprechherre, daruͤmb, daz die kinder under seiner kraft geporn, wolgesprech sint. Nach den allen ist der Mon in seinem himel, wanne sein himel ist der klainst. Darnach ist feur; nach dem ist luft; nach dem ist wazzer; darnach ist erd, als dir daz ebenpild nu zaiget [*Figur 2 und 3*]. Aber wir wollen hie niht sagen, waz gestalt und waz siten icleichs planeten kint haben, wanne wir sagen alain von in hie, als vil und sie stukke der werlde sein.[ ]

EINTEILUNG DER SPHÄRE GEMÄSS DEM STANDORT DES BEOBACHTERS.- (2va) Nach dem zuvalle wirt spera geschaiden in zwu schikung. Deu erst ist ain aufgereht, deu ander ain krumme oder ain schilhend rundengrozze. Die leut habent ain aufgereht rundengroͤzze, die da wonend under dem kraizze des himels, der haizt der ebennehter - ist daz ieman da gewonen mag, als her nach kunt wirt. Und die ha(2vb)ben daruͤmb ain aufgerehte rundengroͤzze, wann in kain der zwair himelspitzen

---

2 widerwertige *bf*. 3 hungrer *bf*. 4 hail vater *bf;* sein kraft] er *K*. 5 mozze] natur *bf;* gestelt *bf*. 7 (*1*.) der] sin *e;* helfvater] roubuatter *e* jupiter *g*. 11 zuͤrnt] zeuert *K;* anprunst] armprust *b* prunst *CKL* einbrust *e*. 12 streitgot] mars ist sol oder dy s. *g;* Sunne] der sunnen himel *bf*. 13 Venus *bis* himel] der v. himel den man haizzet den m. *bf; nach* morgenstern: er haist auch der mynnen stern *g*. 14 mercurius himel *bf;* himelherr *b*. 15 sprecher *Cf* künster *g*. 15-16 under *bis* sint] die under im geb. werdent die werdent wolgespr. (vnd kunsstreich *g) bf(g)*. 16 ist] gat *bf*. 17 aller schnollest *bf* chrankst *C* aller clainist *g*. 18 des fewr sper *g*. 18-19 dar nach ist luft, wazzer vnd erd (erttreich *bf*) *C(bfg)*. 19 dir *bis* zaiget] die nachgeschriben figur zaigett also *b(f)*. 20-21 Aber *bis* haben] was aber yetleichs planeten kinder sitten hab da well wir hie nicht von sagen *C*. 20-22 *fehlt bf*. 21-22 alain *bis* sein] alhie nur von der gestalt der welt vnd dez vorgeschribens allein. daz hat man mit ebenpilt in der neben gemalten figur *g*. 22 *Nach* sein: *Überschrift zu Figur 2 (siehe unten Textillustrationen)*. 24 *Überschrift vor* Nach: Wie die speren vnderschaiden ist nach dem zuual *C* Wie speram getailt wird in zwo schikchung *g;* geschaiden] getailt *L*. 8,24-9,12 Nach *bis* winkellein *fehlt K*. 28 equinoctials oder der eb. *L*.

wirt erhoͤhet uber die andern. Und der selben leut kraiz, den man haizzet den augenender, der uͤberschrenkt den ebennehter und wirt von im uͤberschrenkt an zwain steten, also, daz von der schrenkung enspringe*n*t aufgerehteu winkellein, (3[ra]) die rundengroͤzzig sein. Aber die leut habend ain schilhend rundengrozze, die neben dem ebennehter wonend oder verre daruͤber. Und den leuten wirt alle zeit ain himelspitz erhoͤht uber iren augenender, und die ander himelspitz ist in verporgen under dem selben augenender. Auch der selben leut kunstiger augenender uͤberschrenkt den ebennehter, also, daz von der schrenkung kumen krummeu *und* ungeleicheu winkellein.

DIE VIER ELEMENTE. - Daz gantz werk oder daz gepeu aller diser werlde wirt in zwai reich gestuͤkt. Daz erst ist daz elementisch oder daz matergleich reich; daz ander ist daz himelisch reich.

Daz elementisch reich hat vier stukke. Daz klainst ist daz ertreich, und daz ist reht als ain gemainer mittelpunct aller werlt. Uͤmb daz ertreich ist wazzer, uͤmb daz wazzer ist (3[rb]) luft, uͤmb den luft ist feur, und daz feur ist lauter und niht truͤb: daruͤmb gibt ez kainen schein. Und daz feur ruͤrt an des monen himel, aber ez hitzt in niht, wanne der mon ist niht geschiket, daz er sein werk genemen muͤg. Also hat der oberst got die vier element gesetzet, daz ie daz swerst unter dem leihtern stet, wann*e* erd ist mer swer wann wazzer, und wazzer mer denne luft, und luft denne feur, daz lauter ist. Die vier element wurkend in sich also, daz ains daz ander verandert und zebricht. Und die element sint ainveltig leib, also, daz sie niht in vil form oder in manik gestalt sich tailent, wanne icleich

---

1 erh. oder erhebt *bf (und öfters)*. 2 augenender] anegender *e (auch Z. 8.9)*. 4 *bCfgL*] enspringet *AdeW*. 6 neben] bey *bf*. 7 verre daruͤber] wer dar vber wont *C*. 9 under *bis* augenender *fehlt C*. 12 oder *alle Hss. (vgl. Thorndike 64,10)*; wichtlein *C*. 13 *Überschrift vor* Daz: Wie dy gancz welt wird in zway reich gestuckelt *g*. 14 reich] tail *f* r. geleich *K*; getailet *bCf*. 15 materlich *bdLW* naturleich *C* materysch *K*. 16 himelisch] etherreich oder daz himelläuchtend *C*. 18 und daz] wann dy erd *g*. 19 Uͤmb] vber *bf (beide Male und Z. 20)*. 21 kainen] gemainen *bf* chlainen *K fehlt L*. 22 ruͤrt] geluet *L*. 24 die *bis* gesetzet] sein werch ges. nach den v. e. *g*. 25 leihtern] l. oder gringisten *g*; wannei *A*. 26 swer] fewr *K*. 27 daz *bis* ist *fehlt C*. 29 leib *fehlt bf*. 9,30-10,3 wanne *bis* tyr] alle andre ding stain paum vnd tier koment von der zamen mischung der element *C*.

stuͤkke der erden ist erde, und iegleich stuͤkke *dez* wazzers ist wazzer. Und von der vier element mischung in sich selber werden alleu andern dinch: stain, paum und tyr. (3va) Deu andern dreu element uͤmbslizzent daz ertreich, on als vil *ertreich, daz* von dem wazzer enploͤzt ist durch der tyer willen, die in wazzer niht geleben muͤgen. Auch die andern dreu waltzen uͤmb die erden. Aber daz ertreich ist unwegleich in seiner gentzen. Davon sitzt ez in der mittel ungwegleich von seiner sweren puͤrd.

DER ÄTHERISCHE BEREICH. - Umb daz elementisch reich ist daz himelisch leuhtend reich, untailheftig aller verаnderung, und daz weltzet on mittel in ainem sinbeln lauf. Daz reich haizzt von den maistern daz funft wesen, davon, daz ez an der zal daz funft ist nach den vier elementen und hat ain ander sunderleich wesen von den elementen. Und daz reich hat neun himel, als vor gesprochen ist. Und der ober himel besleuzt ie den nehsten under im, reht als ain schal den nuzkern be(3vb)sleuzzet on mittel.

UMLAUFRICHTUNGEN DER SPHÄREN. - Die neun *himel* haben zwen laufe. Der erst lauf ist des obersten himels, der da haizzet der oberst waltzer, von den zwain enden der ahs. Der aines haizt der berinne himelspitz, daz ander haizzet der widerberinne himelspitz, und der lauf ist von der sunnen aufgank an der sunnen nidergank. Auch den selben lauf tailt der mittelnehter an seiner mittel in zwai stukke. Der ander lauf ist der aht undern himel, und der lauf ist widerwertig dem ersten, wanne er ist von der sunnen undergank an der sunnen aufgank. Und der lauf ist auf der ahsen end, die drei und zwainzig grad sten von den enden der ersten ahsen. Aber waz ain grad sei, daz wirt hin nach kunt. Auch der erst lauf rukt von seiner ungestuͤm mit im

---

1 dez *bdfgKLW*] *fehlt A*. 3 *nach* tyr: der mensch vnd alliu lebendige creatur *bf* vnd der geleichen vnd deu *g*. 4 daz ertreich *alle Hss*. 6 geleben] beleiben *bCf* gewonen *K*; waltzen] wachsent *bf*; vmbwalczent daz erdreich oder bewegent sich vmb dy erd *g*. 7 unwegleich *(auch Z. 8)*] vnbewegleich *CdgL* vngeleich *K*; gentzen] grozzen *b* swere *f*. 8 sweren] *fehlt b* grossen sw. *f*. 10 vntailuängig *C*; verananderung *A*. 11 on mittel] ain m. *b* in mitten *g* auf di mitt *K*; reich] etherreich *C*. 15 oberste *eg*. 16-17 schal den nuzkern] nuß schelff *bf*. 17 on] in der *gK*. 18 himel *(alle Hss.)*] *fehlt A*. 20 oberst waltzer, von] o. oder erst wasser auf *bf*. 21 berinne] preme *b* prinnend *C*; ander] a. ende *b*. 23 nidergank] vnderg. *CgL*. 26 *nach* ersten: lawf des ersten himels *g*; ersten *bis* von] e. himel der da walczet gen der sunnen vndergank aber der ander walczer welczt sich von *bf*; ist] lauft *g*. 28 end *bis* zwainzig] 21 *bf*. 30 ungestuͤm] grozzen u. *bf* gestirne *e*.

alle die undern himel in tage (4ra) und in naht ain mol uͤmb daz ertreich. Und die aht himel widerfleizzend sich dem lauf in iren aigen lauffen, reht als ain muͤlrat wer, daz wiltz von der rehten hant zu der linken, und ain omaizz kruͤch in dem selben rad von der linken hend zu der rehten. Und davon der aht himel weltzt in hundert jaren neur ainen grad. Der grad sint drei hundert und sehzig; daruͤmb volpringt der sternhimel seinen lauf ain mol in sehs und dreizzig tausent jaren. Also sprechen die haidenischen maister und alle sternseher. Der satjar volpringt seinen lauf in dreizzig jaren, der helfvater volpringt seinen lauf in zwelf jaren, der streitgot in zwain jaren, deu Sunne in drein hundert tagen und in fuͤnf und sehzig tagen und in sehs stunden, der morgenstern und der sprechherre *vil* nahen der sunnen geleich, (4rb) der Mon volpringt seinen lauf in siben und zwainzig tagen und in aht stunden. Und den lauf der aht himl tailt der kraiz, der da haizt der tyrzirkel oder der tyrkraiz, an seiner mitten, als her nach kunt wirt, wanne wir von den kraizzen sagen.

OST-WEST-ROTATION DES HIMMELS. - Daz aber der himl waltze von der sunnen aufgank zu der sunnen undergank, dez zaichen nem wir also: dez sternhimels stern derheben sich gemachsam und waltzen saim, piz daz si komen an daz mittel dez himels, und sein alle zeit in der selben nehen und in der selben verren zu ainander und haben sich alle zeit in ainem satze, piz daz si wider unterseigen. Daz ander zaichen ist, daz die stern pei der himelspitzen, di manik lay den wagen haizzet, uͤmbwaltzen und daz wir sie nimmer verlisen. Und in irem umbwaltzen sint sie (4va) alle zeit in ainer nehen und in ainer verren und schreibent kraizz in irem uͤmbwalzen.

---

1 undern] andernn *bf; (1.)* in *bis* naht] iii tage und iii naht *K; nach* mol: daz ist 24 or *g*. 2 aht *fehlt L;* wider schliessent *f*. 3 lauf] luft *K*. 4 linken] tenken *CgK;* onmaiz *dW* fleugen *g*. 6 neur] nu *bf*. 8 ain mol *fehlt Cg*. 9-10 die *bis* sternseher] all astronomy *g*. 10 sternseher] sternschawer *b;* satjar] saturnus *gL*. 11 helfvater] jupiter *gL;* volpringt seinen lauf *fehlt allen Hss*. 12 streitgot] mars (nahend *g*) *gL*. 12-15 deu *bis* geleich] sol, venus vnd mercurius volpringent iren lauff in 365 tag vnd nachent 6 or *g*. 14 vil *CdeKLW*] voll *A*. 14-15 morgenstern *bis* geleich] m. minder dann die sunne, der sprecher minder denn der morgensterne *bf*. 17 kraiz] k. lauf *g*. 18 tyrkraiz] zirkchrais *C*. 20 *Überschrift vor* Daz: Vonn des himel walczenn merck also *b* Wie der himmel walcze *C* Daz sich der himel welczt von orient gegen occident *g* Wi der himel walcz *W*. 11,20-16,7 Daz *bis* sein *fehlt K*. 21 undergank] vnderlauf *CdeW* niderg. *f*. 22 nem] nenen *b;* dez *bis* stern] das gestirn des himels *C;* gemachsam] gemainsam *dL*. 23 saim] suen (?) vnd träglich *g*. 24 *(1.)* in *bis* und *fehlt W*. 26 unterseigen] vnter geund *bf* seigen *C* vnder sihent *e* vndersteigen *L;* Daz *(alle Hss.)*] dar *A*. 27 manik lay] vil layen *bf* m. läute *C* man *gL*. 28-29 uͤmbwaltzen *bis* zeit] vnd walczent sindt vnd sind sy allczyt erhebent *bf*. 30 schreibent] machen *L;* kraizz] sinbell krais vmb den himelspicz *C*.

Von den zwain uͤmbwaltzen der gestekten stern an dem himel ist offenbar, daz der sternhimel weltzt von der sunnen aufgank zu der sunnen nidervalle [*Figur 4*].

BEGRÜNDUNG DER KUGELFORM DES HIMMELS. - Daz aber der himel sinbel sei, dez hab wir drei sach. Deu erst sach ist daz gotlich ebenpild, daz da leuhtet in dem gotlichen wesen, darnach got die werlt macht. Und in dem gotlichen ebenpild ist weder anvank noch end, wanne ez ewig ist. Daruͤmb ist die geschaffen werlt sinwel, wanne an der sinbeln gestalt ist weder end noch anvank. Die sach setzt (4vb) maister Johannes ze latin. Aber mit urlaub straffe ich daz, wanne Adam leipheftig von got ward on mittel und waz doch niht sinbel, als wir ez hie nemen. Daruͤmb nemen wir die andern sach, warumb der himel sinbel sei. Deu sach ist gemach. Wanne under allen leiben, die uͤmbsliezzend oder die umbvahend sint, so ist *die* sinbel form aller uͤmbgreiffigst, als du maht versuchen an ainem wehseinem vazz, daz von ersten sinbel ist, ob du ez darnach ekest. Nu besleuzzt der himel alleu dink; darumb ist im deu sinbel gestalt nuͤtz und gemachsam. Die dritte sach ist notduͤrft. Wanne ob der himel ain ander gestalt het, daz er drieket wer oder viereket oder vileket, so muͤst von not *sein*, daz etlich stat eitel wer oder daz ain leip, der ain stat vor het (5ra) gehabt, nu kain umbslizzend stat het. Der ietwederr ist unmuͤgleich. Wanne e die natur eitel lid, e prech ain erein hafen von geprechen ains linsenkornes, ob der hafen als dike wer piz an den himel; e geng daz wazzer ze perge. Auch kain leichenam, der vor umbsliezzend stat het gehabt, moͤht an stat gesein. Wanne wer daz muͤgleich, daz du in dem obersten himel werst, du moͤhst dein hant

---

1 gestekten] steten *L*. 3 vndergang *bfg* nidergang *L*. 4 *Überschrift vor* Daz: Daz der himel sinibel sey dez sind drey sach *g* Do lert man daz der himel sinbel sei *W*. 6 gotlich *fehlt W*. 8 anvank] angang *bf*. 9 sinwel] s. gestaltt *bf*. 12 *vor* ward: beschaffen *g*. 15 gemach] gemainsam *bf (auch Z. 20)* gemain *g*. 16 *bCdefgLW*] der *A*. 17 uͤmbgreiffigst] begreiffenleichest *bf*. 18 *nach* ekest: so ist es nicht als vmbgriffig als so es sinbel ist *g*. 21 *nach* notduͤrft: daz der himel sinbel sey *g*. 23 sein *späterer Eintrag in Hs. A (fehlt bCdfW)* ; daz *bis* wer] d. ain tail et. st. wesen lare *bf(C)*. 25 vnm. vnd vnnatuͤrleich *C*; eitel] ain läres tail *C*. 26 prech] prest *bf*; erein] erden *g*; geprechen ains] ainem *bf*. 28 *nach* wazzer: an den himel *e*; *nach* perge: e es lid *g*; leichenam] leib *L*; vor] volle *e*.

daruber niht gestreken. Aber daz der ains darnach volgt, daz ist offenpar in den ecken, die umbhoͤht und uͤmbvangen sint [*Figur* 5].

Daz auch der himel sinbel sei, daz bezeugt maister Alfraganus und spricht (5rb) also: 'wer der himel sleht, so wer uns etleich stuk dez himels neher wanne daz ander, und aller maist daz stuͤk, daz ob unserm haubt wer. So volgt darnach, daz ain stern an dem selben tail uns neher wer und bedeuht uns groͤzzer, wanne so der selb stern wer an ainem andern tail dez himels. Wanne daz selb dinch scheinet uns groͤzzer, so ez nahent ist, danne so ez verre ist' [*Figur* 6]. Nu geschiht dez hie niht. Wanne uns scheint ain stern als groz, so er in seinem aufgange des himels ist, als so er in der mittel dez himels stet; oder scheint uns vil grozzer in seinem aufgang, wan so er stet in der mittel des himels. Daz ist aber davon: wanne in dem winter oder in der regenzeit, (5va) so ez feuht witert, so vind wir in den luften wazzerig duͤnst. Die vallen zwischen unſer gesiht und zwischen die sunnen oder ainen andern stern, und davon, daz die duͤnst sint durchscheinig und durchsihtig, so zestreuen si daz ebenpild, daz nu fleuzzet von dem stern zu unſerm gesiht, und davon begreift in unser gesiht vil groͤzzer, danne er sei an im selber. Reht als auch geschiht von ainem pfenning, der geworfen wirt in den grunt aines durchsihtigen wazzers, der scheint uns groͤzzer, denne er sei an im selber.

Wild auch du wizzen, waruͤmb ain dinch groͤzzer sei in unserm gesiht, so ez nahent ist, danne so ez verre ist, daz ist daruͤmb: wanne alles, daz wir sehen, daz sehe wir in ainer form aines kegels, dez spitz in unser aug ruͤrt und

---

1 gestreken] geschrenken *C;* der] d. ding *g.* 1-2 *zwischen* volgt *und* in: vnd also sey daz der himel sinibel sey vnd im dy sinibel form aller pas ist zimbt dar vmb daz er alle ding bsleust das ist offenwar an der figur in *g.* 4 *Überschrift vor* Daz: Daz der himel sinibel sey *g* Do muz der himel sinbel sein *W;* bezeugt] beweiset *bf* bezeichent *e.* 6 wanne *bis* ander] vnd dy andern verrer *g.* 10 daz selb] ain iegleich *bf.* 12 dez hie] es an den sterne nicht *bf.* 13 aufgange] anfang *L.* 14 *nach* stet: vnd daz ist war so nicht feucht tampf sein in dem luft pey dem orison oder *g.* 15 vil grozzer] ettwas *bf; nach* aufgang: oder vntergang *g.* 16 *Überschrift vor* Daz: Warumb ein dink grözzer scheint durch dünste vnd warumb ein ding chlainer scheint in die uerre dann in die nähen *C* Daz ist aber von dem himel *W.* 17 witert] wirt *bfL.* 18 *bCefgL*] under *AdW (auch Z. 22).* 21 zestreuen] zerstrabent *bf.* 25 der *bis* groͤzzer] des schein v. gr. dunkt *C* ; uns] vnnserm gesicht *bf.* 27-28 in *bis* gesiht] *fehlt bf* zu sehen *g.* 28 *nach* (2.) ist: von vnserem gesicht *g.* 30 kegels] chugel *C (und öfters).* 13,30-14,1 und *bis* ruͤrt *fehlt g.*

dez grunt ruͤrt (5vb) an daz dinch, daz wir sehen. Ist nu daz dinch nahen, so ist deu spitz des kegels in dem augen stumpf, und scheint daz dinch groͤzzer. Ist aber daz dinch verre, so ist deu spitz dez kegels in dem augen scharpf, und scheint daz dinch klainer. Ez moͤhte auch daz dinch von dem augen so verre komen, daz die zwu ausern lengen dez kegels ain lenge wuͤrden und zesammen vielen. Und so daz geschiht, so mage man dez dinges niht mer gesehen [*Figur 7*].

BEGRÜNDUNG DER KUGELFORM DER ERDE. - Daz aber daz ertreich sinbel sei als ain kugel, daz vinde wir also: die zwelf himelzaichen und auch die stern gent niht geleich auf noch vallent geleich nider allen leuten auf erden. Daz sehe wir an der stern scheingeprechen. Wanne der selb mongeprech, der uns scheint in der ersten stund der naht, der (6ra) scheint den leuten gegen der sunnen aufgank uͤmb die dritten stund dez nahtes. Und daz ist davon, daz ez den leuten e naht waz und daz in deu sunne e untervil danne uns. Und daz hat kain ander sach, wann daz daz ertreich kuglot und haubot ist von dem aufgang der stern piz zu irm undervalle [*Figur 8*].

Daz auch daz ertreich zedozzen sei und kuglot von mittemtag piz an die *siben* uͤmblauffent stern, die man den wagen haizzet, dez zaichen habe wir daran: wanne die leut, die da wonend gegen dem himelwagen, die gesehen etleich stern nimmer, die da sten pei der andern himelspitz, die wir die widerperin haizzen. Und die selben leut sehend die stern ze aller zeit, der gemain wir die perinne haizzen oder den himelwagen. Wer nu, daz ain mensch genge (6rb) von dem himelwagen gegen mittemtag, ez moht so verre gen, daz die stern, die im vor ewicleich verporgen waren, nu

---

2 stumpf] scharf *bf* minner scharf *C*. 3 groͤzzer] grozz *bf*. 3-5 Ist *bis* klainer *fehlt C*. 4 scharpf] stumpff *bf*. 6 wuͤrden] gewungen (?) oder w. *g*. 7 und *bis* vielen *fehlt C*. 9 *Überschrift vor* Daz: Von der sinewel des erttreichs *b* Wie daz erdrich sinibel sey *g* Wo ist daz ertrich sinbel *W*. 12 vallent] gaund *bf*. 13-14 Wanne *bis* scheint] das sech wir an dem man der scheint vns *bf* w. vns ain stern erscheint *g*. 17 waz] wirt *bCf*. 19 stern] sunn *g*. 21 zedozzen *bis* und *fehlt bfgL;* kuglot vnd haubot *g*. 22 *bCdefLW*] selben *A*. 22-23 an *bis* dez] zu dem himelwagen daz *g*. 24 himelwagen] wagen *bf*. 26 vnderperime *f;* selben leut] s. circulus antaricus l. *b*. 26-27 Und *bis* haizzen *fehlt g*. 27 der] die *bCfL*. 28 himelwagen] hymelwaisen *f*. 14,30-15,2 im *bis* waren] er vor nye gesehen hiet daz im dy selben ans. w. vnd das er dy stern nymermer gesehen mocht dy er vor albegen gesehen hat *g*.

ansihtig [ ] wurden, und daz im die stern nu verporgen wern, die im vor ansihtig waren. Daz gescheh auch ainem menschen, daz von mittemtag gegen dem himelwagen ging. Und des sach ist alain deu geswulst und deu sinbeln der erden. Wer auch daz ertreich eben sleht von der sunnen aufganch piz zu irem nidervalle, so wer ez den leuten gegen der sunnen undergank als schir tak als den gegen irem aufgang, und geng ain iegleich stern allen leuten geleich auf. Aber daz ist niht war. Also gescheh auch von mittemtag gegen dem himelwagen. Und daz ist aber falsch. Daz aber uns daz ertreich sleht scheinet, daz macht neur sein uberigeu groͤzze.

BEGRÜNDUNG DER KUGELFORM DER HYDROSPHÄRE. - (6va) Daz auch daz wazzer sinbel sei, dez zaichen nem wir also: man setz ain zil an dez meres ufer oder an daz gestat, und ge ain schif von dem zil. Daz schif mag als verre in daz mere treten, daz aines menschen auge unden pei dem mastpaum daz zil an dem ufer oder an dem gestat niht gesehen mag, und die augen oben in der hoͤhen des mastpaumes sehen daz selb zil wol. Und schoͤlt doch daz unter aug daz zil paz sehen danne daz ober, daruͤmb, daz sein lenge kuͤrtzer ist zu dem zil, als uns offenbar ist in diser gegenwertigen figur (6vb) von den lengen, die von paiden augen gefuͤrt werden von dem zil [*Figur 9*]. Dez mag kain ander sach gesein danne dez wazzers geperg und die rundengroͤzz. Wanne tu wir alle hindernusse ab, davon die augen gehindert werden moͤhten, als nebel ist und ander duͤnst, so ist dem ding also. Ain ander sach nem wir des selben also: seit daz wazzer ist ein ainformiger leichnam, so sint elleu sein stuͤke der selben form und der selben natur. Und davon muͤg wir ge-

---

1 waren wurden *A*. 2 ainem *(alle Hss.)*] ainen *A*. 4 deu geswulst und *fehlt bf*. 7 als schir] gleich als palt *g*. 7-8 *(1.)* als *bis* auf] vnd gegen der sunnen aufgange so wer ain iegleicher aufgangee vnd vndergang aller sterne vnd allen lutten geleich in der werlte *bf*. 11 sleht] nit sinbel *W*; scheinet] tunckt wa man darauff wonet *bf*; neur *fehlt allen Hss*. 13 *Überschrift vor* Daz: Von der sinewellin des wassers merck *b* Webärung daz daz wazzer sinbel sey *C* Daz das wasser auch sinbel ist *g*. 15 ufer *bis* daz *fehlt L*; oder an daz gestat *fehlt bCdefgW (auch Z. 18)*. 17 maustpaum *A*. 22 in *bis* figur *fehlt allen Hss*. 25 geperg *bis* rundengroͤzz] püg oder hoch oder daz es pergot ist vber sich vnd daz es vnten großer ist *g*.

sprechen von ainem iegleichem stuͤkke dez wazzers: daz ist wazzer. Aber daz muͤg wir von allen dingen niht gesprechen, wanne wir sprechen niht: 'dez menschen stukke ist ain mensch, des ohsen stukke ist ain ohs.' Nu sint dez wazzers stuͤkke sinbel, als wir sehen an den troͤpflein, die daz tau in sumer(7ra)zeiten sprengent auf daz craut und auf daz gras. Davon muz auch daz gantz wazzer sinbel sein.

DIE ERDE ALS MITTELPUNKT DER WELT. - Daz auch daz ertreich ze mittel in dem firmament ste, daz vind wir also: wo ain mensch ist auf ertreich, so scheinend im die stern in der selben groͤzze, si sein ze mittelst an dem himel oder in irem aufgange oder in irem undergange. Und daz ist davon, daz daz ertreich geleich abstet von allen enden dez himels. Wanne wer daz ertreich dem himel neher an ainem tail danne an dem andern, so moht der mensch da selbenst dez himels halbentai*l* (7rb) niht gesehen. Und daz widerspricht Ptolomeus, und alle sternseher sprechent also: 'wo der mensch wont auf ertreich, do gent im sehs himelzaichen auf, und die andern sehs gen im unter. Und daz mittel dez himels ist im ansihtig, und daz ander mittel ist im verporgen.'

RELATIVE GRÖSSE DER ERDE. - Von der worhait nem wir, daz *daz gantz* ertreich niht anders sei gegen dem himel danne als ain untailleich punct gegen seiner groͤzzen. Wanne het daz ertreich ein groͤzzen gegen dem himel, so moͤht wir daz halbtail dez himels niht gesehen, als dir hie offenpar ist. Wir sprechen auch mere: vernem wir ain sleht prait auf dem mittelpunct der erden, die den himel und daz ertreich in zwai geleicheu stukke tail, so seh ain aug auf der selben praiten dez himels halbentail, aber ain ander aug auf der uͤberpraiten (7va) der erden seh des himels halbentail niht

---

8 *Überschrift vor* Daz: Das das ertreich zw mittist in dem firmament ste *bg*. 9 ste] still ste *C*; vind] bewär *C*. 10 ertreich] erden *g*. 14 tail] end *g*. 16 *bCdfgKL*] halbentails *AeW*; niht gantz *g*. 17 Ptolomeus] Bartholomeus *bf*. 18 sehs] funff *b (auch Z. 19)*. 22 *gK*] gantz daz *AbCdefLW*. 23 vnczeitleich *K*. 25 halbtail] tail *bf* höher tail *C*.

[*Figur 10*]. Von der warhait nem wir, daz der erden groͤzz zwischen irre uͤberpraiten und irm mittelnpunct unmerkleich ist und niht ze pruͤfen gegen der himel groͤzzen. Ez spricht auch Alfraganus der maister, daz der minst stern an den himel gestekt, der mit gesiht pruͤfleich ist, grozzer sei danne daz gantz ertreich. Und ist der selb klainst stern gegen dem firmament neur als ain punct, noch vil mer ist daz ertreich als ain punct, seit ez klainer ist wanne der klainst stern.

DIE UNBEWEGLICHKEIT DER ERDE. - Daz aber daz ertreich ze mittelst in den himeln sitz unwegleich, daruͤmb, daz ez aller swerst ist, daz nem wir also: ain iegleich swer dinch naigt sich von seiner natur gegen dem mittelnpunct der himel. Der mittelpunct ist ain untaillich mark, daz man ze mit(7[vb])telst in den himeln pruͤft. Seit nu daz ertreich aller swerst ist, so naigt ez sich von seiner natur zu der himel mittelpuncte. Auch mer: waz sich von der himel mittelpunct naigt gegen der himel uͤmbkraizze, daz wegt sich uͤber sich. Naigt sich nu daz ertreich von der himel mittelpunct, so naigt ez sich uͤber sich. Daz ist ainem sweren ding unmuͤgleich von natur.

URSACHE UND AUSWIRKUNG VON ERDBEBEN. - Daz aber pei weilen ain ertpidm geschiht, daz ist an ainem stuͤkke der erden und kuͤmt davon, daz ain dunst beslozzen wirt in der erden, der mit seiner ungstuͤm daz tail der erden erschutte. Und der dunst fuͤrt pei weilen vil erden auz mit im, *als an der Lempurg geschach pei Nuͤrenberg*. Ist aber daz ertreich sweflik, als do die haizzen pad enspringent, so fuͤrt der dunst mit im aschen und feur und verprent doͤrfer und stet, als dikke geschehen ist.

---

3 *vor* groͤzzen: protte *b* braite *f* vnd *bf*. 4-5 stern der an dem h. statt *bf*. 5 pruͤfleich] mercklich *egK*. 7 michel mer *g*. 8 klainer] chlain *K*. 8-9 als *bis* stern] clainer gen dem himel. es spricht ain ander maister der clainist stern an firmament den man gesehen mag sey zu 18 mallen grosser wann als ertrich *g*. 8-30 wanne *bis* ist *fehlt K*. 10 *Überschrift vor* Daz: Das das erttreich ze mittelst in dem himele sicz *bg* vnwegleichenn *b*. 12 swerst] swarcz *b;* nem] main *d*. 13 des himels *bf*. 16 s. aigen natur *g*. 17 mittelpuncte] puncte *bf (Z. 19 auch C)*. 22 pei] vnder *bCf*. 26 pei weilen] offt *bf*. 26-27 als *bis* Nuͤrenberg *bCdefgW*] *fehlt AL*. 30 dikke] oft *g*.

BERECHNUNG DES ERDUMFANGS. - (8ra) Des gantzen ertreichs uͤmbkraiz hat zwai tausent und funfzig tausent und zwai hundert tausent rest, als Ambrosius [ ] Theodosius *Macrobius* und Herasco die grozzen sternseher sprechent. Wanne an dez himels uͤmbkraizz sint drei hundert und sehzig grad oder klain stuͤkke, und der iclichem gebent si siben hundert rest. Und daz vind also: nim ain astrolabium, dez haizt ze deutsch ain sternlebs. Wanne als der munt und die lebsen sagen, waz in dem hertzen verporgen ist, also saget die sternlebs der stern haimleichait. Wanne du nu hast daz astrolabium, so bruf ain zeit, so des nahtes der himel lauter sei, also, daz du die stern wol gesehen muͤgst, und sihe den himelwagen an durch deu zwai vensterlein der lengen, deu auf dem astrolabium uͤmblauf. Deu (8rb) leng haizt ze latin mediclinium und haizt ze deutsch ain mittelnaigerin, daruͤmb, daz sich die lengen ze mittelst auf dem astrolabium uͤmbnaigt ze allen enden. Wenne daz geschiht, so pruͤfe die zal der grad, da di mittelnaigerin aufbestet. Darnach ge der erdenmezzer gerihts von mittemtag gegen dem himelwagen also lang, piz daz er an der andern nahte sein mark an dem himel ansehe noch der verreidung der mittelnaigerin uͤber [ ] den ainen grad. Darnach mezze er seinen wek, den er uͤbergangen hat, so vindet er siben hundert rest, die auf dem ertreich antwurten ainem grad an dem himel. Und der grad sint drei hundert und sehzig. Der gib ich iegleichem siben hundert rest, als vor gesprochen ist. So vindestu die vorgenanten zal. Wild aber du (8va) wizzen, waz ain rast sei, so wizze, daz fuͤnf fuͤzze ainen schrit machen, und hundert und funf und zwainzig schrit machent ain raste. Und aht reste machent ain welhisch

---

1 *Überschrift vor* Des: Vonn des erttreichs vmbkraiß *b* Wie uil die erde meil habe an dem czirkel vnd an der dichke *C* Wie vil rast dez erdrich umswaif hat *g* Wi mang rast daz ertrich habe *W*. 3-4 Ambr. vnd Theod. vnd Her. *alle Hss. (vgl. 'Puechlein' S. 66,3f.:* Ambrosio Theodosio Maccrobio, Arostono und den andern; *siehe unten Namenregister).* 4 Herasco] Herastodi *bf* Herastodmes *C;* maister vnd sternsecher *bf*. 9 munt] vnrat *K*. 13-14 vensterlein] claine lochlin (löchlach *f*) *bf*. 17 vmbn. oder vmbreidt *g*. 18 pruͤfe] merkch *g*. 20-23 piz *bis* wek] p. er sein gemerkch daz er vor an dem wagen gehabt hat ains grads mer sey. wann er durch dew vensterlein der lengen naigerin gesehen hat vnd wann er nu hat dy verreidung der lengen naigerin vmb ain grad so mess dar nach den selben weg *g*. 21 verreidung] verrung *C*. 22 mittelnaigerin] mitteln stern *e;* den den *A*. 27 gesprochen] geschriben *bf;* So vindestu] vnd also chumpt *g; nach* zal: 252000 *b* die ist 250000 *g*. 28 fuͤzze] schuhe *egK*. 30 raste] roslauf *egK (beide Male und 19,1).*

meil ze reht in Frankreich, aber sehzehen rest machent ze reht ain deutsch meil. Idoch so waiz ich niht, ob man daz moz uberal in Romischem reich heldet. Nimst du nu ain meil *fuͤr* vier tausent elenpogen, so sint an dem uͤmbkraizz dez ertreiches zwaintzig tausent und vir hundert meil. Aber deu diken dez ertreichs hat sehs tausent und vier hundert und neunzig meil, wann einem iegleichem grad an dem himel antwurten sehs und funfzig meil und zwai drittail ainer meil.

BERECHNUNG DES ERDDURCHMESSERS. - Auz diser warhait neme wir der erden dik, als ob man ainen vadem ze mittelst durch daz ertrich zuͤg (8vb) von ainem end an daz ander, wie lank der vadem were. Wanne ez ist ain *lere in der kunst*, die man geometriam oder erdenmezzerinne haizzet, deu sprichet also: 'wildu wizzen, wie lank ainer groͤzzen diken sei, deu sinbel ist? Wanne du ainer rundengrozze uͤmbkraiz waist in seiner lengen, so tail die lengen dez umbkraizzes in zwai und zwainzig stuͤk, und sneid der stuͤke aines ab. Darnach nim de*r* ain und zwaintzig stukk*e* drittail, daz ist deu dik dez uͤmbkraizzes. Nimst du nu nach der lere der erden dikken, so vindest du ainz und ahtzig rast und hundert reste und ahzig tausent rest und ain *halb* und ain drittail ains rastes. Daz ist der erden dikken.'

Daz ander capitel

DIE HIMMELSKREISE. - Der ringe oder der kraizze, darauz man dis*e* gegenwertigen speram macht, (9ra) sint etleich grozzer und etlich klainer, als uns ansihtig ist. Der kraiz haizzet der groͤzzer kraiz, der di speram oder die runden-groͤzzen in ir praiten in zwai geleich stukke tailt. Aber der klainer kraiz ist, der speram niht tailt in ir praiten

---

2 *nach* meil: vnd zwo meil machent ain rast aber doch wais *g*. 3 h. oder nicht *g*. 4 *g*] von *alle Hss*. 6 diken] prait *K*. 7 *nach* meil: vnd zehen ainliff tail ainer meil *g*. 9 *nach* meil: auff dem erdreich *g*. 13 *K*] kunst in der lere *ACdeL* kunstler (lerer *f*) in der kunst *bf* kunst der geom. *g*. 15-17 diken *bis* so] kugel dikch ist so wiss des ersten den vmbchraiß der selben chugel oder runden groß so *g*. 19 *g*] dez ain vnd zwainzigsten stukkes *AbCde fKLW;* dez] ains iglichen *g*. 22 und ain halb *(vgl. Thorndike 68 ,15)*] vnd ain klaines stuͤkke *AbCdefKLW (fehlt g)*. 23 Daz *bis* dikken] als dikch ist dy erden. nimbstu daz halb so hast du dy verr in daz mitt der erden: daz sind 4090½ *g*. 24 *Kapitelüberschrift:* Vonn des erttreichs ring oder krayß *b* Also endet sich daz erste haubtstuk dises puͤches von der gestalt der werld. Nu sagt er uon dem andern stukk sam uon den chraizzen dar auz man die materieleiche sper machet die ein exempel ist der himmelischen *C* Nu hebt sich an daz ander stukch des puchs vnd sagt warauß vnd wie dy spera gemacht vnd getailt wird *g* Von den kraizzen do von di spera gemacht ist *W*. 25 des erttreichs ringee *bf*. 26 *gL(bCf)*] disen *AdeKW;* gegenwertigen *fehlt bf*. 29 pr. oder ir weit *g*.

in zwai geleicheu stuͤk, *sunder in ungeleicheu tail.*

DER ÄQUATOR. - Under den grozzern *zirkelen* woͤlle wir von ersten sagen von dem ebennehter. Der ebennehter ist ain zirkel oder ain kraiz, der speram in zwai geleicheu tail stukt, also, daz er gleich abstet von paiden himelspitzen. Und haizzet davon der ebennehter, wanne so in deu sunne begreift - das geschiht zwir in dem jare: an dem anvange des himelzaichens, daz der wider haizzet, uͤmb sand Gedruden tag in dem vorlenzen, und an dem anvang dez himelzaichens, daz deu wag haizzt, umb sant Ma(9rb)thes tag in dem herbst - so sint ebenneht auf erden. Davon haizt e*r* auch der ebennehter der naht und des tages. Er haizt auch dez obersten waltzhimels guͤrtel, daruͤmb, daz er dez selben himels lauf ze mittelst uͤmbgreift.

DIE ZWEI BEWEGUNGEN DER SPHÄREN. - Und davon scholt du wizzen, daz der selb lauf des ersten himels haizzet der vernuͤnftig lauf, daruͤmb, daz er dem vernunftigen bekantnuͤsse der klainen werlt geleich ist. Die klain werlt ist der mensch, daruͤmb, daz er aller ding aigenhait an im hat, die in der grozzen werlt sein. Wanne ain mensch hat gemain mit den engeln ze bekennen vernuͤnfticleichen, mit den ungeselten leichenam an wesen, mit den wahsenten dingen an wahsen, mit den unvernuͤnftigen tyren an bekennen und an gen von ainer stat zu der an(9va)dern. Wanne nu der mensch got bekennet, seinen schepfer,und davon get an sich selber und bekent sich selber und get aber an sinen schepfer und bekent sein adel und seinen gotlichen gewalt, so haizzet daz bekennen daz vernuͤnftig bekantnuͤsse, davon, daz ez von dem werk get an die sache und da beleibt. Also tut der erst himellauf. Der get von der sunnen aufgank an der sunnen undergank und kert

---

1 sunder *bis* tail *C*] *fehlt allen Hss.* (*vgl. Thorndike 68,23-24*). 2 Under *bis* zirkelen] Nu *C;* zirkelen (chraissen *g*) *bdefKLW*] tyrzirkelen *A.* 4-5 tail stukt] stukch tailt *g.* 7 *vor* an: ain mal *g;* anvange] aufgang *b (Z. 9 auch f).* 8 Gedruden] Gregorien *bgL* Jörgen *f.* 9 in *bis* vorlenzen] in der vasten (an dem vor lazzen *K*) vnd das ander mal *g.* 10 sant *bis* herbst] des heiligen chrewtz erhohung in dem herbst vnd vmb die selben zwo zeitt *g;* Mathes] Eufemia *bf.* 11 er *gW*] ez *ACdeL.* 11-14 Davon *bis* uͤmbgreift *fehlt bf.* 16-17 vernuͤnftig] vnvern. *f (beide Male und Z. 21).* 21 vngelten *W;* leichenam] dingen *C.* 22 (*1.*) an] sein *K.* 23 bekennen *bis* gen] *fehlt C* enpfinden vnd augen *f; vor* zu: sich wegen *C.* 25 get] gedenkcht *g.* 26 *nach* bekent: vnd betracht *g.*

wider an der sunnen aufgank. Daruͤmb haizt er der vernunftig lauf.

Ez ist auch ain ander bekantnuͤsse in dem menschen, daz get von dem schepfer an die creatur und beleibt da. Und daz haizzet daz unvernunftig bekantnusse, daruͤmb, daz ez auz got ruͦr und sitzt. Und dem geleichet der ander lauf der undern himeln: der ist von (9vb) der sunnen undergank zu der sunnen aufgank *und keret aber zu der sunnen undergang*.

NORD- UND SÜDPOL. - Wir haben auch gesprochen, daz der kraiz geleich abste von den zwain himelspitzen. Daruͤmb scholt du wizzen, waz die himelspitzen sein. Die ain himlspitz ist pei dem grozzen wagen gegen dem klainen himelwagen und ist niht anders denne ain gepruͤfter punct gegen dem tail des himels. Und die himlspitzze ist uns alle zeit ansihtig, wanne wir wonen gegen dem himelwagen. Deu himelspitz haizzet die perinne, daruͤmb, daz si ist zwischen den zwain sibenstern, di man die perinne haizzt, wanne si reiden sich in kraizzen weiz und kument nimmer ab der selben stat, reht als ain per, der uͤmb sich izzet in winders zeiten. Deu himelspitz haizzet auch die sibenohsin, (10[ra]) wanne die siben stern walzen dapei tregleichen, reht als die ohsen. Oder haizzt die sibentreterinne, daruͤmb, daz die siben sterne nach ainem kraizz treten an den stuken dez himels. Deu himelspitz nimt auch dikke ir namen von dem wind, der do her fleugt. Der haizzt ze deutsch raubfruht, daruͤmb, daz er kalt ist an seiner kraft und dem leben widerkrigend und allen fruͤhten, und haizt ze latein boreas oder aquilo.

Deu ander himlspitz haizzet deu widerperinne, daruͤmb, daz

---

1 *nach* aufgank: vnd chumpt nicht furpas vnd *g*. 5 vernunfftig *gK*. 6 ruͦr] ruͦwett *bdefgW* rukchet *K* ruert v. s. in dem geschöpf *L*. 7 undern] andern *C*. 8-9 und *bis* undergang *bf(L)*] *fehlt ACdegKW (vgl. Thorndike 69 , 2-3)*. 12 soholt *A;* waz polus oder die himelspitz *L*. 13 himlspitz] himlisch spicz *K*. 15 himels] ertreichs *f* h. da der chrais den himel tailt *g*. 16 zeit] tag *C*. 19 weiz] weit *e*. 22 siben] selben *fg (22,18 auch C);* tregleichen] taglich *bf*. 25 ir] drei *K*. 26 raubflucht *L*. 28-29 boreas oder *fehlt g*.

si geleich uͤber ist gegen der vorgenanten himelperinne an dem versten stukke des himels. Si haizzet auch die mittentagerinn, daruͤmb, daz si an dem tail dez himels ist, da der mittag ist, und haizzt auch die fruhtwinderin, daruͤmb, daz der fruhtwint (10rb) von dem tail der werlde fleugt; wanne der wint ist warm und feuht und allen fruͤhten minnesam und haizzt ze latein auster. Der zwaier himelspitzzen, die des himels ahsen enden, daruͤmb der werlde lauf ist, sei wir ain alle zeit ansehend, und deu ander ist uns alle zeit verporgen. Und davon sprach Virgilius der maister: 'der werbel ist uns alle zeit hoh, und deu swartz helle und die armen tiffen sel haben den andern werbel alle zeit unter iren fuͤzzen.'

DER TIERKREIS. - Ain ander kraiz ist an dem himel, der uͤberschrenkt den mittelnehter und wirt von im uͤberschrenkt in zwai geleicheu stuͤkke; und ein sein mittel naigt sich gegen mittemtag und daz ander tail gegen dem himelwagen. Und der haizzet der lebenkraiz, daruͤmb, daz die si(10va)ben planeten under dem kraizze lauffent und geben kraft und leben allen dingen, die auz den vir elementen werden. Oder haizzet der tyrkraiz, daruͤmb, daz er zwelf geleicheu stuͤkke hat. Und der zehen haben tyrnamen, und deu zwelf stuͤkke haizzen deu zwelf himelzaichen. Der kraiz haizzt auch der zaichentrager, davon, daz er die zwelf stuͤk oder die zwelf zaichen tregt. Und haizzt in Aristotiles den krummen oder den schilhenden kraiz in dem andern puch von der gepurt, so er sprichet, daz die sunne in irem zugang und in irem abgang in dem krummen kraizze ain sach sei der gepurt und dez todes aller dinge, die in den elementen und auz den elementen werden.

---

1 himelspicz perine *bf*. 2 versten] ersten *CeL*. 5 der fruhtwint] sie (auch *f*) die frucht windet *bf*. 6 feuht] fruͤchtig *K*. 12 tiffen sel] sel vnd tufel solt h. *bf* dez tiefels seel *g*. 13 werber *e*. 14 *Überschrift vor* Ain: Vonn dem tier krayßee *b* Von dem tirkrais von den XII zaichen des tierkraizzes vnd iren graden *C* Von dem chrais zodiacus *g*. 15-16 wirt *bis* in] mit seinem vberschrenkchen tailt er in in *g*. 16 ein sein] daz ain stukch von dem m. *g*. 17 tail] stukch *g*. 18 lebentig chrais *g*. 25 *nach* Aristotiles: signifer *C*. 30 *nach* werden: daz versten ich also wann dy sunn in dem chrais get so pringt sy den sumer, aber wann sy aus dem chrais get so pringt sy den wintter. daz ist valsch wann dy sunn chumpt nymmer aus dem chrais *g*.

DIE ZWÖLF TIERKREISZEICHEN. - Die namen und die *ordnung und die zal der* himelzaichen die sint also: wider, ohs, zwinlein, krebs, leo, juncfreu(10vb)lein, wag, schorp, schuͤtzlein, stainpok, krug, vischlein. Daz erst zaichen haizzet der wider, daruͤmb, als der wider an dem afterntail krank ist und an dem vodern stark. Also, wenne die sunne ze niderst in daz zaichen tritte, so ist ir kraft und ir schein pei uns krank; aber wenne si oben in daz zaichen kuͤmet, so ist ir schein mer stark. Oder haizzet daruͤmb der wider, daz di stern in dem himelzaichen also geschikt sint. Daz ander zaichen haizzt der ohs, daruͤmb, so deu sunne in ez tritet, so ist ir kraft gar stark, reht als ain ohse vierschroͤtig ist. Daz dritte zaichen haizzt die zwinlein, wanne der sunnen schein ist danne zwivaltig. Daz virde zaichen haizzet der krebs, wanne deu sunne get danne hinder sich, als ain krebs. (11ra) Daz fuͤnft haizzet der leb, wanne der sunnen kraft ist danne gremsig als ain leb. Und ist ain sterne an dem haubt dez zaichens, der haizzet der hunt. Und so deu sunne da hin kuͤmt, so koment die hundestag, und so ist lozzen verpoten, daruͤmb, wanne deu uͤbrig hitz verzert gnunk die feuhten und den gaist in dem menschen. Daz sehste zaichen haizzt deu juncfraue, daruͤmb, daz deu sunne ist danne unperhaft. Und daz sint deu sehs sumerzaichen, darinne deu sunne in dem sumer leuffet. Daz sibent zaichen haizzt deu wag, wanne so deu sunne darinne leuft, so ist ain ebennaht und wigt tag und naht geleich. Daz aht zaichen haizzt der schorp, wanne als der schorp mit der zungen lekt und mit dem zagel hekt und sticht, (11rb) also wenne deu sunne in daz zaichen tritte, so ist si dez ersten senft und ze letzest scharpf. Daz neunt zaichen

---

1-2 ordnung *bis* der *bf*] *fehlt ACdegKLW*. 3 zwinlein] zwilling *g;* leo, juncfreulein] leb magt *g*. 4 krug] wasserman *gKL*. 5 afterntail] hintern tail *g*. 6 an dem vodern *Ag*] vornan *bCdefKLW*. 8-9 oben *bis* stark] kumbt an daz end des zaichens so mert sich ir hitz vnd sterkch vnd schein *g*. 9 kuͤmet] tritt *bf; nach* stark: bey vns *bf*. 10 himelzaichen] zaichen *Cg;* geschikt] gestukcht *K*. 12 tritet] get *g*. 13 virschr. vnd starkch *g*. 14 wenne die sunne in das czaichen gatt (dar ein chumpt *g*) so ist irr krafft (so wird ir schein *g*) zwiv. *bfg (ähnl. Z. 15.17)*. 20 lozzen] lauffen *f*. 23 vnfruchtper *g;* funff *b*. 28 *nach* zagel: vergifft *f*.

haizzet der schuͤtz, daruͤmb, wanne deu kelden durchscheuzzet danne die menschen und ander creatur. Daz zehende zaichen haizzt der stainpok, daruͤmb, daz deu sunne danne ze perg steigt, als ain stainpok. Daz ainleft zaichen haizzet der kruk, wanne deu zeit geuzet denne regenwazzer, reht als ain kruk. Daz zwelft zaichen haizt die visch, wanne deu zeit ist naz und kalt, reht als ain visch in dem wage ist. Oder deu zaichen habent ir namen von der stern gestalt darinnen.

DIMENSIONEN DER TIERKREISZEICHEN UND DES TIERKREISGÜRTELS. - Ein iegleich zaichen wirt getailt in dreizig stukke, und die haizzen grad. Und davon sint in dem tyrkraizze drei hundert und sehtzig grad, als die (11va) sternseher sprechent. Und ain iegleich grad tailt sich in sehtzig minut; ain iegleich minut tailt sich in sehtzig andertail; ain iegleich andertail stukt sich in sehtzig drittail; und also gent die sternseher piz an die sehsten stapfeln. Und als der sternseher den tyrkraiz tailt, also tailet er ainen iegleichen kraiz, er sei klain oder groz, in so vil stuͤkke. Du scholt auch wizzen, wie daz sei, daz ain iegleich kraiz an dem himel gepruͤft werd als ain smaleu leng, die kain praiten hat. So wirt der tyrkraiz alain gepruͤft nach ainer praiten, und deu praiten hat der selben grad zwelf, der deu leng dez kraizzes drei hundert und sehzig hat, als vor gesprochen ist. Und davon ligent etleich in der sternseher kunst, die da sprechent, daz die himel- (11vb)zaichen eben gevirt sein. Daz mag niht gesein. Wanne ain ieglich zaichen hat dreizzig grad an der lengen und hat derselben neur zwelf an der praiten. Davon ist ez niht eben gevirt, aber ez ist gevirekt, als du sihst in der

---

3-4 daz *bis* stainpok] wann sam der stainpok gehürnt scharph ist also ist die czeit scharph hürnik mit chelten so die sunne vnter dem selben czaichen lauffet *C.* 6 regen vnd wazzer *K.* 8 wage] wasser *L.* 12 grad] gr. oder staffel *g.* 14 grad] tail *bf.* 15-16 (*1.*) minut *bis* (*1.*) andertail] andriu stuck *b.* 16 tailt *bCfg.* 18 stapfeln] tail oder pruch *g;* sternseher] astronymus *g.* 21 smaleu] sinewellu *bfg.* 22-24 leng *bis* leng] linie an als vil den tyrkrais der zodiacus haist der hat an der weit zwelf grad der an der l. *C.* 24 kraizzes] wazzers *bf* himelz *K.* 26 in *bis* kunst] sternseher *g.* 27 eben gevirt] obnan gefürt *bf.* 30 gevirekt] geegket *g.*

figur [*Figur 11 und 12*].

DIE EKLIPTIK. - Deu lengen, deu ze mitte*l*st ist gefuͤrt durch den uͤmbkraiz dez tyrkraizzes, deu haizzet deu scheinprecherinne. Und deu lezt ze itweder seiten sehs grad an dem tyrkraiz nach seiner praiten. Und haizzet darumb die schein(12ra)precherinne, wanne, so deu sunne und der mon in selber begegent under der lengen, so kuͤmt ain scheinprechen der sunnen *oder* des monen. Deu sunne leuft alle zeit under der scheinprecherinne. Aber die andern planeten die abnaigen sich gegen dem himelwagen und gegen mittemtag und sein auch pei weiln under der scheinprecherinne. Aber daz stuͤke dez tyrkraizzes, daz sich abnaiget von dem ebennehter gegen dem himelwagen, daz hat die namen, die deu selb himelspitzze hat, die vor genant sein. Und deu sehs stuͤkke, die sich anvahen von dem wider und enden sich mit der juncfraun, die haizzen die sibenoͤhsischen oder die sibensternigen zaichen, darumb, daz si sich gegen den siben stern naigen, die der wagen haizzen o(12rb)der die ohsen; oder haizzen die suͤmerleichen zaichen, darunder deu sunne in dem sumer leufet. Daz ander stuͤk dez tyrkraizzes, daz sich abnaiget von dem ebennehter gegen mittemtag, daz haizzet daz mittentegleich stuͤkke. Und deu andern sehs himlzaichen, die sich anvahent an der wag und enden sich mit den vischen, die haizzen die mittemtegleichen zaichen oder die winderzaichen, wanne deu sunne leuft in dem winder in den selben sehs zaichen.

ERLÄUTERUNG DER WENDUNG '*in ainem zaichen sein*'. - Du scholt auch wizzen, wenne wir sprechen, daz deu sunne in dem wider sei oder in ainem andern zaichen, so ist es als vil gesprochen: deu sunne ist under dem zaichen in der weis,

---

1 *vor* figur: hienach beczaichenten *b* geschriben *f* nachgemalten *g*. 2 *alle Hss.*] mittest *A*. 3 tyrkraizzes] circkels *bCfK* tyer zirkels *deLW*. 4 *CgKL*] letst *AdeW*. 6 scheinprecherinne] schepferinne *e*. 8 vnd *alle Hss. (vgl. Thorndike 70 ,22)*. 11 sein] scheinent *bf*. 15 stuͤkke] st. oder himelczaichen *bf* zaichen *Cg*. 17 6 ochsenn *bf*. 29 wider] winter zaichen *C*.

und wir vor daz himelzaichen haben genommen. Aber in ainer andern weis nem wir daz himelzaichen fuͤr ainen (12va) virekten kegel. Dez kegels grunt ist die vorgenant praiten dez tyrkraizzes, die wir ain zaichen hizzen, und sein spitz ist in der erden mittelpunct. Und in der weis muͤg wir aigenleich gesprechen, daz die planeten in den zaichen sein [*Figur 13*]. In der dritten weiz muͤg wir ain zaichen nemen, also, daz wir pruͤfen sehs kraizz aufgen durch dez tyrkraizzes spitzen und auch gen durch die anvenge der zwelf himelzaichen. Und die sehs kraizze tailent gelich die rundengroͤzze in zwelf stuͤkke, di ze mittelst prait sint und gegen de*n* himelspitzze*n* enge. Die zwelf stukke muͤg wir himelzaichen haizzen,und daz stuͤk hat seinen namen von dem himelzaichen, daz begriffen wirt in zwain lengen. Und in der weis sint auch die stern pei den himel(12vb) spitzzen in den himlzaichen. In der virden weis muͤg wir ain himlzaichen nemen, daz wir pruͤfen ain leipheftig groͤzzen. Der grunt sei daz himelzaichen, als wir ez nemen in der dritten weis, und de*r* spitz sei auf dez tyrkraizzes ahsen; und die groͤzzen haizze wir ain himelzaichen. Und in der weis sint alleu dink in der werlde in himelzaichen. Die weis maht du prufen in ainem zesniten apfel [*Figur 14*].

DIE KOLUREN. - Zwen ander grozze kraizz sint an der himel rundengroͤzze gepruͤft. Die haizzen die waltohsenzegel, und der amment ist, daz sie unterschaident die suͤnwenten und die ebenneht. Die haizzen darumb die waltohsenzegel, wanne, als der waltohs seinen zagel stertzt, so macht er ainen halben (13ra) kraiz; also ist uns der himelkraiz alle zeit neur halber ansihtig.

Der erst ohsenzagel, der uns die sunwenden underschait,

---

1 *Überschrift vor* Aber: Ander weis wie etswaz sei in ainem zaichen *C*.
10 gelich] gancz *bf*. 11 stuͤkke] tail *g (auch Z. 12)*. 12 den him. *bf*] der himelspitzze *ACdegKLW (vgl. Thorndike 70,42 - 71,1)*; enge] ende *e*.
18 himelle *bf*. 19 der *(Deschler S. 389f. Anm. 259)*] dez *alle Hss*. (sein *g*).
23 *Überschrift vor* Zwen: Vonn zwain kraizzen merck *b* Von zwain grossen chraissen dy vnterschaident dy ebennachter *g*; zirckel oder chraiß *g*.
27 sterczt oder chrumpt *g*.

der get durch die himelspitzzen und durch des tyrkraizzes spitzen und durch die aller groͤsten abnaigung der sunnen, daz ist durch den ersten punct des krebs und durch den ersten punct dez stainpokes. Und davon haizzt der erst punct dez krebs, da der ohsenzagel den tyrkraiz uberschrenket, der punct der suͤmerlichen sunwenden, wanne so deu sunne ist an dem punct, so ist die suͤmerlicheu suͤnwenden, unde mag auch die sunne sich niht mer genaigen gegen unserm haubtpunct an dem himel. Ein haubtpunct ist ain punct geleich ob unsern haubten an dem himel gepruͤ(13rb)fet. Und der pog dez ohsenzagels, der beslozzen wirt zwischen dem punct der sumerlichen sunwenden und zwischen dem ebennehter, der haizzet der sunnen groͤsteu derhoͤhung. Und deu derhoͤhung hat nach Ptolomei sin drei und zwainzig grad und ains und funfzig minut; aber nach Almeon sin hat sie drei und zwainzig grad und drei und dreizzig minut. Nu gelaub ich Ptolomeo pas, wenne ich daz stukke eben mizze. Auch der erste punct des stainpoks haizzt der puncte der windersunwenden. Und der pog des ohsenzagels beslozzen zwischen dem selben punct und dem ebennehter haizzet der sunnen aller groͤsteu abnaigung und ist geleich lank der sunnen groͤsten hoͤhen.

Der ander ohsenzagel get durch die himel(13va)spitzen und durch den ersten puncte des widers und auch durch den ersten puncte der wag, da die zwu ebenneht sein. Und davon haizzet er der ohsenzagel, der die ebenneht schaidet. Die zwen ohsenzegel uͤberschrenkent sich auf den himelspitzen, also, daz von dem schrenken komen aufgerehteu winkelein, die auch rundengrozzig sein.

Die stet und die zeit der sunwenden und der ebenneht

---

5 vmbschrenkt *C.* 8 gegen] zu *(alle Hss.)* 10 gepruͤfet] gemerkcht *g.* 14 sin] sagen *g (auch Z. 15).* 15 nach Almeon (Almeus *C*) dem maister der spricht drei *bf.* 16-17 Nu *bis* mizze] vnd den halten all astronimus fur recht ausgenomen der maister der spera; der setzt dez Ptolomeus sag fur *g.*

hast du in disen reimen:

Der krebs die sunwenden geit
Uͤmb dez heiligen Veits zeit.
Der stainpok ain ander trag
Umb sant Lucien tag.
Der wider geit ain ebennaht
Umb sand Gedruden praht.
Der swester geit uns deu wag
Uͤmb sand Matheen tag.

DER MERIDIAN. - Noch sint zwen ander grozz kraizze gepruͤfet an der werld runden(13[vb])grozzen: der mittemtager und der augenender. Der mittemtager ist ain kraiz, gend durch die hymelspitzen und durch unsern haubtpunct, und haizzt daruͤmb der mittemtager, wanne, wo der mensch ist in welher zeit des jares, so deu sunne dez tages kuͤmt an seinen mittemtager, so ist ez dem menschen mittag; und daruͤmb haizzet er dez mittentags kraiz. Und du scholt bruͤfen, daz deu stat, deu mer nahend der sunnen aufgank, hat ainen andern mittentager, wann deu mer abstet von der sunnen aufgank. Und der pog dez ebennehters, der beslozzen wirt zwischen den zwain mittentagern, haizzet der stet lengen. Ist aber, daz zwu stet den selben mittentager haben, so sint si geleich abstend mit ain(14[ra])ander von der sunnen aufgang und von der sunnen undergang.

DER HORIZONT. - Aber der augenender ist ain kraiz, der unserm gesiht gleich tailt den obern halphimel von dem undern halphimel. Und davon haizzt er der augenender und haizzet auch der kraiz dez halphimels oder der halpwerld. Der augenender ist zwaierlai: der schilhende und der aufgereht. Die leut haben den aufgerehten augenender, der

3 Uͤmb dez heiligen] wunn sende *K;* heiligen sandt Veitzes *L.* 3-9 Uͤmb *bis* tag] vnde versus hec duo solsticia faciunt cancor capricornus. sed noctes equantt aries et libera diebus. die erst sunwend gratt geitt vmb santt Veitts tag der krebs, vmb santt Lucien tag derr stainbock; vnd vmb sant Gregorien tag der wider ebennechter, vnd vmb sant Ewfemien tag die waug ebennechtter *bf.* 4 ain *bis* trag] get in ain andern tag *C.* 7-9 Umb *bis* tag] an sant Gregorgen nacht dy wag geit vns dy ander vmb dez heiligen krewcz erhohung *g.* 10 *Überschrift vor* Noch: Aber zwenn ander krayzz *b* Von andern zwain kraizzen dem mittager vnd *C* Von den zwayn grossen kraissen in der welt rundengroß *g.* 28,10-40,17 Noch *bis* kunt *fehlt K.* 16 *bCf*] seinem *AdegLW.* 17 *bfL*] ez *ACdegW.* 19-20 wann *bis* aufgank] denne die statt die gen der sunnen vndergang staund *bf.* 24 und *bis* undergang *fehlt bCf; degLW*] sunne *A.* 26 haubt himel *bf (auch Z. 27).* 30 leut] land *bf.*

haubtpunct ist in dem ebennehter. Und der selben leut augenender get durch di himelspitzzen und tailt den ebennehter in aufgerehteu rundengroͤzzigeu winkelein; und daruͤmb haizzet er der aufgereht augenender. Den schilhenden oder den genaigten augenender haben die leut, den ain himelspitzze erhoͤht ist uber iren augenender, und (14[rb]) deu ander ist in verporgen. Und der leut augenender uͤberschrenkt den ebennehter, also, daz von dem schrenken komen ungleicheu und schilhendeu winkelein oder eklein; und davon haizzet e*r* der schilhend oder der genaigt augenender. Du scholt auch wizzen, daz unser haubtpunct alle zeit ist dez augenenders spitzzen.

BERECHNUNG DER POLHÖHE. - Und davon ist dir offenpar, daz die derhoͤhung der himelspitzzen uͤber den schilhenden augenender als groz ist, als groz die lengen unsers haubtpunct*s* ist von dem ebennehter. Daz vind wir also: seit an iegleichem tag paid ohsenzegel sich gesellen dem mittager zwir - und wir reden von dem naturleichem tag, der gesament ist von tag und von naht -,waz wir denne beweren von ainem, daz (14[va]) ist auch bewert von dem andern. Daruͤmb neme wir daz viertail dez ohsenzagels, der da schaitte die sunwenden; daz viertail get von dem ebennehter an die himelspitzze. Und nem wir daz viertail des selben ohsenzagels, daz get von dem haubtpunct an den augenender. Seit nu deu selben zwai viertail dez selben kraizzes viertail sint, davon sint sie geleich lank. Nu ist ain *lere in der kunst* geometria, die haizzt die erdenmezzerinne, deu spricht also: 'nimst du von geleichen groͤzzen geleich groͤzzen oder geleicheu stuͤkke, die beleibend grozzen sint geleich.' Nu nem wir den pogen, der den zwain viertailn gemain ist - der

---

10 *bCefgLW*] ez *Ad*. 12 dez schelchen augenenders *g*. 15 (*1*.) groz] verre *bf*. 16 *deLW*] hauptpunct *AbCfg*. 26 *bf*] kunst in der lere *ACdegLW*. 30 gemain] gelych ist vnd (oder *g*) gemain *bf*.

ist zwischen unserm haubtpuncte und der hymelspitzzen -, so sint die beleibenden stukke geleich. Der aines ist die derhö(14vb)hung der himelspitzzen über den augenender, und daz ander ist die verren dez haubtpunctes von dem ebennehter.

DER WENDEKREIS DES KREBSES UND DES STEINBOCKS. - Seit nu gesait ist von den sehs grozzen kraizzen, nu wölle wir sagen von den vier klainen. Nu scholt du prüfen: wann deu sunne ist in dem ersten punct des krebs oder in dem puncte der sumerleichen sunwenden, so beschreibt si mit dem zuken dez sternhimels ainen kraiz, und der wirt zeletst beschriben von der sunnen gegen dem himelwagen oder gegen der himelspitzzen, die wir die perinne haizzen. Und davon haizzet er der kraiz der sumerleichen sunwenden oder haizzt der sumerleich widerkerer, wanne die sunne begint sich danne widerkeren zu der undern halpwerld und begint (15[ra]) fliehen von uns. So auch deu sunne ist in dem ersten puncte dez stainpoks oder in dem [ ] puncte der windersunwenden, so schreibet si von dem zuken des sternhimels ainen kraiz, und der wirt zeletst beschriben von der sunnen gegen mittemtag oder gegen der himelspitzzen, die deu widerperinne haizzet. Und davon haizzet er der kraiz der windersunwenden oder der winterisch widerkerer, wanne deu sunne kert sich danne wider zu uns.

NÖRDLICHER UND SÜDLICHER POLARKREIS. - Seit aber der tyrkraiz sich abnaiget von dem ebennehter, so naigent sich auch des tyrkraizzes spitzzen von den himelspitzzen. Seit nu der aht himel ümbweltzt, so weltzet auch der tyrkraiz ümb, der ain stüke des ahten himels ist, ümb der werld ahs; und davon waltzen auch dez (15rb) tyrkraizzes spitzzen ümb die

---

6 *Überschrift vor* Seit: Vonn vier clainenn kraißenn merck also *b* Von den vier minnern kraizzen *C* Von den vir clainen zirckeln *g*. 10 zuken] stucken *bef (Z. 19 auch bfg)*. 18 in dem puncte *bCdefgLW*] i. d. ersten p. *A (vgl. Z. 9 und Thorndike 73,5-6)*. 22 er *bf*] *fehlt ACdegLW*. 29 ahten] alten *bf*.

himelspitzzen. Und der kraiz, den des tyrkraizzes spitzzen beschreibt uͤmb die himelspitzzen pei dem hymelwagen, der haizzt der pernkraiz. Aber der ander kraiz, den deu ander tyrkraizzes spitzzen beschreibet uͤmb die andern himlspitzzen, die deu widerperinne haizzet, der haizzt der widerpernkraiz.

Und darumb, als lang deu aller groͤst abnaigung der sunnen ist, als lang ist deu verren des tyrkraizzes spitzen von der himelspitzzen. Daz vinde wir also: nem wir den ohsenzagel, der underschait die zwu sunwenden; der get durch des himels spitzen und durch dez tyrkraizzes spitzzen. Seit nu alleu viertail ains und dez selben kraizzes geleich lang sint, so ist daz viertail dez ohsenzagels von dem (15va) ebennehter an die himlspitzzen geleich dem virtail dez ohsenzagels, daz ist von dem ersten puncte dez krebs an des tyrkraizzes spitzzen. Und davon beneme wir den zwain viertailn ir gemain pogen, der ist von dem ersten puncte dez krebs piz an die himelspitzzen, so beleibent die andern stuͤkke geleich: der ains ist daz groͤste abnaigen der sunnen, und daz ander ist deu verren des tyrkraizzes spizzen von der himelspitzzen. Seit aber der pernkraiz geleich abstet von der himelspitzzen, als offenbar ist, so ist daz tail dez ohsenzagels, daz zwischen dem ersten puncte dez krebs ist und zwischen dem pernkraizze, vil nach zwivaldig gegen dem groͤsten abnaigen der sunnen oder gegen dem pogen dez selben ohsenzagels, der beslozzen wirt zwischen dem pernkraizz (15vb) und der himelspitzze, der pog geleich ist der sunnen groͤstem abnaigen. Seit aber der ohsenzagel als auch ain ander kraiz getailt wirt in drei hundert und sehtzig grad, so hat ain viertail neunzig grad. Seit danne deu grost abnaigung der sunnen hat drei und zwainzig grad

---

1 der *bf*] den *ACdegLW*. 7 *nach (1.)* ist: von dem ebennechter *b*. 10 *(2.)* spitzzen] himelsp. *C*. 29 *(1.)* grad] tail oder gr. *g*.

und ains und fuͤnfzig minut und ein nu, als Ptolomeus spricht, so hat der pog beslozzen zwischen dem pernkraizz und der pernhimelspitzzen auch als vil grad. Nu geselle wir deu zwai, so machent si vil nach aht und virzig grad; und benem wir die zal neunzig graden, so beleibent zwen und virzig grad. Als lank ist der pog des ohsenzagels, der beslozzen ist zwischen dem ersten puncte des krebs und dem pernkraizz. Und davon ist der (16ra) selb pog vil nach zwivaldig gegen dem groͤsten sunnen abnaigen.

WEITERE BEZEICHNUNGEN DER PARALLELKREISE. - Du scholt auch pruͤfen, daz der ebennehter mit den vier klainen kraizzen haizzen die fuͤnf ebenverrer, niht daruͤmb, daz ainer als verre von dem andern sei als der ander - wanne daz ist falsch, als vor gesaget ist; sunder daruͤmb haizzent sie die ebenverrer, daz zwen gegen ain ander genomen geleich abstend von ain ander an allen iren stukken. Und haizzt der ain ebenverrer der ebennehtig ebenverrer, der ander haizzet der sumerlichen sunwenden ebenverrer, der dritte der winderisch sunwenden ebenverrer, der virde der pernebenverrer, der fuͤnft der widerpernebenverrer.

DIE FÜNF ERDZONEN. - Du scholt auch bruͤfen, daz die vir klainen ebenverrer und der (16rb) ebennehter underschaident an dem himel fuͤnf praiten oder funf reich. Und davon sprach Virgilius: 'fuͤnf snuͤr haldent den himel.' Ez sint auch den fuͤnf snuͤren an dem himel fuͤnf praiten antwuͤrtend auf der erden. Und davon sprach Ovidius der maister: 'als vil praiten werdent in dem ertreich ĝedrukt' und maint als vil, als Virgilius het himelsnuͤr gesetzet. Deu snur, die ist zwischen den zwain widerkerern, ist unwonhaft durch die grozzen hitzz, die da ist von der sunnen, deu da leuft.

---

1 fuͤnfzig] 30 *g*. 3-5 Nu *bis* neunzig] nu tu dy zway zu sam so macht es 47 grad vnd dy zal ziech wir ab von 90 *g*. 5-6 zwen und virzig] 43 *g*. 7 krebzs *A*. 11 klainen] minnern *C*. 12 ebennachter *e (auch Z. 15.17)*. 13 ainer] der erst *L; nach* ander: ver ist von dem dritten wann *L*. 16 absteigent *g*. 19 ebenverrer *fehlt CdeLW*. 23 reich] zonas *bf* snür oder r. *g*. 24 habent die h. *C*.

Und daz tail der erden, daz geleichs darunde*r* ist, mag auch niht wonhaft gesein durch der grozzen hitz not. Und die zwu snuͤr oder die zwu guͤrteln, die uͤmbslozzen werden von dem pernkraizze und von dem widerpernkraizz pei den himelspitzzen, die sint (16va) unwonhaft durch der grozzen kelden kraft, deu da ist, wanne deu sunne ist von den zwain aller maist abstend. Daz selb scholt du auch versten von den praiten der erden, die darunder stend. Aber die zwu snuͤr, der aineu ist under dem sumerlichen widerkerer und dem pernkraizz, und deu ander zwischen dem winderischem widerkerer und dem widerpernkraizz, die sint wonhaft, wanne si sint gemischet von kelden und von hizze, die si habent ze paiden seiten: wanne sie habent hitzze von dem tail, daz gegen den widerkerern ist, und habent kelden von dem tail gegen den hymelspitzzen. Daz selb schol man auch versten von den praiten der erden geleichs darunder [*Figur 15*].

Daz drit capitel

AUF- UND UNTERGANG DER GESTIRNE NACH DEN POETEN. - Wir nemen der himelzaichen aufgank und iren underval in zwa(16[vb])ier hand weiz: wann nach der poeten *oder* nach der sitenstraffer weiz, und nach der sternseher weis. Der aufgank und der underval der himelzaichen nach der sitenstraffer weis ist drivaldig: der werltleich, der zeitleich, der suͤnnenleich.

KOSMISCHER AUFGANG. - Der wer*l*tleich aufgank der himelzaichen ist, so ain himelzaichen oder ain stern des tages aufget uber den augendender von der sunnen aufgank. Und wie daz sei, daz alle tag sehs himelzaichen aufgen, idoch mit ainer uͤbertreffenden sprache haiz wir daz himelzaichen

---

1 *d*] dar vnden *AbCefgLW (vgl. Z. 8.16)*. 4 wintterbern kraiß *b (Z. 11 auch Cf)*. 6 kraft] kraizs *d* wegen *g;* zwain zaichen *C*. 7 versten] prufen *bf*. 8 *nach* stend: daz dy auch vnbonhafft sein von kelten *g*. 9 under] czwischen *bf;* widerkerer] kreiß *e*. 18 *Kapitelüberschrift:* Von der zaichen aufgang vnd vndergang *b* Von dem aufgank vnd vnterual der zaichen *C* Daz dritt stukch des puchs *g*. 20 nidergang *L*. 21 hand] lay *g;* oder *(alle Hss.)*] vnd *A*. 25 zeitleich] sitliche *e*. 26 werltleich *(alle Hss.)*] wertleich *A (auch 34, 1.11)*. 30 haiz] nemen *bf*.

wer*l*tleich aufgen, in dem und mit dem deu sunne dez morgens aufget. Und der aufgank haizzet der aigen und der vorderst und der tegleich aufgank. Von dem aufgang hab wir ain ebenpild in dem puch (17[ra]) Virgily, daz er macht von dem erdenpaue, do er lert seen pon und hirs und ander getraid in dem lentzen, so deu sunne in dem ohsen ist. Da spricht er also: 'der leuhtend ohs entsleuzzet [ ] uns daz jar mit seinen guͤldeinen hoͤrnern, und der hunt get hinder sich und undervelt dem mittemtager.' Der hunt ist ain stern in ainem andern zaichen, daz gegen dem ohsen uͤber stet.

KOSMISCHER UNTERGANG. - Aber der werl*tl*eich undergank ist widerkrigend dem werltlichem aufgang. Wanne so die sunne werltleich aufget mit ainem zaichen, so get ain ander zaichen under, daz geleich gegen dem stet. Von dem undervalle sagt uns Virgilius in dem vorgenanten puch, so er die kornsat lert in dem ende dez herbstes, so deu sunne in dem schorpen ist. Wanne so der schorpe mit der sunnen aufget, so vellt der ohs under, der geleichs gegen dem schorpen uͤber stet. In dem ohsen stent die pleyades oder (17[rb]) daz sibengestirn, und die selben stern haizzent die attlanten. Nu spricht Virgilius also: 'die attlanten die schuͤlen dir e verporgen werden' - daz ist: der ohs [ ] schol dir e undervallen -, 'e daz du dein *somen zimleich* den fuͤrhen bevelhest'.

AKRONYCHISCHER AUF- UND UNTERGANG. - Der zeitleich aufgank der himlzaichen ist, so ain zaichen oder ain stern aufswimt uͤber den augenender von der sunnen aufgank nach der sunnen undervalle, daz ist gegen der naht und in der naht. Und haizzet daruͤmb der zeitleich aufgank, wanne deu selb zeit ist der sternpruͤfer, die des tages der stern niht gepruͤfen muͤgen. Von dem aufgang schreibt Ovidius in dem puch, daz

---

5 hirs] korn *f*. 7 *bdefgL*] entsl. sich *ACW*. 12-14 Wanne *bis* stet: thaurus scorpius wider kriegentt dem weltleichen aufgang; aber der weltlich aufgang der himelzaichen ist so die sunne aufgatt mit ainem czaichen oder inn ainem czaichen oder vnderr ainem czaichen des himels, so gautt ain ander zaichens des himels an vnder, das da geleich vber statt gein dem daz da aufgautt *b(f)*. 15 koren sagen (säen *CgL*) *bCfg*. 20 selben] siben *g;* athlantides *Cg (auch Z. 21)*. 21 e *fehlt dgLW*. 22 schol schol *A*. 23 dein *Ag*] dem *alle Hss.;* zimleich somen *alle Hss.;* fruchten *Cefg;* empfelchest *befg*. 25 sich auf swingett *bfg*. 29 st. oder sternsecher *bf;* sternprinner die des nahtes *e;* gesechen *bf*.

haizzet de Ponto, da er klagt di langen zeit seines ellendes, do in di Roͤmer *heten eingesant*. Da sprichet er also, daz die pleyaden in irem aufgang machent vier herbst und maint mit den vier herbsten, daz er vier jar in dem ellend sei gewesen. Aber (17va) Virgilius wolt, daz die pleyaden in dem herbst undervilen, so spricht Ovidius, daz si in dem herbst aufgen. Daruͤmb scholt du pruͤfen, daz Virgilius wolt, daz sie werltleich *undergingen* in dem herbest, aber Ovidius wolt, daz si zeitleich aufgingen. Und deu bestend wol mit ain ander an dem selben natuͤrleichen tag, der auz tag und auz naht gesament ist. Idoch ist daz unterschaiden, wanne der werltleich underval ist gegen dem morgen, so deu sunne aufget; aber der zeitleich aufgank ist nach vesperzeit, so deu sunne ist undergangen. Der zeitleich underval ist widerkrigend dem zeitleichen aufgang, reht als von den vordern gesagt ist. Und davon sprach Lucanus: 'deu klain naht twang di snellen geschoz', und mainet den himelschuͤtzzen, der im zeitleichen underginge.

HELIAKISCHER AUFGANG. - Der suͤnnenleich aufgank ist, so ain himelzaichen oder ain stern mag gesehen werden, daruͤmb, daz deu (17vb) sunne verre von im ist und daz vor niht moht gesehen werden von der sunnen peiwesen. Dez aufganges ebenpild setzt Ovidius in Fastis, so er sprichet: 'der wazzerer undersaz mit dem schilhendem aimer', und maint daz himelzaichen, daz der kruk haizzet. Und Virgilius in Georicis sprichet also: 'der stern der prinnenden kron ist undergangen oder abgangen', und maint die kron, die pei dem schorpen stet; die moht er niht gesehen, do deu sunne in dem schorpen waz.

HELIAKISCHER UNTERGANG. - Der suͤnnenleich undergank ist,

---

2 ein heten gesant *alle Hss.* 7 pruͤfen] das also versten *g.* 8 *bf*] aufgingen *ACdegLW (vgl. Thorndike 75,25).* 9 Und *bis* wol] vnd das mag wol geschechen *bf.* 17 mainet] nimet *e (und öfters).* 22 *nach* werden: dy weil dy sunn pey ym stant oder was. dez *g.* 23 wasserman *g.* 25 daz man aquarius haist *g.* 28 do] dy weil *g.*

so deu sunne nahent ainem stern oder ainem himelzaichen, also, daz ez niht gesehen wirt vo*n* der sunnen schein und von irem glast. Und dez ebenpild setzt Virgilius an der vorgenanten stat, so er sprichet: 'der hunt get hinder sich und undervelt dem mittemtager.' Er get hinder sich davon, daz er dem sunnenglast stat lezt, und davon velt er under, daz (18ra) er niht gesehen wirt. Aber ain ander puch hat: 'und undervelt dem stern, der im wider ist', daz ist der sunnen stern; der benimt im mit seinem schein seinen anplik. Idoch ist daz vorder auch gut, wanne deu sunne ist aller clerst in mittemtage.

AUF- UND UNTERGANG DER GESTIRNE NACH DEN ASTRONOMEN. GERADE AUFSTEIGUNG. - Nu sage wir von dem aufgang und von dem undervalle der himelzaichen nach der sternseher weis, und von ersten an der aufgerehten rundengrozze. Idoch scholt du wizzen, daz gemain leut dem maister niht haldent in diser lere. Du scholt auch pruͤfen, daz der aufgank oder der underval aines himelzaichens in der weis niht anders ist, danne ain stuͤk des ebennehters aufgen oder undervallen mit dem himelzaichen, daz uͤber den augenender aufget oder under sinen uͤmbkraiz velt. Und daz zaichen haizzet gereht aufgen, mit dem ain groͤzzer stuͤkke dez ebennehters aufget. *Aber daz haizt schilhend aufgen, daz mit dem ainen clainen stuͤkke des ebennehters aufget.* Der aufgank und der under(18rb)val der himelzaichen ist zwaierlay, als nu gesprochen ist, und zu geleicher weiz schol man pruͤfen von dem undervalle.

Du scholt auch pruͤfen, daz vier viertail in der aufgerehten rundengroͤzzen sich eben geleichen an iren aufgengen, und main die viertail des tyrkraizzes, die sich anheben an den vier puncten: an den zwain ebennehtigen und an den zwain sun-

---

1 nahent] machet ainen *C*. 2 *e*] vor *AbCdfgLW*. 3 glast] glancz *L*. 6 lezt] setzt *C*. 13 *Überschrift vor* Nu: Vonn dem vffgang vnd vndergang (vnterual *C*) *bCg* der czaichen (himelzaichen *g*) nach der sternseher (astronimy *g*) weise *Cg* Von dem aufgang der zaichen *W*. 22-24 Aber *bis* aufget *bf*] *fehlt ACdegLW (vgl. Thorndike 76,13)*. 28 oben *bf*. 29 kraizzes *d*.

wendigen puncten. Und daz ist als vil gesprochen: wie grozze zeit verzert daz viertail des tyrkraizzes in seinem aufgange, in als grozzer zeit get daz viertail des ebennehters auf, daz dem zuseitig ist. Aber die stuͤkke der viertail die verandern sich also, daz si niht geleich aufgeng haben, als zehant offenbar wirt.

Ez ist auch ain lerespruch, daz iegleich zwen pogen dez tyrkraizzes, die geleich sint und geleich abstend von ainem der vorgenanten vier puncte, geleich aufgenge habent; und darnach volget, daz die widersehenden (18va) oder die widerkrigenden himelzaichen auch geleich aufgeng und nidervelle haben. Und daz spricht Lucanus, so er sagt von dem ausgang Kathonis dez Roͤmers in daz lant Libiam gegen dem ebennehter, und sprichet also: 'deu himelzaichen gent niht schelch, noch der schorp get gerehter dem ohsen; der wider gibt sein zeit niht der wag, noch deu junkfrau haizzet die tregen visch abgen; und der schuͤtz ist geleich den zwinleinn; der feuht ho*rn*pok ist geleich dem haizzen krebs; noch der leb wirt erhoͤht uͤber den aimer.' Da wil Lucanus der poet sprechen, daz den leuten unter dem ebennehter oder nahen dapei die widerkrigenden zaichen geleich aufgeng und geleich undervelle haben. Die veintschaft der zaichen ist beslozzen in disen spruͤchen:

Wag, wider, schorp, ohs, schuͤtzz, zwinlein
Die nehsten zwai veint sein;
Pok, krebs, *kruk*, *leb*, visch, junkfrau
Die nehsten (18vb) zwai veint schau.

Unde bruͤf, daz der redenstrik niht kreft hat, der also spricht: 'die zwen pogen sint geleich und aufgent mit ain ander, und all zeit aufget ain groͤzzer stuͤkke dez ainen

---

5 verandern] vier anderen *d*. 9 g. abstend vnd vfgenge *eg*. 13 ausgang] anfang *L*; Libatina *bf*. 15 winder *C*. 18 hornpok *(Deschler S. 483)*] holtzpok *alle Hss.* 19 *nach* aimer: daz ist der wasserman vnd da *g*. 20 den nehtern *d*. 22 dy v. oder daz wider chrigen der z. *g*. 26 kruk, leb *(Deschler S. 483)*] leb kruk (wasserman *g*) *alle Hss.* 28 erden (end *f*) strick *bf* reden spruch *L*.

pogen wanne dez andern. Daruͤmbe aufget der pog sneller, dez groͤzzer stuͤkke ze aller zeit aufging.' Wanne dez striks anvehten ist offenbar an den stuͤkken der vorgenanten viertail. Wanne nem wir daz viertail des tyrkraizzes, daz ist von dez widern anvang piz an daz ende der zwinlein, so get alle zeit ain groͤzzer stuͤkke dez tyrkraizzes auf danne von dem viertail des ebennehters, daz im zuendig ist; und volgent doch deu zwai virtail mit ain ander. Daz selb pruͤfe auch von dem viertail dez tyrkraizzes, daz ist von dem anvang der wag piz an daz ende dez schutzzen. Wirt auch daz viertail dez tyrkraizzes genomen, daz ist von dem anvang (19[ra]) dez krebs piz an daz ende der junkfraun, so aufget alle zeit ain grozzer stuͤkke von dem viertail des ebennehters danne von dem virtail des tyrkraizzes, daz im zuendig ist; und volgent doch deu zwai viertail mit ain ander. Daz selb pruͤfe auch von dem viertail des tyrkraizzes, daz ist von dem *ersten* punct dez stainpoks piz an daz ende der visch. Idoch sprechent ander maister, daz daz niht muͤg gesein, daz zwai geleicheu virtail mit ain ander volgen, und daz alle zeit ain groͤzzer stukke ains volge danne dez andern. Sunder ez ist alle zeit ain groͤzzer stukke des halptails an dem viertail ob dem augenender; darnach get dez andern halptails an dem viertail alle zeit ain klainer stuͤk uͤber den augenender wanne des andern.

SCHIEFE AUFSTEIGUNG. - In der schilhenden oder in der genaigten rundengroͤzze sint die zwu mittel des tyrkraizzes geleich iren aufgengen, und mai(19[rb])ne die zwu mittel, die genomen werden von den zwain ebennehtigen puncten. Wanne deu mittel des tyrkraizzes, deu ist von des widern anvang piz an daz ende der junkfraun, get auf mit der mittel des

---

2 *vor* Wanne: stancia *b;* striks] krebs *bCf* stukchs *g.* 7 gleich endig *L (auch Z. 14 und 39,1).* 17 ersten *(vgl. Thorndike 77,10)*] *fehlt allen Hss.;* ersten punct] anfang *g.* 25 *Überschrift vor* In: Vonn der rottundenn grozz medietes zodiaci *b* Von dem aufgank vnd vnterual der himelczaichen in der schelhen rundengrozz *C* Von den czwayen mitteln des tiers chraiß sol man lesen *g.*

ebennehters, deu i*r* zuendig ist. Ze geleicher weiz deu ander mittel oder daz ander halptail dez tyrkraizzes hat geleich aufgeng mit dem andern tail des ebennehters. Aber deu stuͤkke der zwaier halptail verandern sich in iren aufgengen, wanne in dem halptail dez tyrkraizzes, daz ist von dem anvang dez widern piz an daz ende der junkfraun, aufget alle zeit ain groͤzzer stuͤkke des tyrkraizzes wanne dez ebennehters, und volgent doch paideu halptail mit ain ander. Widerwertiges geschiht an dem andern halptail dez tyrkraizzes, daz ist von dem anvang der wag piz an daz end der visch, wann alle zeit aufget daz groͤzzer tail des ebennehters wanne des tyrkraizzes, und vol(19va)gent doch deu zwai halptail mit ain ander. Und davon sint hi offenpar widerstreit dem vorgenanten redenstrikke.

Aber der pog, der von dem widern get piz an daz ende der juncfraun in der schilhenden rundengroͤzze, klaint sein aufgeng uͤber die aufgeng der selben pogen in der gerehten rundengroͤzze. Aber die pogen, die von der wag gent piz an daz end der visch, merent ir aufgenge in der schilhenden rundengroͤzze uͤber die aufgenge der selben pogen in der gerehten rundengroͤzze. Si merent, sprich ich, nach der selben groͤzzen, und die pogen nach dem wider klainen*t*. Nach dem volgt, daz ie zwen geleich pogen gegen ain ander sehent in der schilhenden rundengrozze habent ir geselten aufgenge geleich den gesamten aufgengen der selben pogen in der gerehten rundengroͤzzen. Wanne als vil abwahsens ist an ainem stukke, als vil ist zuwahsens an dem (19vb) andern stuͤkke. Ain lere spruch ist, daz iegleiche zwen geleich pogen, die geleich abstend von aintwederm der ebennehtigen puncte, habent *geleich* aufgenge.

---

1 eb. kraiß *bf;* der im *alle Hss. (vgl. Deschler S. 484).* 3 aufg. vnd vndergenge mit *bf;* a. halben tail *bf.* 12 zwai] baydt *L.* 14 (rotunden *bf*) strick *bfL.* 15 dem anfang dez w. *g.* 16 klaint] minnert *C.* 22 *Cfg*] klainende *AdW* sich myndernt *L.* 30 geleich *(Deschler S. 484)*] vngeleich *alle Hss.*

ERKLÄRUNG DER UNTERSCHIEDLICHEN TAGESLÄNGE. - Von dem allen volgt, daz die naturleichen tag ungeleich sint; wanne der naturleich tag ist ain uͤmblauf dez ebennehters mit ainem als grozzen stuͤkke des tyrkraizzes, wie groz ain stukke deu sunne indez uͤberweltzt in irem aigenn lauf wider den sternhimel. Seit nu die aufgeng der pogen ungeleich sint, als offenbar ist in der gerehten rundengroͤzze und in der schilhenden rundengroͤzze, und die natuͤrleichen tag gepruͤft werden nach den zusetzen der aufgenge, so muͤzzent sie von not ungeleich sein. Und daz geschiht an der gerehten rundengroͤzze uͤmb ain sach: daz ist deu schelchait des tyrkraizzes. Aber in der schilhenden rundengroͤzze geschiht ez von zwain (20ra) sachen: deu erst sach ist deu schelchait des tyrkraizzes, deu ander sach ist daz schilhen des schilhenden augenenders. Die dritten sach pfligt man darzu ze ton, und deu ist der auzsatz der sunnen oder ir auzpuncte. Wie man daz vernem, daz wirt her nach kunt.

BEWEGUNG DER SONNE. VERHÄLTNIS VON TAG- UND NACHTLÄNGE. - Du scholt auch pruͤfen, wenne deu sunne get von dem ersten puncte des stainpoks durch den wider piz in den ersten punct dez krebs, so beschreibt sie mit dem uͤmbrukken des sternhimels hundert und zwen und ahtzig ebenverrer zwiveldig, on daz darzu gevellt von ainem tage und von ainem viertail aines tags. Und ob die ebenverrer niht gantze kraizz sint, seit si doch uͤmbslingen sint, so haizze wir si doch kraizze. In der ebenverrer zal sint di zwen widerkerer und der ebennehter. Und die kraizze beschreibet die sunne mit des sternhimels uͤmbruk, so si nu absteiget von (20rb) dem ersten puncte dez krebs durch die wag piz an den ersten punct dez stainpoks. Und die kraizze haizzent der natuͤr-

---

5 *nach* indez: oder in der czeitt *g*. 5-6 *nach* sternhimel: spiczee *b* pogen *d*. 10 an der vnrechten *f*. 12 aber das schilhen der r. gesch. von *C*. 19 *Überschrift vor* Du: Vonn der sunnen merck *b* Wie dy sunn vmb rukcht vnd beschreibt hundert vnd 82 grad *g*. 21 krebs vmb rucken *b*; vber pruch *bf*. 22 *nach* ahtzig: grad eb. *g*; ellen verrer *K*. 24 kraissig *bf*. 25 uͤmbslingen] vber steigentt *bf* winderling *K*. 26 vnder widerk. *bf* vnderkerer *C*.

leichen tag kraizz, davon, daz si beschriben werdent in der selben zeit. Auch der selben kraizze pogen, die ob dem augenender sint, haizzent der kuͤnstigen tag pogen. Die kuͤnstigen tag beginnent sich an der sunnen aufgank uͤber den augenender und enden sich an der sunnen underval unter den augenender. Aber die pogen der selben kraizze, die sint unter dem augenender, die haizzent der neht pogen [*Figur 16*].

Daruͤmb in der aufgerehten rundengroͤzze, seit ir augenender get durch die himelspitzzen, so tailt er alle die vorgenanten kraizze in geleicheu stuͤkke, also, daz der tag pogen als lank sint als der neht pogen den leuten, die under dem ebennehter sein, ob ieman da gewonen mag. Und davon sint den selben leuten alle zeit eben(20va)neht, wa deu sunne unter dem himelzaichen leuft.

Aber in der genaigten rundengrozze so tailt der schilhend augenender den ebennehter in zwai geleicheu stuͤkke alain und niht mer. Und davon,wenne deu sunne ist in aintwederm der ebennehtigen puncte, so ist der pog dez tages geleich dem pogen der naht, und so ist auch ebennaht uͤber al daz ertreich. Aber der schilhend augenender tailt all die andern kraizze in ungeleicheu stuͤkke, also, daz von allen den kraizzen, die sint von dem ebennehter piz an den widerkerer des krebs und auch in dem selben widerkerer, der pog des tages groͤzzer ist wann der pog der naht, und der pog ob dem augenender ist groͤzzer denne der pog unter dem augenender. Und davon in aller der zeit, so die sunne weltzet von dem anvang des widern durch den krebs piz an daz ende der junkfraun, so lengent sich die tag uͤber di neht (20vb) und lengen sich als vil mer, als vil deu sunne mer nahent zu

---

2 Auch] so beschreibt si mit dem vber pruch der *bf*. 4 *nach* tag: pogen *g*; tag die vachenntt sich an *bf*. 17 augennächter in *C*. 21 ertreich] welt *bf*. 23 kraizzen] stucken oder kr. *bf*; piz an das ende des w. *bf*. 27 volget *f*. 29 merent *C*.

dem krebs. Aber in allen den andern kraizzen, di sint *zwischen* dem ebennehter und dem widerkerer des stainpoks, ist der kraiz under dem augenender lenger danne ob im und klainer oben danne unden. Daruͤmb ist der pog der neht lenger danne der pog des tags, und nach der pogen gestalt kurtzent sich die tag uͤber die neht. Und als vil die kraizze neher sint dem winderischem widerkerer, als vil kuͤrtzzent sich die windertag, und lengent sich die neht.

Daruͤmbe pruͤfe, ob du nimst zwen kraizze geleich abstend von dem ebennehter ze paiden seiten der rundengroͤzze, als groz der pog dez tags ist in ainem kraizze, als groz ist der pog der naht in dem andern. Darnach volgt, ob wir nemen zwen naturleich tag in dem jare geleich verre von ietwederm ebennehtigem (21ra) puncte in paiden seiten der rundengrozze, als groz der kunstig tag ains naturleichen tags ist, als groz ist deu naht dez andern. Und daz ist nach der leut angesiht in dem satzze dez augenenders, wanne als vil deu himelspitzze mer derhoͤhet wirt uber den augenender, als vil groͤzzer sint die sumertag, so deu sunn ist in den sumerzaichen. Aber so deu sunne ist in den winderzaichen, so sint die neht lenger und die tage kuͤrtzer.

GERADE UND SCHIEFE AUFSTEIGUNG DER ZEICHEN. - Du scholt auch pruͤfen, daz deu sehs *himel*zaichen von dez krebz anvang durch die wage piz an daz ende des schuͤtzzen habent ir geselten aufgeng lenger und groͤzzer den gesamten aufgengen der andern sehs himlzaichen, die sint von dem anvang des stainpoks durch den wider piz an daz end der zwinlein. Darumb haizzent die vorgenanten sehs himelzaichen reht aufgende, und die andern schilhend oder (21rb) schelch. Und davon sprichet Lucanus: 'deu zaichen gend reht und

---

2 zwischen *(vgl. Thorndike 78,40)*] neben (nahen *K*) *alle Hss.* 4 klainer] kurtzer *g;* oben] neben *C.* 9 du nimst] die minsten *bf.* 11 dez *bis* als: des kunstigen tags ist aines naturleichen tages als *bf.* 19 groͤzzer] lenger *g.* 23 *bdfL*] sumerzaichen *ACegKW (vgl. Thorndike 79,18).* 24-25 geselten] gesampten *C.*

vallent schelch von dem gestirn des krebs als lange, piz daz der schuͤtzze gent wirt. Aber deu andern zaichen werden schelch geporn und absteigent an ainem aufgerehten steig.' Und pruͤfe auch mer: so uns der aller lengst tak ist in dem sumer, daz ist so deu sunne ist in dem ersten puncte des krebs, so aufgend uns *dez tags* deu sehs hymelzaichen, deu gereht aufgend; und dez nahtes gend uns sehs himlzaichen schelch auf. Nu bruͤfe auch widerwertig: so uns der klainst tag ist in dem winter, daz ist so deu sunne ist in dem ersten puncte dez stainpoks, so aufgend uns des tags sehs zaichen, deu schelch aufgend, und des nahtes hab wir sehs zaichen reht aufgent. Aber so deu sunne ist in aintwederm der ebennehtigen puncte, so sint uns des tages dreu zaichen reht aufgend und dreu schelch. Ze geleicher weiz (21va) geschiht dez nahtes. Wanne ez ist ain lerespruch in der sternseher kunst, der sprichet also: 'wie lank oder wie kurtz der tak oder die naht sei, so aufgen sehs zaichen dez tages und sehs des nahtes. Doch weder mer noch [ ] minner zaichen aufgend durch die lengen oder durch die kuͤrtzzen des tags oder der neht.'

Von der worhait nem wir, seit ain stund niht anders ist danne ain grozzen der zeit, darinne ain halbs himelzaichen volget oder gantz aufget, so sint in ietleichem kuͤnstigen tag zwelf naturleich stund und in der naht als vil, und davon sint in dem natuͤrlichen tag vier und zwainzig stund. Aber in allen den kraizzen, die sint von der seiten dez ebennehters gegen dem mittemtag oder gegen dem himelwagen, merent sich *oder* klainent sich die tag oder die neht, als vil mer oder minner der reht aufgenden himelzaichen oder der schelch aufgenden des tags aufgen oder (21vb) dez nahtes.

---

1 schelch] schlecht *b;* krebs] kraiß *f.* 6 dez tags (pey dem tag *g*)] *fehlt allen Hss. (vgl. Thorndike 79,28);* zaichen *CdegKLW (Z. 7 auch bf).* 8-9 der klainst tag] der tag am kurtzten ist *g.* 9-10 in dem stainbock *bCdefKLW* ym anfang des st. *g.* 18 Doch] noch *CeKW; bfL*] noch weder minner *A* ([*2.*] weder *fehlt allen Hss.*). 19 k. willen des tags *g.* 21 stundt oder ain weil *bf.* 28 oder *bCdefKLW*] vnd *Ag;* (*2.*) oder] vnd *g.*

BEWOHNER DES ÄQUATORGEBIETS. - Du scholt auch pruͤfen, daz den leuten, der haubtpunct ist in dem ebennehter, deu sunne zwir in dem jar get durch iren haubtpuncte, daz ist so deu sunne ist in dem anvang des widers und in dem anvang der wag. Und in den zwain puncten sint den leuten zwu hoh sunwenden, so deu sunne gerihtes get auf iren haubten und niht neher zu in mag komen. Dannoch sint den leuten zwu sunwenden - daz geschiht, so deu sunne ist in den ersten puncten des stainpoks und des krebs -, und haizzent ir nider sunwenden, wanne so ist deu sunne aller verrest von irem haubtpunct. Und davon ist uns kunt, seit die leut alle zeit ebenneht haben, daz si in dem jare vier sunwenden haben, zwu hoh und zwu nider. Uns ist auch kunt, daz sie zwen sumer haben, daz ist, so deu sunne ist in aintwederm der ebennehtigen (22ra) puncte. Si habent auch zwen winter, daz ist, so deu sunne ist in den ersten puncten des krebs und des stainpoks. Und davon sprichet Alfraganus der maister, daz den leuten der sumer und der winder ainer schikunge sein, wanne die zwu zeit, die uns sumer und winter sein, die sint den leuten zwen sumer und zwen winter. Und davon sprichet Lucanus: 'ez ist funden, daz ain stat sei, so der kraiz der hohen sunwenden sleht den gehelbten uͤmbkraiz der zaichen.' Da haizzet Lucanus den ebennehter den kraiz der hohen sunwenden, do die zwu hoh sunwenden an geschehen, und spricht, daz er slahe den gehelbten uͤmbkraiz, daz ist, daz er tailt den tyrkraiz in zwai stuͤkke.

Die leut habent auch in dem jare vier schaten, wanne so deu sunne ist in aintwederm der ebennehtigen puncte, so wirt ir schat des morgens geworfen gegen der sunnen undergank und dez aben(22rb)tes gegen der sunnen aufgank. Des mittemtags

---

1 *Überschrift vor* Du: Vonn dem haubt punckt *b* Daz dem ebennächter den läuten vnter die sunne zwir im iar get durch iren haubtpunckt vnͤd haben zwen sümer *C* Von den lewten dy in dem iar vir sunnbent habent *g;* pruͤfen] wissen *g.* 4 winterz *K.* 6 haubt punckt *bf.* 13 Uns] vnd *bCfg.* 17 der maister *fehlt allen Hss.* 25 slahe] saͤch *K.*

ist *der schat* geleichs under iren fuͤzzen, so deu sunn geleichs ob iren haubten ist. Aber so deu sunne ist in den zaichen gegen der himelperinne, so wirft sich ir schat gegen mittemtag; und so deu sunne ist in den zaichen gegen der widerperinne, so wirft sich ir schat gegen dem himelwagen.

Du scholt auch pruͤfen, daz den leuten die stern pei den himelspitzzen aufgend und nidervallen als etleichen andern leuten, die pei dem ebennehter wonent. Und davon spricht Lucanus: 'daz klain wagenknehtlein scheint *i*n klain, d*a* ez snel in der naht ist', und maint, daz ez snel ist in der naht under ze tauken. Und davon undertaukt ez den leuten und scheint wenik. Daz selb sternlein haizzet auch daz ohsentreiberlein und daz wagenminnerlein, davon, daz ez den wagen lip hat und in fuͤrt. Und von dem selben undervalle des selben sterns, *der da geschiht* den vorgenan(22[va])ten leuten, spricht Ovidius der maister: 'der huͤter der perinne wirt undergetaukt in daz mer, und der selb pernhuͤter ruͤrt deu merwazzer mit seinem gestirn.' Daruͤmb undervallent die stern gegen den himelspitzzen den leuten, die wonent unter dem ebennehter und ain aufgereht rundengrozze haben. Aber in unserm wesen, da wir wonen, so sint uns die stern alle zeit ansihtig, und wir verlisen sie nimmer, also, daz si uns undervallen. Und davon sprichet Virgilius: 'der werbel ist uns alle zeit hoh' und mainet den wagen. Und Lucanus sprichet: 'deu unvelleich ahs deu aller clerst perinne.' Und Virgilius in dem puch von dem erdenpau sprichet also: 'si fuͤrhtent, daz deu perinne werd getaukt in daz merwazzer'. Als er scholde sprechen: si schuͤln des niht fuͤrhten.

BEWOHNER DES GEBIETS ZWISCHEN ÄQUATOR UND WENDEKREIS DES

---

1 der schat *bCfgL*] deu sunne *AdeK*. 3 himelspitzperinn *g;* wirft si iren *dL (auch Z. 5)*. 8 vndervallent *bfg*. 10 in] en *AdeW* ain *bf* *fehlt CgL;* da *CdgW*] daz *AbefL*. 10–11 in *bis* maint] dem *K*. 12 tauken] lauffen *bf* (*beide Male*) vallen *g* daͤutten *K*. 14 ochsen treterlein *C;* wagen mennerlein (nummerlin *b*) *gKL*. 16 der da geschiht *g*] *fehlt allen Hss*. 25 mainet] wenet *K*. 26 die vnueltig oder vngeleich achs *bf;* clerst] lest *bf*. 27 ersten baw *bCf*. 28 fuͤrhtent] suchent *C;* getaufft *g*.

KREBSES. - Aber daz geschiht den leuten, der haubtpunct ist zwischen dem ebennehter und dez krebs widerkerer, (22vb) daz deu sunne zwir get in dem jare durch iren haubtpunct; und der selb kraiz ůberschrenket den tyrkraiz zwer. Daz vind wir also: brůf wir ainen kraiz, der gleich abste von dem selben ebennehter und ge durch der selben leut haubtpuncte. Der kraiz ůberschrenket den tyrkraiz an zwain steten, die geleich absten von dem anvang dez krebs. Und darůmb, so deu sunn ist in den zwain puncten, so get si durch iren haubtpunct; und darůmb habent die leut zwen winter und zwen sumer und vir sunwenden und vir schaten, reht als die leut, die under dem ebennehter wonend. Nu sprechent etleich maister, daz Arabia daz lant da selbenst lige. Und davon sprach Lucanus von den leuten von Araby, die Pompeyo ze hilf komen ze Rom: 'ir seit komen in ainen kraiz, der eu unkunt ist und wundert euch, daz die linken schaten der welde niht gend.' Wanne in (23ra) iren landen waren den leuten in etleichem stůk des jares und an etleichem tag gereht schaten, und etswenne link, und etswenn aufgereht, *etwenn gegen der sunnen aufgang, etwenn gegen der sunnen undergank*, etwenne gegen mittemtag, etwenn gegen dem himelwagen. Aber do si komen ze Rom neben den widerkerer des krebs, do heten si alle zeit schaten gegen dem himelwagen.

BEWOHNER DES GEBIETS AM WENDEKREIS DES KREBSES. - Aber den leuten, der haubetpunct ist in dem widerkerer dez krebs, den get deu sunne ze ainem mol in dem jare durch iren haubtpuncte, daz ist, so deu sunne ist in dem ersten punct des krebs; und so ist auch den leuten *ain stund* an ainem tag des jares ain aufgerehter schat. Und da ist Cyene deu stat und daz lant. So nu di poeten sprechen, daz Cyen sein schaten

---

1 *Überschrift vor* Aber: Ain haubtpunckt merck *b* Von dem land Araby vnd sein gestalt *g*. 7 vber schreit *bf*. 8 steten] stern *K*. 13 etleich maister] die lutt *bf*. 15 Peronpeyen *b* Ponpeyon *f* Pompero *K*; ir Araber *dgKL*. 16 vnbechand *g*. 17 welde *(vgl. Thorndike 81,27)*] werlde *alle Hss*. 20-21 etwenn *bis* undergank *bf*] *fehlt ACdegKLW (vgl. Thorndike 81,29-30)*. 24 *Überschrift vor* Aber: Aber ain ander haubtt punckt *b* Von den leutten dy allczeit ain gerechten schaten habent. von der stat Cyene *g*. 28 ain stund *(vgl. Thorndike 81,35-36)*] *fehlt allen Hss*. 29 Cyene] ayne *b* Tynn *C* clein *eK* yne *f* Chiene *g*.

niht pige, daz verste von ainem mittemtage ains tages in dem jare; wanne in dem andern tail des gantzzen jares wirft sich ir schat gegen dem himelwagen.

BEWOHNER DES GEBIETS ZWISCHEN WENDEKREIS DES KREBSES UND NÖRDLICHEM POLARKREIS. - Aber den leuten, der haubtpunct (23rb) ist zwischen des krebs widerkerer und dem pern-kraizze, den kuͤmt deu sunne ewikleich nimmer durch iren haubtpunct, und der leut schat wirft sich alle zeit gegen dem himelwagen. Und also ist unser wonung.

Du scholt auch pruͤfen, daz nach etlicher maister sin der Morn lant, daz in latein Ethyopia haizzet, oder ein sein tail gelegen ist pei dem krebs. Und davon sprach Lucanus: 'daz ertreich der Morn wuͤrde von kainem reich gedruͤket des zaichentragers, ez fuͤrging denne deu letst clo des gekruͤmten ohsen mit seiner gepogenn knischeiben.' Daruͤmb sprechen die maister, daz daz himelzaichen hie unaigentleich werd ge-nomen fuͤr ain gestalt oder fur ain forme, die nach irem groͤsten tail sei in dem himlzaichen, daz der ohs haizzet. Und davon, seit der ohs nach seinem grozzen tail ist in dem tyrkraizze, idoch strekt er seinen fuz uͤber den widerke(23va)-rer des krebs, und also druͤkt er Mornlant, wie daz sei, daz kain stuͤkke des tyrkraizzes daz selb Mornlant druͤk. Wanne strekt sich der fuz des ohsen, davon Lucanus spricht, gegen dem ebennehter, so wer *er* gerihtes uͤber gegen dem wider oder gegen ainem andern zaichen. Und so wuͤrd auch Ethyopia ge-druͤkket von dem wider oder von der juncfrauen oder von andern himelzaichen, als uns kunt ist an den kraizzen, die eben-verrer haizzen, die uͤmbgefuͤrt sein dem ebennehter auf den haubtpuncte der Morn durch den wider und durch die junk-frauen *oder* durch die andern himelzaichen. Aber diser

---

47,2-54,1 gantzzen *bis* an *fehlt d.* 2 *nach* jares: frist *bf.* 10 *Überschrift vor* Du: Vonn der Moren land (merck *b*) *bCg.* 14 gekruͤmten] krönten *g.* 16 vnaig. oder vnwergenlich *g.* 22 kain] klain *W.* 24 wer] viel *bCf; bCefKLW*] ez *Ag.* 30 oder *(vgl. Thorndike 82,22)*] vnd *alle Hss.*

maister sinne widerspricht die natuͤrleich vernunft. Und wuͤrden die Morn geporne in dem gemischtem reich, daz von kelden und von hitzze gemischet ist, so wern si so swartz niht. Und davon spreche wir, daz daz stuͤkke Morlandes, davon Lucanus sprichet, ist under dem ebennehter, und daz der fuz des (23[vb]) ohsen, davon der maister sprichet, wirt gestrekket gegen dem ebennehter.

Und so underschaid wir danne die *vordersten* himelzaichen und deu reich und sprechen, daz der vordersten himelzaichen zwai sint, darinne die zwu sunwenden geschehen, und zwai, darinne die zwu ebenneht geschehen. Und die haizzen auch die angelzaichen, daruͤmb, wanne als deu tuͤr in dem angel aufget und zuget, also verandert sich deu sunne und daz jar vorderleich in den vier zaichen. Aber deu reich haizzent die himelzaichen, die zwischen den virn sint. Und davon ist uns kunt, seit daz Mornlant ist under dem ebennehter, daz es von kainem reich gedrukt wirt; aber ez wirt gedruͤkt von den zwain angelzaichen, von dem wider und von der wage.

BEWOHNER DES POLARKREISGEBIETS. - Aber den leuten, der haubetpunct ist in dem pernkraizze, den geschiht an iegleichem tag in dem jare, daz ir haubtpuncte (24[ra]) ain dink wirdet mit dez tyrkraizzes spitzzen, und so habent sie den tyrkraiz oder di scheinprecherinne zu ainem augenender. Also sprichet Alfraganus, daz da selbenst der tyrkraiz sich naige auf den kraiz der halpwerlde. Seit nu der sternhimel on unterloz uͤmbweltzet, so uͤberschrenket der augenender den tyrkraiz in ainer nu, daz ist in ainer untailleichen mozze. Und seit die zwen kraizze sint der groͤzzern kraizze zwen, so uberschrenkent si sich in zwai geleicheu tail; und ain halptail des tyrkraizzes swimt uͤber den augenender, und daz

---

1 vernunft] kunst *C*. 2 geb. furwar in *bf*. 8 vordersten *(vgl. Thorndike 82,27-28 und Z. 9)*] *fehlt allen Hss.* 10 dar vmb *K*. 12 augen (angen *W*) zaichen *CegW (auch Z. 18)*. 19 *Überschrift vor* Aber: Von den landen der haubtpunkt in dem pern chraiz ist *C* Von den lewten den ain tag 24 stund langk ist *g*. 24 Alfogranus *C*. 25 den halben kr. der weldt *bf*. 27 in ainem augenplick *L*. 30 swingt *bf* swint *K (auch 49,8)*.

ander halbtail wirt undergedruͤkt. Und daz sprichet Alfraganus, daz da sehs zaichen snelle aufgen, und deu andern sehs werdent untergetan mit dem ebennehter. Und seit in *die* scheinprecherinne etswenne ist ir augenender, daz ist, so deu sunne ist in dem ersten punct des krebs, so wirt den leuten ain tak von vier und (24rb) zwainzig stunden, und reht als ain nu ist in naht, wanne deu sunne ruͤrt irn augenender, reht als in ainer nu und swimt zehant uͤber sich. Und daz kurtz ruͤren ist ir naht. Widerwartigs geschiht, so deu sunne ist in dem ersten puncte dez stainpoks. So ist ir naht von vier und zwainzig stunden, und reht als ein nu ist in tag.

BEWOHNER DES GEBIETS ZWISCHEN POLARKREIS UND NORDPOL. - Aber den leuten, der haubtpunct ist zwischen dem pernkraizze und der pernhimelspitzze, geschiht, daz ir augenender uͤberschrenket den tyrkraiz an zwain puncten, die geleich absten von dem ersten puncte des krebs. Und an dem uͤmblauf des sternhimels geschiht, daz daz tail des tyrkraizzes, daz zwischen gevangen ist, alle zeit beleibet ob dem augenender. Und davon ist uns kunt, als lang deu sunne ist in dem selben tail, so ist ain tak on alle neht. Und ob daz selb tail ist als groz als ain zaichen, so ist in ain (24va) tak als lank als ain moned oder als vier wochen, und also pruͤf, ob ez lenger oder kuͤrtzzer ist. Ze geleicher weiz geschiht den selben leuten, daz daz tail, daz zwischen gevangen ist von den zwain puncten, die geleich abstend von dem anvang dez stainpokes, alle zeit beleibet unter dem augenender. Und daruͤmb, so deu sunne ist an dem selben tail dez tyrkraizzes, so ist ain naht als lank, als vil deu sunne an dem tail beleibt. Aber deu andern zaichen, die in aufgend und unter-

---

3 untergetan] vnter gedrukcht auff oder mit *g*. 4 *bfgK*] der *ACeLW;* scheinpergerinn *K*. 7 in] ain *bf;* ruͤrt irn] rutt ym *g (ähnl. Z. 9)*. 14 *Überschrift vor* Aber: Ain annderr haubtt punckt *b* Von den lewtten den ain tag vir wochen lang ist *g*. 25 tail] dryttail *f*. 30 in aufgend] habennt sich vnd *b*.

vallent, die haldent sich also, daz daz hinder e aufget danne daz voder, als der ohs vor dem wider, und der wider vor den vischen, und die visch vor dem wazzerer. Und die zaichen, die widerwarts gegen den sten, die aufgend in nach ainer rehten ordenung und nidervallen in ruͤklingen, als der schorp undervellet vor der wag, deu wog vo*r* der juncfrauen, deu juncfrau vor dem lewen. Idoch deu zaichen, die wider-(24[vb])warts stend gegen den, deu undervallent in ainer rehten ordenunge.

BEWOHNER DES NORDPOLGEBIETS. - Aber den leuten, der haubetpunct ist in der pernspitzzen, den geschiht, daz ir augenender ain dink ist mit dem ebennehter. Seit nu der augenender uͤberschrenket den tyrkraiz in geleicheu tail, so lezt ir augenender ain halptail des tyrkraizs ob im und daz ander halptail under im. Und davon, so die sunne leuft durch daz halptail, daz ist von dem anvang dez widers piz an daz ende der juncfrauen, so ist ain tag on underloz; und so die sunne leufet an dem andern halptail, daz ist von dem anvang der wag piz an daz ende der visch, so ist ain naht on tak. Daruͤmb ist den leuten ain halpjar tak und daz ander halpjar naht, und also ist daz gantz jar ain natuͤrleich tak. Seit aber deu sunne den leuten nimmer wirt gedruͤkt unter iren (25[ra]) augenender *mer* denne drei und zwainzig grad, so dunket dich, daz ez in ewicleich tag sei und nimmer naht; wanne wir sprechen des morgens, so ez liht, ez sei tak, wie daz sei, daz deu sunne dannoch under dem augenender sei. Darzu spreche wir, daz kain kuͤnstiger tak ist, e deu sunne uͤber den augenender kuͤmt, wie daz sei, daz die gemain der leute e tage haizzen. Wanne deu natuͤrleich vernunft hebt den kunstigen tak an, so deu sunne aufget uͤber den augenender,

---

1 haldent] halbennt *bf* habent *C*. 3 wasserman *gKL*. 6 vor *(alle Hss.)*] von *A*; juncfrauen] maid *g (auch Z. 7)*. 10 *Überschrift vor* Aber: aber ain ander haubt puncktt *b* Von den lewtten den ain tag 1/2 yar langk ist *g*. 20 on tak] an vnterlaß *g*. 21 halpjar] halbtail *C*. 23 mer *(Matthaei 36,23)*] *fehlt allen Hss.* (niwr *C*). 24 dunket] drukcht *K*. 25 liht] liechtet *b* leuchtet *f* l. oder himelröt *g*. 28 uͤber] vnder *bf*.

und endet in, so deu sunne under den augenender get. Daz aber dich bedunket, daz da ewigs liht sei, darzu spreche wir, daz der luft da neblik ist und dikke oder gar tunkel und der sunnen schein gar krank, und davon hebt die sunne mer duͤnst auf, danne sie verzern muͤg; daruͤmb derleuht si den luft niht.

Du scholt auch unser puch niht straffen, daz es widerspruͤchig sei an im selber, daruͤmbe, daz wir vor gesprochen (25rb) haben, daz niman muͤg gewonen under der pernspitzzen oder an etleichen andern steten, und daz wir nu haben gesprochen von den nehten und von den tagen der leut, die an den selben steten wonent. Wanne wir haben nu gesprochen mit soͤlhem gedinge, ob daz were, daz leut da wonten; und ob niht leut da wonten, so wonten doch ander creatur an den selben steten, als die element luft, wazzer und erd und ander dink: und die haben die neht und die tag, als wir gesprochen haben.

BEWOHNBARER TEIL DER ERDE. - Nu woͤlle wir sagen von der anderung der wonung auf erden, und der sint siben wonhaft, als die maister sagen. Was aber daruͤber leut wonent, die wonung haizzen die maister inseln, daruͤmb, daz sie poͤs und niht wol fruhtper sint. Nu bruͤfe wir ainen kraiz auf der erden, der gerihtes underlig dem ebennehter und der in seiner praiten uͤmbslizze daz ertreich; und pruͤfe wir auch ainen an(25va)dern kraiz in der praiten dez ertreichs, der ge durch der sunnen aufgank und durch der sunnen undergank und durch die himelspitzzen. Und di zwen kraizze uͤberschrenkent sich zu gerehten sinbeln ekleinen oder winkeleinn und tailent daz gantz ertreich in vier geleicheu stuͤkke. Und der selben viertail aines ist wonhaft, daz ist, daz be-

---

5 duͤnst] dampf *g*. 9 gebawenn *bf*. 10 steten] st. (stern *K* st. oder *g*) anderswo *egKL*. 12 nu] nur *Cg*. 18 *Überschrift vor* Nu: Vonn denn wonungen auff dem erttreich (merck *b*) *bg* als dy siben climata da wir nun wonen vnd haissent auch siben lantscheft *g* Von der ändrung der wonung auf erden *C*. 19 wonhaft] namhaft *bf fehlt C*. 20 sagen] iehent *K*. 28 gerehten] glichen (vnd *g*) rehten *egK*.

slozzen ist zwischen dem halben kraizz, der gefuͤrt ist von der sunnen aufgank in der sunnen undergank in der praiten dez ebennehters, und zwischen dem kraizze, der gefuͤrt ist von der sunnen aufgank in der sunnen undergank durch die pernspitzzen. Idoch ist daz viertail zemal niht wonhaft, wanne dez selben viertails stuͤkke, die dem ebennehter nahent sint, deu sint unwonhaft von der grozzen hitzze. Auch dez selben viertails stuͤke, die nahent sint der pernspitzze, sint unwonhaft durch die grozzen kelden, die da sint. Daruͤmb pruͤfe wir ain lengen, die geleich (25vb) abste von dem ebennehter, und die tail deu stuͤkke des viertails, deu unwonhaft sint von der grozzen hitzzen, von den stuͤkken, die wonhaft sein gegen dem himelwagen. Und pruͤfe wir auch ain lengen, die geleich abste von der pernspitzzen, und die tail deu stuͤkke, die unwonhaft sint von der grozzen kelden und nahent sint der pernspitzzen, von den wonhaften stuͤkken gegen dem ebennehter. Und zwischen den zwain lengen verste wir sehs lengen ebenverrerinne dem ebennehter, und die mit den zwain vorgenanten lengen tailent daz gantz wonhaft viertail in siben stuͤkke. Und die siben stuͤkke haizzent die siben wonung und haizzen ze latein clymata. Daz zemal sihstu in disem ebenpild oder in diser figur [*Figur 11*].

ERSTES KLIMA. - (26ra) Daz mittel der ersten wonung ist, da die lengen des groͤsten tages hat dreizehen stund, und wirt die himelspitzze derhoͤht uber der halpwerlde kraiz sehzehen grad. Und haizzet die wonung Dyameros von der stat Meroe, die da gelegen ist. Aber der (26rb) wonung anvank ist, da die lengen des tages hat zwelf stund und ain halb und ain viertail ainer stund, und strekt sich der wonung

---

5 *nach* niht: gancz *C* gar *g*. 7 wonhaft *W (Z. 12 auch bfK)*. 18 ebenn verrer in dem eb. *bCfgL*. 24 *Überschrift vor* Daz: Die erst wonung *b* Von der mitt der ersten wonung *g*. 27 Dyomors *bf* Dyametros *e*.

praiten piz an die stat, da die lengen des tages hat dreizehen stund und ain virtail einer stund. Und wirt deu himelspitzze erhoͤhet uͤber (26va) den augenender zwainzig grad und ainen halben grad; und daz ist auf der lengen dez ertreichs vier hundert und vierzig meil.

ZWEITES KLIMA. - Daz mittel der andern wonung ist, da der groͤste tak hat dreizehen stunde und ain halb, und deu himlspitzze wirt derhoͤht uber den augenender vier und zwainzig grad und ain viertail aines grades. Und haizzet deu wonung Dya*sienes* von der stat Cyene, die da ligt. Aber der wonung praiten ist von dem ende der ersten wonung piz an die stat, da der groͤst tak hat dreizehen stund und ain halb und ain viertail ainer stunde. Und wirt deu himelspitzze erhoͤhet uͤber den augenender siben und zwainzig grad und ainen halben grad; und daz ist auf dem ertreich vier hundert meil.

DRITTES KLIMA. - Daz mittel der dritten wonung ist, da der groͤst tag hat vierzehen stunde, und ist deu himelspitzze erhoͤhet uͤber den augenender (26vb) dreizzig grad und ainen halben grad und ain viertail aines grades. Und haizzet die wonung Dialexandr*i*os von der stat Alexandria, die da ligt. Aber der wonung praiten ist von dem ende der andern wonung piz an die stat, da der groͤst tak hat vierzehen stund und ain viertail ainer stund. Und die hoͤhen der himelspitzze hat drei und dreizzig grad und zwai drittail; daz ist auf der erden drei hundert und funfzig meil.

VIERTES KLIMA. - Daz mittel der vierden wonung ist, da der groͤst tage hat vierzehen stund und ain halb, und die hoͤhen der himelahs hat sehs und dreizig grad und zwai fuͤnftail. [ ] Und di wonung haizzet Dyarody von der inseln Rodos. Der wonung praiten ist von dem end der dritten wo-

---

2 ain *bis* stund] 15 mynut *g (und öfters)*. 3 augenender = orison *bf*. 6 *Überschrift vor* Daz: Die ander wonung *b*. 7 groͤste] lengst *g*. 10 Dyasienes *L(f)*] Dyameros *ACW* Dyazenos *bg* Dyametros *eK*. 16 *Überschrift vor* Daz: Die dritt wonung *b*. 20 Dialexandrios *bf*] Dialexandros *ACegKLW*. 26 *Überschrift vor* Daz: Die vierd wonung *b*. 28 himelspicz *g*. 29 fuͤnftail *bis* Und *siehe 54,3-4;* Dyarodos *L;* von der statt oder vonn der i. *bf*.

nung piz an die stat, da der lengst tag hat vierzehen stund und ain halb und ain vir(27ra)tail ainer stund. Und deu hoͤhen der himelspitzz hat *neun* und dreizzig grad; *daz ist auf der erden dreu hundert meil.*

FÜNFTES KLIMA. - Daz mittel der funften wonung ist, da der groͤst tag hat funfzehen stund, und deu hoͤhen der himelspitzze hat ainen und vierzig grad und ain drittail ains grades. Und haizzet deu wonung Diaromes von der stat Rom, die da liget. Aber der selben wonung praiten ist von dem ende der virden wonung piz an die stat, da die lengen dez lengsten tags hat fuͤnfzehen stund und ain viertail ainer stunde. Und die hoͤhen der ahsen hat drei und vierzig grad und ainen halben grad; und daz ist auf der erden zwu hundert meil und fuͤnf und fuͤnfzig meil.

SECHSTES KLIMA. - Daz mittel der sehsten wonung ist, da der lengst tag hat fuͤnfzehen stund und ain halb, und deu himelspitzz wirt erhoͤhet uber den augenender fuͤnf und vierzig grad und zwai fuͤnftail aines (27rb) grads. Und haizzet die wonung Dyaboristines von der stat Oristen, die da ligt. Und der wonung praiten ist von dem ende der fuͤnften wonung piz an die stat, da der lengst tage hat funfzehen stunde und ain halb und ain *vier*tail ainer stunde. Und die himelahs ist derhoͤhet siben und vierzig grad und ain viertail aines grades; daz ist auf der erden zwu hundert und *zwelf* meil.

SIEBTES KLIMA. - Daz mittel der sibenden wonung ist, da deu lengen dez groͤsten tags hat sehzehen stund, und deu hoͤhen der himelspitzzen hat aht und vierzig grad und zwai drittail. Und haizzet die wonung Dyarifios von den pergen Rifei, da sich Lamparten von deutschen landen tailt. [ ] Aber der wonung (27va) praiten ist von dem ende der

---

3 neun *gL*] vier *AbCdefKW (vgl. Thorndike 85 ,17)*. 3-4 daz *bis* meil *ursprünglich zwischen* fuͤnftail *und* Und *(53,29)*. *Vgl. Deschler S. 484*. 5 *Überschrift vor* Daz: Die funft wonunge *b*. 15 *Überschrift vor* Daz: Die sechst wonung *b*. 16-17 deu *bis* augenender] dy hoch der achs ist *g*. 21 piz an daz end derr st. *K*. 22 *gL*] fuͤnftail *AbCdeKW (vgl. Thorndike 85 ,29-30)*; ächs *g*. 24 zwelf *(vgl. Thorndike 85 ,31)*] fuͤnfzehen *alle Hss*. 25 *Überschrift vor* Daz: Die sibenndt wonung merck *b*. 29 schaidet oder (vnd *e*) tailt *bef*. 29-30 tailt *bis* Aber *siehe 55,11-14*.

sehsten wonung piz an die stat, da der groͤste tag hat sehzehen stund und ain viertail ainer stund. Und deu himelspitzze wirt erhoͤht uber den augenender fuͤnfzig grad und ainen halben grad [ ] ; daz ist auf dem ertreich hundert und fuͤnf und ahtzig meil.

Wie daz sei, daz uber die siben wonung mer inseln sein, da die leut wonen, idoch waz der sint, die sein poser wonung. Und darumb werdent sie niht gezalt mit den wonung.

ZUSAMMENFASSUNG. - Du scholt auch pruͤfen, daz die gantz anderung der wonung von irm aufgang piz an ir ende hat drei stünd und ain halbe, *also etleich sprechent; und ist auch war, als du ez vinden maht an den lengsten tagen, ob du der selben tag stund bruͤfest in dem horalogio nach der zal, und wir gesprochen haben.* Und die hoͤhen der himelspitzzen uber den augenender verandert sich nach aht und dreizzig graden. Daruͤmb ist uns nu kunt die praiten ainer iegleichen wonung von irm anvang gegen dem ebennehter piz an ir end gegen (27[vb]) der pernspitzzen, und daz die praiten der ersten wonung groͤzzer ist danne die praiten der andern wonung, und der andern groͤzzer danne der dritten; und also ist auch den andern. Aber deu lengen ainer igleichen wonung mag haizzen die lengen, deu gefuͤrt ist von der sunnen aufgank in der sunnen undergank, deu geleich abstet von dem ebennehter. Und davon ist deu lengen der ersten wonung groͤzzer denne deu lengen der andern wonung; und also haben sich auch die andern in irre ordenung.

Daz virde capitel

BEWEGUNG DER SONNE. DER EXZENTER. - Nu woͤlle wir sagen von den kraizzen der siben planeten und von irn scheingeprechen. Nu bruͤfe, daz deu sunne ainen kraiz hat, darinne si

---

4 *gL*] halben grad vnd ain virtail aines grads *AbCdefKW (vgl. Thorndike 85 ,37).* 9 *Überschrift vor* Du: Vonn der endrung der wonungee *b.* 11 etleich] geleich *bf.* 11-14 also *bis* haben *ursprünglich zwischen* tailt *und* Aber *(54,29-30). Anders Deschler S. 484.* 12 lengsten] letzsten *C.* 12-13 ob *bis* nach] ob du auf den s. t. merkchst nach der slahenten or vnd n. *g.* 21-26 Aber *bis* ordenung *fehlt bf.* 27 Daz virde capitel *fehlt allen Hss.* 28 *Überschrift vor* Nu: Vonn den kraißen der siben plannetenn (merck *b*) *bC* Daz ist daz vird hauptstukch dytz puch vnd sagt von den chraissen der siben planeten vnd ir scheinprech *g.*

weltzet under der scheinprecherinne, und der kraiz ist auzpuͤnctig. Ain igleich kraiz ist auzpuͤnctig, und auch ain der selb, der daz ertreich tailt in zwai geleicheu stuͤkke und doch (28ra) seinen mittelpunct niht hat mit dem mittelpunct der erden, sunder er hat in auz der erden. Aber der punct in dem auzpuͤnctigen kraizze, der aller maist nahent zu dem sternhimel, der haizzt die aufhoͤhen und haizzet ze latein aux. Und der punct, der im geleichs widersehend ist und aller verst von dem sternhimel ist, der haizzet deu widerlag der aufhoͤhen [*Figur 18*].

LAUFRICHTUNG UND PERIODE. - Du scholt auch pruͤfen, daz der sunnen zwen leuf sint von dem undervalle an den aufgank. Der erst ist ir aigen lauf an irem (28[rb]) auzpuͤnctigem kraizze; darinne leuft sie in tag und in naht vil nach sehtzig minut. Der ander sunnenlauf ist ir rundengroͤzze lauf auf der ahs und auf der spitzzen dez tyrkraizzs und ist geleich dem laufe dez sternhimels, wanne es weltzzet auch der sunnen himel in hundert jaren neur ainen grad, reht als der sternhimel. Auz den zwain leuffen der sunnen neme wir iren lauf in dem zaichentrager von dem undervalle in den aufgank, mit dem lauffe sie absneit den tyrkraizz in drein hunderten und in fuͤnf und sehzig tagen und in ainem viertail aines tages, on ain klains stuͤkke, daz kaum prufleich ist nach dem zwelften tail ainer stund. Und daz klain stuͤkke macht uns alleu deu irrsal, die wir haben in der zal der zeit.

BEWEGUNG DER PLANETEN. ÄQUANS, DEFERENT, EPIZYKEL. - Ain igleich planet on die sunnen hat drei kraizz: den geleicher, den fuͤrer und den uͤberkraiz. Der geleicher des monen ist ain (28va) zupuͤnctiger kraiz dem ertreich und ist

---

5 ausserhalb der erden punct *L.* 8 widersehend] wider (gegen *g*) scheintt *bCfg* oder sechentt *bf.* 10 wider lenng *bCf.* 12 *nach* aufgank: vnd von dem aufgang an den vnteruall *C.* 13 *Überschrift vor* Der: Von zwain lauffen der sunnen *C.* 15 *Nach* minut *bricht Hs. L ab.* 17 *bfg*] er *ACdeKW.* 23-25 on *bis* haben] mynus 11 minut vnd dew clain abgeung macht vil irsals *g.* 25-26 die wir in der czeitt haben mit dem schaltt (schaltjar *f*) *bf.*

in der praiten der scheinprecherinne. Aber dez monen fuͤrer ist ain auzpuͤnctiger kraiz und ist niht in der praiten der scheinprecherinne, sunder sein halptail naigt sich gegen dem himelwagen, und daz ander halptail naigt sich gegen mittemtag. Und der fuͤrer uͤberschrenkt den gleicher an zwain steten, und deu gestalt des uͤberschrenkens haizzt der trakk, wanne si ist prait ze mittelst und enge gegen den enden. Und deu uͤberschrenkung, durch die der mon weltzzet von mittemtag gegen der pernspitzzen, haizzet dez drakken haubt, aber deu ander uͤberschrenkung, durch die der mon weltzzet von der pernspitzzen gegen mittemtag, haizzet des drakken zagel. Du scholt auch pruͤfen, daz der fuͤrer und der geleicher aines iegleichen planeten geleich groz sint. Und scholt mer pruͤfen, daz der fuͤrer und der geleicher des satj(28vb)ars, dez helfvaters, dez streitgotes, dez sprechherren, dez morgensterns auzpuͤnctig sein und sint auz der praiten der scheinprecherinne, und sint doch die zwene kraizze in der selben praiten. Nu pruͤfe mer, daz igleich planet on die sunnen seinen uͤberkraiz hat. Der uͤberkraiz ist ain klainer kraiz, durch des uͤmbvart der planet weltzzet, und dez selben uͤberkraizzs mittelpunct weltzzet alle zeit in der uͤmbvart des fuͤrers.

STILLSTAND, RECHT- UND RÜCKLÄUFIGKEIT EINES PLANETEN. - Ob man nu fuͤret zwu lengen von der erden mittelpunct, also, daz sie beslizzen den *uͤber*kraiz aines planeten, deu ain lengen gegen der sunnen aufgank, de*u* ander gegen der sunnen undergank; der punct dez zuvalls gegen der sunnen aufgank haizzet der ers*t* planetenstant oder [ ] satz. Und der punct des andern zuvalls oder dez andern ruͤrens oder der andern lengen *gegen der sunnen undervall* haizzet der ande*r*

---

1 in *(alle Hss.)*] ain *(durchgestrichen)* *A*. 7 trakk] tag *e*. 9 *nach* pernsp.: das ist gen dem himel wagen *bf*. 10 haubt] punckt *f*. 13-14 aines *bis* geleicher *fehlt C*. 25 *g*] vͤmbkraiz *AbCdefKW (vgl. Figur 19)*. 26 *Cg*] der *AdeKW*. 28 der ersten planeten stant oder ir satz *AbCdefKW* des pl. erster stant oder sein s. *g (vgl. Deschler S. 484)*. 30 gegen *bis* undervall *bf*] *fehlt ACdegKW (vgl. Thorndike 87,13-14)*; ander *g*] andern *AbCdefKW*.

planetenstant. Und so der planet ist in (29ra) aintwederm der zwaier setz, so haizzet er der steer oder der sitzzer. Aber der ober pog des uͤberkraizs, der beslozzen ist in den zwain setzzen oder in den zwain stenden, haizzet deu aufvart oder de*u* aufrihtung. Und so der planet an der selben stat ist, so haizzet er der aufvarer oder der aufrihter. Aber der under pog dez uͤberkraizs, der beslozzen ist zwischen den zwain setzzen, haizzet der hindergank. Und der planet, der an dem tail ist, haizzet der hindergeer.

Aber wir geben dem monen niht setzze noch aufvert noch hindergenge. Der mon haizzet auch niht der sitzzer noch der aufverter noch der hindergeer in der weis, daruͤmb, daz sein lauf so snel ist in dem uͤberkraizze. Daz alles bruͤfe in dem ebenpilde [*Figur 19*].

BEDINGUNGEN FÜR DAS EINTRETEN EINER MONDFINSTERNIS. -(29rb) Seit aber deu sunne groͤzzer ist dem ertreich und hat dez ertreichs groͤzzen hundert und sehs und sehtzig, als Alfraganus der maister sprichet, so ist daz notdurft, daz daz halptail dez ertreichs alle zeit derleuht werde von der sunnen, und daz der schat von dem ertreich gestrekt in den luft, der in aines horns gestalt ist, sich minner in seiner sinbeln als lang, piz daz er ain end habe und geprech in der praiten dez zaichentragers. Und der schat ist unabschaidleich von der sunnen gegenpuncte, wanne er vellt alle zeit geleichs an der sunnen gegenpunct. Der gegenpunct ist niht anders danne ain punct an dem zaichentrager geleichs uͤber gegen der sunnen oder gegen ainem andern planeten. Und haizzen in die sternseher nadyr. Und daruͤmb, so in dem vollenmonen der mon ist in dem haubt oder in dem zagel dez drakken

---

2 haißet der planet sacienarius (stationarius *f*) *bf;* steer] steter *e*. 4 haißt directio das ist die auffart *bf*. 5 deu (*alle Hss.*)] der *A;* aufrihtung] aufsteigungee *bf*. 6 aufrihter] aufsteer *bf*. 7 pog oder der vnderkrais der *C*. 9 hinderkerer *bf*. 12 auffuerer *d* auffarer *g*. 16 *Überschrift vor* Seit: Wie daz erdrich erleucht wird von der sunn *g*. 18 der maister *Ag*] *fehlt allen Hss.* 20 schat der von der sunn gestr. wird in *g;* gesterckt *f*. 22 sinbeln gestalt als *g;* geprech] ab nem *bf*. 26 *für* zaichentrager *hat Thorndike 87,28* in firmamento.

under (29va) der sunnen gegenpunct, so wirt daz ertreich gesatzt zwischen den mon und *die* sunnen, und so velt deu spitz dez erdenschaten auf den monn. Seit nu der mone kain aigen lieht hat und allen seinen schein nimet von der sunnen, so gepricht dem monen sein lieht, und ist ain gemain scheingeprech uͤber al daz ertreich, ob daz ist, daz der mon in dez drakken haubt ist oder in seinem zagel.

Aber ez ist ain sunder scheingeprech des monen auf ainem stuͤkke dez ertreiches, ob der mon nahent den selben steten und doch niht darinne ist. Und der scheingeprech ist alle zeit in dem vollenmonen oder nahen dapei. Und daruͤmb, seit in etleichem widersatz - daz ist in igleichem vollenmonen -, so der mon geleichs gegen der sunnen sitzt, so der mon niht ist in dez draken haubt oder in dez drakken zagel noch geleich under dem widerpuncte der sunnen, so ist niht not(29vb)durft, daz in igleichem vollenmonen der mon seinen schein verlise, also, daz er scheingeprechen hab, als wir nu davon reden. Daz allez pruͤfe in disem ebenpild [*Figur 20*]. Et cetera lator.

Nu moͤhtestu sprechen, seit deu sunne vil grozzer ist danne daz ertreich, so derleuht sie daz ertreich gantz und wirft iren schein verre daruͤber an die andern praiten dez himels; und daruͤmb mag der mon seines scheins nimmer beraubt werden. Darzu antwuͤrt wir und sprech(30ra)en, daz deu grozze verren der sunnen von dem ertreich und von uns daz benimet; wanne die lengen dez sunnenscheins spitzzen sich von der grozzen verren, also, daz si neur daz halptail dez ertreichs erleuhtet, als vor gesprochen ist. Ez machet auch vil *deu* verren von unserm gesiht.

BEDINGUNGEN FÜR DAS EINTRETEN EINER SONNENFINSTERNIS. -

---

2 *deW*] der *AbCfK*. 2-3 velt *bis* erdenschaten] wellent di spitz daz er den schaden *K*. 13 sitzt] stett *bf*. 16 vollenmonen] vol monaͤden *K*. 18-19 Et cetera lator *(?) fehlt allen Hss*. 21 gantz] halben *bf*. 24 vbergrozz *g*. 25 *nach* sunnen: den schatten mindertt gen dem e. *bf*. 27 neur] mer auf *K*. 27-28 schinet *egK* vnd erl. *eK*. 28 *bCdfgKW*] der *Ae*. 29 *nach* gesiht: ist das der schatt sich spicztt vnd verschwemt (verschwint *f*) *bf*.

So aber der mon ist in dem haubt oder in dem zagel des draken oder nahent dapei, und daz geschiht in der samenung des monen mit der sunnen, so mag geschehen, daz der mon kuͤmt zwischen unser gesiht und zwischen die sunnen. Und seit der mon an im selber ist dikke und tunkel und ist niht durchscheinig, so bedekt er uns die clarhait der sunnen. Und so hab wir der sunnen scheingeprechen niht also ze versten, daz deu sunne an ir selber kain lieht hab, sunder uns gepricht der sunnen lieht von dem zwischensatzze des monen. Davon ist uns kunt,(30[rb]) daz der sunnen scheingeprechen alle zeit schol sein, so der mon neu ist, oder in der samenung des monen mit der sunnen. Du scholt auch pruͤfen, wenne dez monen scheingeprech ist, daz der geprech mag geschehen uber al daz ertreich, als wir vor gesprochen haben.

Aber so der sunnen scheingeprech ist, so ist er neur in ainer wonung oder in etleicher wonung auf erden. Daz geschiht von der anderung der angesihte, die die leut habent an die planeten. Wanne in etleicher wonung haben die leut ain schelch angesiht an die planeten in der selben zeit, und in ainer andern wonung habent si ain reht angesiht an die selben planeten. Daruͤmb verlisen etleich leut der sunnen schein und die andern niht. Und davon begraif Virgilius huͤbschleichen und behendicleichen paider scheingeprechen natuͤr in ainer kuͤrzzen und sprach also: 'des monen vil geprech(30[va])en und der sunnen arbait.' Daz allez pruͤfe in disem ebenpild oder in diser figur [*21 und 22*].

DIE DREI ARTEN DES SCHATTENS. - Auz diser warhait maht du nemen drei schaten: den sauler,den koͤrbler und den kegler. Der sauler ist ain schat, der geleich groz und prait

---

6 durch sichtig *bf;* bedekt] wedaͤut *K.* 9 zwisacze *bf* zwystant *g.* 14 geschehen] gesin *egK.* 16 er neur] nymer denn *K.* 17 oder *bis* wonung] etzwa *C.* 20 schelch] schedlich *bf.* 24 behendicleichen] (gar *f*) beschaidenleich *bef* waidenlich vnd beh. *g.* 25 kurczen czeitt *bf;* vil] will *g.* 25-26 vil gepr. *fehlt C.* 28 *Überschrift vor* Auz: Von dien schattenn merck *b* Von den dreyen schaten der ansichtigen ding *g.* 29 korber *bf (auch 61,4).* 30 kegler] tegler *bf (auch 61,8.10.11).*

ist von ainem end an daz ander und kuͤmt davon, daz daz scheind leibik dink und daz dunkel leibig dink geleich groz sint. Und haizzet der sauler, davon, daz er geleich ist ainer saul. Der koͤrbler ist ain (30vb) schat, der unden groͤzzer ist danne oben und kuͤmt davon, daz daz tunkel dink groͤzzer ist danne daz leuhtend. Und haizzt der koͤrbler, daruͤmb, daz er geleich ainem korb ist, unden weit und oben enge. Der kegler ist ain schat, der oben groͤzzer ist danne unden und kuͤmt davon, daz daz leuhtend dink groͤzzer ist danne daz dunkel. Und haizzet der kegler, daruͤmb, daz er geleich ainem kegel ist, oben prait und unden spitzzig. Der aller ebenpild nim hie gemachet [*Figur 23*]. Et cetera.

ÜBERNATÜRLICHE SONNENFINSTERNIS AM TODESTAG JESU. -(31ra)

Auz der vorgenanten warhait ist uns kunt und offenbar, seit der sunnen scheingeprech der waz an dem martertag unsers herren Jhesu Cristi, [ ] do der mon vol was, der scheingeprech waz niht naturleich, sunder er waz von gotes wunder und uͤbernaturleich von gotes kraft und waz widerwartig der natur. Wanne der sunnen scheingeprech schol von natur sein, so der mon neu ist oder nahen dapei. Und davon list man, daz Dyonisius der tugentstra*ss*er, daz krichischen spricht Ariopagita, spr*a*ch an dem martertag unser*s* herren Jhesu Cristi: 'aintweder got der maister der nature leitt, oder daz gantz werk der werlt entsleuzzet sich und wil vallen.'

Herre vater Jesu Criste durch den selben unschuldigen tod erloͤs uns vor allem uͤbel und beschirm uns vor dem ewigen tod! Amen.

Qui me scribebat, Chůnradus nomen habebat.

---

2 sch. liecht leib. *K.* 4 *Überschrift vor* Der: Der anderr schatt *b;* vnten an dem end gr. *g.* 6 haizzt] auch haizzer ist der *K.* 7 gel. in ainem korbee *b.* 8 *Überschrift vor* Der: Der dritt schatt *b.* 11 vndenn eng oder sp. *bf; nach* spitzzig *bricht Hs. C ab.* 15-16 dem *bis* do] charfreitag vnd was zu der czeitt so *g.* 16 *zwischen* Cristi *und* do: waz *AbdefKW;* was] wechs *bf.* 18 vber dy naturlichait *g;* gotes] *fehlt b* gleicher *f.* 21 *eK* (*vgl.* sitenstraffer *33,22.24*)] tugentstrazzer *AdgW* taugen straifer *bf;* krichischen] cristenleichen *bf.* 22 *gK*] sprech *AdeW* spricht *bf;* unsers *(alle Hss.)*] vnser *A.* 24 will zu hauffen vallen *g.* 25-27 Herre *bis* Amen *fehlt W.* 26 beschirm] behüt *g.* 27 *nach* tod: wann du lebest vnd reichest got ebiclichen. amen *g.* 28 Qui *bis* habebat: hie hat dy teutsch spera ain end, got vns vnßern chumer wend vnd das an sel vnd leib phend. amen 1453 *g* Adest huius finis laudetur deus in trinis *e* Finis adest operis mercedem posco laboris et J.S. *K.*

Johannes von Sacrobosco

Sphaera mundi

Der unten abgedruckte Text der lat. 'Sphaera mundi' ist eine im Wortlaut genaue Wiedergabe der maßgeblichen Edition von Lynn Thorndike[1]. Wie im Vorwort bereits angedeutet, soll dieser Textabdruck dem Leser den Vergleich der 'Deutschen Sphaera' mit dem lat. Traktat erleichtern. Dabei muß betont werden, daß dieser Text zwar mit relativer Sicherheit als repräsentativ für die gesamte lat. Überlieferung gelten darf, doch nicht unbedingt mit Konrads Vorlage identisch sein muß.

Aus Platzgründen wurde auf die zahlreichen textkritischen Anmerkungen der Edition von Thorndike verzichtet. Die in der nachstehenden Textausgabe eingeklammerten Zahlen beziehen sich auf die Seitenzahlen bei Thorndike, die am Seitenkopf verzeichneten Zahlen auf die entsprechenden Passagen des mhd. Textes.

---

1 Vgl. Bibl. Nr. 1, S. 76-117. Auf einige Irrtümer dieser Ausgabe macht Deschler (Bibl. Nr. 12) aufmerksam: 64,41: alias *speras* secum (S. 88 und Anm. 146); 74,8: paralellus *solstitii* hyemalis (S. 152 und Anm. 401); 82,12 duodecima (S. 202 und Anm. 577); 82,13f. maiorem *sui* partem (S. 202 und Anm. 578); 86,27 abscindit (S. 258 und Anm. 788).

INCIPIT TRACTATUS DE SPERA MAGISTRI IOHANNIS DE SACROBOSCO

PROEMIUM

Tractatum de spera quatuor capitulis distinguimus dicentes primo quid sit spera, quid eius centrum, quid axis spere, quid sit polus mundi, quot sint spere, et que sit forma mundi. In secundo de circulis ex quibus hec spera materialis componitur et illa supercelestis, que per istam imaginatur, componi intelligitur. In tertio de ortu et occasu signorum, et de diversitate noctium et dierum, que fit habitantibus in diversis locis, et de divisione climatum. In quarto de circulis et motibus planetarum et de causis eclipsium.

CAPITULUM I

Spera igitur ab Euclide sic describitur: spera est transitus circumferentie dimidii circuli quotiens fixa diametro quousque ad locum suum redeat circumducitur. Id est, spera est tale corpus (77) rotundum et solidum quod describitur ab arcu semicirculi circumducto.

Spera vero a Theodosio sic describitur: spera est corpus solidum una superficie contentum in cuius medio punctus est a quo omnes linee ducte ad circumferentiam sunt equales, et ille punctus dicitur centrum spere. Linea vero recta, transiens per centrum spere, applicans extremitates suas ad circumferentiam ex utraque parte, dicitur axis spere. Duo quidem puncta axem terminantia dicuntur poli mundi.

Spera autem dupliciter dividitur, scilicet secundum substantiam et secundum accidens. Secundum substantiam enim in speram nonam, que primus motus sive primum mobile dicitur, et in speram stellarum fixarum, que firmamentum nuncupatur, et in septem speras septem planetarum, quarum quedam sunt maiores, quedam minores, secundum quod plus accedunt vel recedunt a firmamento. Unde inter illas spera Saturni maxima est, spera vero lune minima, prout in presenti figuratione continetur.

Secundum accidens quidem dividitur in speram rectam et

obli(78)quam. Illi enim dicuntur habere speram rectam qui manent sub equinoctiali, si aliquis ibi manere possit. Et dicitur recta quoniam neuter polorum magis altero illis elevatur vel quoniam illorum orizon intersecat equinoctialem et intersecatur ab eodem ad angulos rectos sperales. Illi vero dicuntur habere speram obliquam quicumque habitant citra equinoctialem vel ultra. Illis enim supra orizontem alter polorum elevatur, reliquus semper deprimitur. Vel quoniam illorum orizon artificialis intersecat equinoctialem ad angulos impares et obliquos.

Universalis autem mundi machina in duo dividitur: in etheream et elementarem regionem. Elementaris quidem, alterationi continue pervia, in quatuor dividitur. Est enim terra tamquam centrum in medio omnium sita, circa quam aqua, circa aquam aer, circa aerem ignis est, illic purus et non turbidus, orbem lune attingens, ut ait Aristoteles *in libro Metheororum*. Sic enim disposuit deus gloriosus et sublimis. Et hec quatuor elementa dicuntur que vicissim a semetipsis alterantur, corrumpuntur et regenerantur. Sunt autem elementa corpora simplicia, que in partes diversarum formarum minime dividi possunt, ex quorum commixtione diverse generatorum species fiunt, trium quorum quodlibet terram orbiculariter undique circumdat, nisi quantum siccitas terre humori aque obsistit ad vitam animantium (79) tuendam. Omnia etiam preter terram mobilia existunt, que ut centrum mundi ponderositate sui magnum extremorum motum undique equaliter fugiens rotunda spere medium possidet.

Circa elementarem quidem regionem etherea lucida, a variatione omni sua immutabili essentia immunis existens, motu continuo circulariter incedit. Et hec a philosophis quinta essentia nuncupatur, cuius novem sunt spere, sicut in proximo pretactum est, scilicet lune, Mercurii, Veneris, solis, Martis, Iovis, Saturni, stellarum fixarum, et celi ultimi. Istarum autem quelibet inferiorem sperice circumdat.

Quarum quidem duo sunt motus. Unus enim est celi ultimi super duas axis extremitates, scilicet polum articum et polum antarticum, ab oriente per occidentem rediens in orientem, quem equinoctialis circulus per medium dividit. Est etiam alius inferiorum sperarum motus per obliquum huic oppositus super axes suos distantes a primis 23 gradibus. Sed primus omnes alias secum impetu suo rapit infra diem et noctem circa terram semel, illis tamen contra nitentibus, ut octava spera in centum annis gradu uno. Hunc siquidem motum secundum dividit per medium zodiacus, sub quo quilibet septem planetarum speram habet propriam, in qua defertur motu proprio contra celi motum et in diversis spatiis temporum ipsum metitur, ut Saturnus in 30 annis, Iupiter in 12, Mars in duobus, sol quidem in 365 diebus et 6 horis, Venus et Mercurius fere similiter, luna vero in 27 diebus et 8 horis.

Quod autem celum volvatur ab oriente in occidentem, signum est quod stelle que oriuntur in oriente elevantur paulatim et (80) successive quousque veniant in medium celi, et sunt semper in eadem propinquitate et remotione adinvicem, et ita semper se habentes tendunt in occasum continue et uniformiter. Est et aliud signum. Stelle que sunt iuxta polum que nobis numquam occidunt, moventur continue et uniformiter circa polum describendo circulos suos et sunt semper in equali distantia et propinquitate adinvicem. Unde per istos duos motus continuos stellarum tam tendentium ad occasum quam non patet quod firmamentum movetur ab oriente in occidentem.

Quod celum sit rotundum triplex est ratio: similitudo, commoditas, necessitas. Similitudo enim quoniam mundus sensibilis factus est ad similitudinem mundi architipi, in quo non est finis neque principium, unde ad huius similitudinem mundus sensibilis habet formam rotundam, in qua non est assignare principium neque finem. Commoditas, quia omnium corporum isoperimetrorum spera maximum est, omnium etiam formarum rotunda capacissima est. Quoniam igitur maximum et rotundum, ideo capacissima. Unde, cum mundus omnia contineat, talis forma fuit illi utilis et commoda. Necessitas, quia, si mundus esset alterius forme quam rotunde, scilicet trilatere vel quadrilatere vel multilatere, sequeretur quod locus (81) aliquis esset vacuus et corpus sine loco, quorum utrumque falsum est, sicut patet in angulis elevatis et circumvolutis.

Item sicut dicit Alfraganus, si celum esset planum, aliqua pars celi esset nobis propinquior alia, scilicet illa que esset supra caput nostrum. Ergo stella ibi existens esset nobis propinquior quam existens in ortu vel in occasu. Sed que nobis propinquiora sunt maiora videntur. Ergo sol existens in medio celi maior deberet videri quam existens in ortu vel occasu, cuius contrarium videmus contingere, maior enim apparet sol vel alia stella existens in oriente vel occidente quam in medio celi. Sed cum rei veritas ita non sit, huius apparentie causa est quia in tempore hyemali vel pluviali vapores ascendunt inter aspectum nostrum et solem vel aliam stellam. Et cum illi vapores sint corpus diaphanum, disgregant radios nostros visuales quod non comprehendunt rem in sua vera quantitate, sicut patet de denario proiecto in fundo aque limpide, qui propter similem disgregationem radiorum apparet maioris quam sue vere quantitatis.

Quod terra etiam sit rotunda sic patet. Signa et stelle non equaliter (82) oriuntur et occidunt omnibus hominibus ubique existentibus sed prius oriuntur et occidunt illis qui sunt iuxta orientem quam illis qui sunt iuxta occidentem, et huius nulla alia causa est nisi tumor terre. Quod autem orientalibus citius oriantur quam occidentalibus bene patet per ea que fiunt in sublimi. Una enim et eadem eclipsis lune numero que apparet nobis in prima hora noctis apparet orientalibus circa horam noctis tertiam. Unde constat quod illis fuit prius nox, et sol prius occidit eis quam nobis, cuius occasus causa est tumor terre.

Quod terra etiam habeat tumorem a septentrione in austrum et econverso sic patet. Existentibus versus septentrionem quedem stelle sunt sempiterne apparitionis, scilicet que accedunt ad polum articum. Alie vero sunt sempiterne occultationis, que sunt propinque polo antartico. Si igitur aliquis procederet a septentrione versus austrum, in tantum posset procedere quod stelle, que prius erant ei sempiterne apparitionis, iam tenderent in occasum. Et quanto magis accederet ad austrum, tanto plus moverentur in occasum. Ille item idem homo iam posset videre stellas que prius fuerant illi sempiterne occultationis. Et econverso contingeret alicui procedenti ab austro versus septentrionem. Huius autem rei causa est tantum tumor terre. Item si terra esset plana ab oriente in occidentem, tam (83) cito orirentur stelle occidentalibus quam orientalibus, quod falsum est. Si terra etiam esset plana a septentrione in austrum et econverso, stelle que essent alicui sempiterne apparitionis semper apparerent ei quocunque procederet, quod falsum est. Sed quod plana sit pre nimia eius quantitate visui hominum apparet.

Quod autem aqua habeat tumorem et accedat ad rotunditatem sic patet. Ponatur signum in littore maris et exeat navis a portu et in tantum elongetur quod oculus existentis iuxta pedem mali non videat signum. Stante vero navi oculus eiusdem existentis in summitate mali bene videbit signum illud.

Sed oculus existentis iuxta pedem mali melius deberet videre signum quam qui est in sumitate, sicut patet per lineas ductas ab utroque ad signum. Et nulla alia huius rei causa est quam tumor aque. Excludantur enim omnia alia impedimenta sicut nebule et vapores ascendentes.

Item, cum aqua sit corpus homogeneum, totum cum partibus erit eiusdem rationis. Sed partes aque, sicut in guttulis et roribus herbarum accidit, rotundam naturaliter appetunt formam; ergo et totum cuius sunt partes. (84)

Quod autem terra sit in medio firmamenti sic patet. Existentibus in superficie terre stelle apparent eiusdem quantitatis, sive sint in medio celi sive iuxta ortum sive iuxta occasum, et hoc quia terra equaliter distat ab eis. Si enim terra magis accederet ad firmamentum in una parte quam in alia, aliquis existens in illa parte superficiei terre que magis accederet ad firmamentum non videret celi medietatem. Sed hoc est contra Ptolomeum et omnes philosophos dicentes quod ubicumque existat homo sex signa oriuntur ei et sex occidunt, et medietas celi semper apparet, medietas vero occultatur.

Illud idem est signum quod terra sit tamquam centrum et punctus respectu firmamenti, quoniam, si terra esset alicuius quantitatis respectu firmamenti, non contingeret medietatem celi videri.

Item intelligatur superficies plana supra centrum terre dividens eam in duo equalia et ipsum firmamentum. Oculus igitur existentis in centro terre videret medietatem firmamenti. Idem existens in superficie terre videret eandem medietatem. Ex hiis colligitur quod insensibilis est quantitas terre que est superficiei ad centrum et per consequens quantitas totius terre insensibilis est respectu firmamenti.

Item dicit Alfraganus quod minima stellarum fixarum visu notabilium maior est tota terra. Sed ipsa stella respectu firmamenti est quasi punctus, multo igitur fortius terra, cum sit minor ea.

Quod autem terra in medio omnium immobiliter teneatur, cum sit summe gravis, sic persuaderi videtur. Omne enim grave (85) tendit ad centrum; centrum quidem punctus est in medio firmamenti; terra igitur, cum sit summe gravis, ad punctum illud naturaliter tendit. Item quicquid a medio movetur versus circumferentiam ascendit. Terra a medio movetur, ergo ascendit, quod pro impossibili relinquitur.

Totius autem orbis terre ambitus auctoritate Ambrosii, Theodosii et Eratosthenis philosophorum 252,000 stadiorum spatium continere diffinitur, unicuique quidem 360 partium zodiaci (*sic*) 700 deputando stadia. Sumpto enim astrolabio sub stellate noctis claritate per utrumque mediclinii foramen polo perspecto notetur graduum in qua steterit mediclinium multitudo. Deinde procedat cosmimetra directe contra septentrionem a meridie donec in alterius noctis claritate viso ut prius polo steterit altius uno gradu mediclinium. Post hoc mensus sit huius itineris spatium et invenietur 700 stadiorum. Deinde datis unicuique 360 graduum tot stadiis terreni orbis ambitus inventus erit.

Ex hiis autem iuxta circuli et diametri regulam diameter terre sic inveniri poterit. Aufer 22am partem de circuitu terre, et remanentis tertia pars, hoc est, 80,181 et semis et tertia unius stadii, erit terreni orbis diameter sive spissitudo.

CAPITULUM II

Horum autem circulorum quidam sunt maiores, quidam minores, ut sensui patet. Maior enim circulus in spera dicitur qui, de(86)scriptus in superficie spere super eius centrum, speram dividit in duo equalia, minor vero qui, descriptus in superficie spere, eam non dividit in duo equalia sed in portiones inequales.

Inter circulos vero maiores primo dicendum est de equinoctiali. Est igitur equinoctialis circulus quidam dividens speram in duo equalia secundum quamlibet sui partem eque distans ab utroque polo. Et dicitur equinoctialis quia, quando sol transit per illum, quod est bis in anno, scilicet in principio Arietis et in principio Libre, est equinoctium in universa terra. Unde appellatur equator diei et noctis, quia adequat diem artificialem nocti, et dicitur cingulus primi motus.

Unde sciendum quod primus motus dicitur motus primi mobilis, hoc est, spere none sive celi ultimi, qui est ab oriente per occidentem rediens iterum in orientem, qui etiam dicitur motus rationalis ad similitudinem motus rationis qui est in microcosmo, id est, in homine, scilicet quando fit consideratio a creatore per creaturas in creatorem ibi sistendo.

Secundus motus est firmamenti et planetarum contrarius huic ab occidente per orientem iterum rediens in occidentem, qui motus dicitur irrationalis sive sensualitatis ad similitudinem motus microcosmi, qui est a corruptibilibus ad creatorem iterum rediens ad corruptibilia.

Dicitur etiam cingulus primi motus quia dividit primum (87) mobile, scilicet speram nonam, in duo equalia eque distans a polis mundi. Unde notandum quod polus mundi qui nobis semper apparet dicitur polus septentrionalis, articus vel borealis. Septentrionalis dicitur a septentrione, hoc est, a minori Ursa, que dicitur a septem et trion, quod est bos, quia septem stelle que sunt in Ursa tarde moventur, cum sint propinque polo. Vel dicuntur ille septem stelle septentriones quasi septem *teriones*, eo quod terunt partes circa polum. Articus quidem dicitur ab *Arthos*, quod est maior Ursa. Est enim iuxta maiorem Ursam. Borealis vero dicitur quia est in illa parte a qua venit Boreas. Polus vero oppositus dicitur antarticus quasi contra articum positus. Dicitur etiam meridionalis quia est ex parte meridiei, et dicitur australis quia est in illa parte a qua venit Auster. Ista duo puncta in firmamento stabilia dicuntur poli mundi, quia spere axem terminant et ad illos volvitur mundus, quorum unus nobis semper apparet, reliquus occultatur. Unde Virgilius:

> Hic vertex nobis semper sublimis, at illum
> Sub pedibus Styx atra tenet Manesque profundi.

Est et alius circulus in spera qui intersecat equinoctialem et intersecatur ab eodem in duas partes equales, et una eius medietas declinat versus septentrionem, alia versus austrum. Et dicitur circulus iste zodiacus a *zoe*, quod est vita, quoniam secundum motum planetarum sub illo est omnis vita in rebus inferioribus. Vel dicitur a *zodias*, quod est animal, quia, cum dividatur in 12 partes equales, quelibet pars appellatur signum et nomen habet speciale a nomine alicuius animalis propter proprietatem aliquam convenientem tam ipsi quam animali, vel propter dispositionem stellarum fixarum in illis partibus ad modum huiusmodi animalium. Iste vero circulus latine dicitur signifer, quia fert signa vel quia dividitur in ea. Ab Aristotele vero *in libro de generatione et corruptione* dicitur circulus obliquus, ubi (88) dicit quod secundum accessum et recessum solis in circulo obliquo fiunt generationes et corruptiones in rebus inferioribus.

Nomina autem signorum, ordinatio et numerus in hiis patent

versibus:

> Sunt Aries Taurus Gemini Cancer Leo Virgo
> Libraque Scorpius Architenens Caper Amphora Pisces.

Quodlibet autem signum dividitur in 30 gradus, unde patet quod in toto zodiaco sunt 360 gradus. Secundum astronomos iterum quilibet gradus dividitur in 60 minuta, quodlibet minutum in 60 secunda, quodlibet secundum in 60 tertia, et sic deinceps. Et sicut dividitur zodiacus ab astronomo, ita et quilibet circulus in spera, sive maior sive minor, dividitur in partes consimiles.

Cum etiam omnis circulus in spera preter zodiacum intelligitur sicut linea vel circumferentia, solus zodiacus intelligitur superficies habens in latitudine 12 gradus, de cuiusmodi gradibus iam locuti sumus. Unde patet quod quidam mentiuntur in astrologia dicentes signa esse quadrata, nisi abutentes nomine idem appellant quadratum et quadrangulum. Signum enim habet 30 gradus in longitudine, 12 vero in latitudine.

Linea vero dividens zodiacum in circuitu ita quod ex una parte sui relinquat sex gradus et ex alia parte alios sex dicitur linea eclip(89)tica, quoniam, quando sol et luna sunt linealiter sub illa, contingit eclipsis solis aut lune. Sol quidem semper decurrit sub ecliptica; omnes alii planete declinant vel versus septentrionem vel versus austrum, quandoque autem sunt sub ecliptica. Pars vero zodiaci que delinat ab equinoctiali versus septentrionem dicitur septentrionalis vel borealis vel artica, et illa sex signa que sunt a principio Arietis usque ad finem Virginis dicuntur signa septentrionalia. Alia pars zodiaci, que declinat ab equinoctiali versus meridiem, dicitur meridionalis vel australis, et sex signa que sunt a principio Libre usque in finem Piscium dicuntur meridionalia vel australia.

Cum autem dicitur sol in Ariete vel in alio signo, sciendum quod *in* pro *sub* sumitur secundum quod nunc accipimus signum. In alia autem significatione dicitur signum piramis quadrilatera cuius basis est illa superficies quam appellamus signum. Vertex vero eius est in centro terre, et secundum hoc proprie loquendo possumus dicere planetas esse in signis. Tertio modo dicitur signum ut intelligantur sex circuli transeuntes super polos zodiaci et per principia duodecim signorum. Isti sex circuli dividunt totam superficiem spere in duodecim partes, latas in medio, arctiores vero iuxta polos, et quelibet pars talis dicitur signum et habet nomen speciale a nomine illius signi quod intercipitur inter duas lineas, et secundum hanc acceptionem stelle que sunt iuxta polos dicuntur esse in signis. Item intelligatur corpus quoddam cuius basis sit signum secundum quod ultimo accepimus signum, acumen vero eius sit supra axem zodiaci. Tale igitur corpus in quarta significatione dicitur signum, secundum quam acceptionem totus mundus dividitur in duodecim partes equales que dicuntur signa, et sic quicquid est in mundo est in aliquo signo. (90)

Sunt autem alii duo circuli in spera maiores qui dicuntur coluri, quorum officium est distinguere solstitia et equinoctia. Dicitur autem colurus a *colon*, quod est membrum, et *uros*, quod est bos silvester, quoniam quemadmodum cauda bovis silvestris erecta, que est eius membrum, facit semicirculum et non perfectum, ita colurus semper apparet nobis imperfectus, quoniam tantum una est eius medietas apparens.

Colurus igitur distinguens solstitia transit per polos mundi et per polos zodiaci et per maximas solis declinationes, hoc est, per primos gradus Cancri et Capricorni. Unde primus punctus Cancri, ubi colurus iste intersecat zodiacum, dicitur punctus solstitii estivalis, quoniam, quando sol est in eo, est solstitium estivale et non potest sol magis accedere ad zenith capitis nostri. Est autem zenith punctus in firmamento directe suprapositus capitibus nostris. Arcus vero coluri qui intercipitur inter punctum solstitii estivalis et equinoctialem appellatur maxima solis declinatio et est secundum Ptolomeum 23 graduum et 51 minutorum, secundum Almeon vero 23 graduum et 33 minutorum. Similiter primus punctus Capricorni dicitur punctus solstitii hyemalis, et arcus coluri interceptus inter punctum illum et equinoctialem dicitur alia maxima solis declinatio et est equalis priori.

Alter quidem colurus transit per polos mundi et per prima puncta Arietis et Libre, ubi sunt duo equinoctia, unde appellatur colurus distinguens equinoctia. Isti autem duo coluri inter(91)secant sese super polos mundi ad angulos rectos sperales. Signa quidem solstitiorum et equinoctiorum in hiis patent versibus:

Hec duo solstitia faciunt: Cancer, Capricornus.
Sed noctes equant Aries et Libra diebus.

Sunt iterum alii duo circuli in spera maiores, scilicet meridianus et orizon. Est autem meridianus circulus quidam transiens per polos mundi et per zenith capitis nostri. Et dicitur meridianus quia, ubicumque sit homo et in quocumque tempore anni, quando sol raptu firmamenti pervenit ad suum meridianum, est illi meridies. Consimili ratione dicitur circulus medie diei. Et notandum quod civitates quarum una magis accedit ad orientem quam alia diversos habebunt meridianos. Arcos vero equinoctialis interceptus inter duos meridianos dicitur longitudo civitatum. Si autem duo civitates eundem habeant meridianum, tunc equaliter distant ab oriente et occidente.

Orizon vero est circulus dividens inferius emipserium a superiori, unde appellatur orizon, id est, terminator visus. Dicitur etiam circulus emisperii. Est autem duplex orizon, rectus scilicet et obliquus sive declivis. Rectum orizontem et speram rectam habent illi quorum zenith est in equinoctiali, quoniam illorum orizon est circulus transiens per polos mundi dividens equinoctialem ad angulos rectos sperales, unde dicitur orizon rectus et spera recta. Obliquum orizontem sive declivem habent illi quibus polus mundi elevatur supra orizontem, quoniam illorum orizon intersecat equinoctialem ad angulos impares et obliquos, unde dicitur orizon obliquus et spera obliqua sive declivis. Zenith autem capitis nostri semper est polus orizontis.

Unde ex hiis patet quod quanta est elevatio poli mundi supra (92) orizontem, tanta est distantia zenith ab equinoctiali, quod sic patet. Cum in quolibet die naturali uterque colurus bis iungatur meridiano sive idem sit quod meridianus, quicquid de uno probatur et de reliquo. Sumatur igitur quarta pars coluri distinguentis solstitia que est ab equinoctiali usque ad polum mundi. Sumatur iterum quarta pars eiusdem coluri que est a zenith usque ad orizon. Cum zenith sit polus orizontis, iste due quarte, cum sint quarte eiusdem circuli, inter se sunt equales. Sed si ab equalibus equalia demantur vel idem commune,residua erunt equalia. Dempto igitur communi arcu, scilicet qui est inter zenith et polum mundi, residua erunt equalia, scilicet elevatio poli mundi supra orizontem et distantia zenith ab equinoctiali.

Dicto de sex circulis maioribus dicendum est de quatuor minoribus. Notandum igitur quod sol existens in primo puncto Cancri sive in puncto solstitii estivalis raptu firmamenti describit quendam circulum qui ultimo descriptus est a sole ex parte poli artici, unde appellatur circulus solstitii estivalis ratione superius dicta vel tropicus estivalis a *tropos*, quod est conversio, quoniam tunc sol incipit convertere se ad inferius emisperium et recedere a nobis. Sol iterum existens in primo puncto Capricorni sive solstitii hyemalis raptu firmamenti describit quendam circulum qui ultimo describitur a sole ex parte poli antartici, unde appellatur circulus solstitii hyemalis sive tropicus hyemalis, quia tunc sol convertitur ad nos.

Cum autem zodiacus declinet ab equinoctiali, et polus zodiaci declinabit a polo mundi. Cum igitur moveatur octava spera et zodiacus, qui est pars octave spere, circa axem mundi, et polus zodiaci movebitur circa polum mundi. Et iste circulus, quem describit polus zodiaci circa polum mundi articum dicitur circulus articus. Ille vero circulus quem describit alter polus zodiaci circa polum mundi antarticum dicitur circulus antarticus.

Quanta est enim maxima solis declinatio, tanta est distantia poli mundi (93) ad polum zodiaci, quod sic patet. Sumatur colurus distinguens solstitia qui transit per polos mundi et polos zodiaci. Cum igitur omnes quarte unius et eiusdem circuli inter se sint equales, quarta huius coluri que est ab equinoctiali usque ad polum mundi erit equalis quarte eiusdem coluri que est a primo puncto Cancri usque ad polum zodiaci. Ergo ab illis equalibus dempto communi arcu scilicet qui est a primo puncto Cancri usque ad polum mundi, residua erunt equalia, scilicet maxima solis declinatio et distantia poli mundi ad polum zodiaci. Cum autem circulus articus secundum quamlibet sui partem eque distet a polo mundi, patet quod illa pars coluri que est interprimum punctum Cancri et circulum articum fere dupla est ad maximum solis declinationem sive ad arcum eiusdem coluri qui intercipitur inter circulum articum et polum mundi articum, qui est equalis maxime solis declinationi. Cum autem colurus iste sicut alii circuli in spera sit 360 graduum, quarta eius erit 90 graduum. Cum igitur maxima solis declinatio secundum Ptolomeum sit 23 graduum et 51 minutorum et totidem graduum sit arcus qui est inter circulum articum et polum articum, si ista duo simul iuncta, que fere faciunt 48 gradus, subtrahantur a 90, residuum erit 42 graduum, quantus est arcus coluri qui est inter primum punctum Cancri et circulum articum. Et sic patet quod idem arcus fere duplus est ad maximam solis declinationem.

Notandum etiam quod equinoctialis cum quatuor circulis minoribus dicuntur paralelli quasi eque distantes, non quia quantum primus distat a secundo, tantum secundus a tertio, quia falsum est, sicut iam patuit, (94) sed quia quilibet duo circuli simul sumpti secundum quamlibet sui partem eque distant abinvicem. Et dicuntur paralellus equinoctialis, parallelus solstitii estivalis, paralellus hyemalis, paralellus articus et paralellus antarticus. Notandum etiam quod quatuor paralelli minores, scilicet duo tropici et paralellus articus et paralellus antarticus, distinguunt in celo quinque zonas sive quinque regiones, unde Virgilius:

> Quinque tenent celum zone, quarum una corusco
> Semper sole rubens et torrida semper ab igne.

Distinguuntur etiam totidem plage in terra directe predictis zonis supposite, unde Ovidius:

> Totidemque plage tellure premuntur.

Illa igitur zona que est inter duos tropicos dicitur inhabitabilis propter calorem solis discurrentis semper inter tropicos. Similiter plaga terre illi directe supposita dicitur inhabitabilis propter fervorem solis discurrentis semper super illam. Ille vero due zone que circumscribuntur a circulo artico et circulo antartico circa polos mundi inhabitabiles sunt propter nimiam frigiditatem, quia sol ab eis maxime removetur. Similiter intelligendum est de plagis terre illis directe suppositis. Ille autem due zone quarum una est inter tropicum estivalem et circulum articum et reliqua inter tropicum hyemalem et circulum antarticum habitabiles sunt et temperate a caliditate torride zone existentis inter tropicos et frigiditate zonarum extremarum que sunt circa polos. Idem intellige de plagis terre illis directe suppositis. (95)

CAPITULUM III

Signorum autem ortus et occasus dupliciter accipitur, quoniam quantum ad poetas et quantum ad astronomos. Est igitur ortus et occasus signorum quoad poetas triplex, scilicet cosmicus, cronicus et eliacus. Cosmicus enim ortus sive mundanus est quando signum vel stella supra orizontem ex parte orientis de die ascendit. Et licet in qualibet die artificiali sex signa oriantur, tamen antonomastice signum illud dicitur cosmice oriri cum quo et in quo sol mane oritur. Et hic ortus proprius et principalis et cotidianus dicitur. De hoc ortu habemus exemplum *in Georgicis* ubi docetur satio fabarum et milii in vere sole existente in Tauro sic:

> Candidus auratis aperit cum cornibus annum
> Taurus, et adverso cedens canis occidit astro.

Occasus vero cosmicus est ratione oppositionis, quando sol oritur cum aliquo signo cuius signi oppositum occidit cosmice. De hoc occasu digitur *in Georgicis*, ubi docetur satio frumenti in fine (96) autumpni sole existente in Scorpione, qui cum oritur cum sole, Taurus ubi sunt Pleiades occidit:

> Ante tibi Eoe Atlantides abscondantur
> Debita quam sulcis committas semina. ...

Cronicus ortus sive temporalis est quando signum vel stella post solis occasum supra orizontem ex parte orientis emergit de nocte, et dicitur temporalis ortus quia tempus mathematicorum nascitur cum solis occasu. De hoc ortu habemus exemplum in Ovidio *de Ponto*, ubi conqueritur moram exilii sui dicens:

> Quatuor autumpnos Pleias orta facit,

significans per quatuor autumpnos quatuor annos transisse postquam missus erat in exilium. Sed Virgilius voluit in autumpno Pleiades occidere, ergo contrarii videntur. Sed ratio huius est quod secundum Virgilium occidunt cosmice, secundum Ovidium oriuntur cronice, quod bene potest contingere in eodem die sed differenter tamen, quia cosmicus occasus est respectu temporis matutini, cronicus vero ortus respectu vespertini. (97)

Cronicus occasus est ratione oppositionis, unde Lucanus:

> Tunc nox Thessalicas urgebat parva sagittas.

Eliacus ortus sive solaris est quando signum vel stella potest videri per elongationem solis ab illa que prius videri non poterat solis propinquitate. Exemplum huius ponit Ovidius *in Fastis* sic:

> Iam senis obliqua subsedit Aquarius urna.

Et Virgilius *in Georgicis*:

> Gnosiaque ardentis descendit stella corone,

que iuxta Scorpionem existens non videbatur dum sol erat in

Scorpione.

Occasus eliacus est quando sol ad signum accedit et illud sua presentia videri non permittit. Huius exemplum est in versu premisso:

Taurus, et adverso cedens canis occidit astro.

Sequitur de ortu et occasu signorum prout su(98)munt astronomi et prius in spera recta. Notandum igitur quod ortus vel occasus alicuius signi nihil aliud est quam illam partem equinoctialis oriri que oritur cum illo signo oriente, id est, ascendente supra orizontem, vel illam partem equinoctialis occidere que occidit cum illo signo occidente, id est, tendente sub orizonte. Signum autem recte oriri dicitur cum quo maior pars equinoctialis oritur, oblique cum quo minor. Similiter intelligendum est de occasu.

Et sciendum quod in spera recta quatuor quarte zodiaci inchoate a quatuor punctis, duobus solstitialibus scilicet et duobus equinoctialibus, adequantur suis ascensionibus. Id est, quantum tempus consumit quarta zodiaci in suo ortu, in tanto tempore quarta equinoctialis illi conterminalis peroritur. Sed partes illarum quartarum variantur nec habent equales ascensiones, sicut iam patebit.

Est enim regula: quilibet duo arcus zodiaci oppositi equales et equaliter distantes ab aliquo quatuor punctorum iam dictorum equales habent ascensiones. Ex hoc sequitur quod signa opposita equales habent ascensiones. Et hoc est quod dicit Lucanus loquens de processu Catonis in Libiam versus equinoctialem:

Non oblique meant, nec Tauro rectior exit
Scorpius, aut Aries donat sua tempora Libre,
Aut Astrea iubet lentos descendere Pisces.
Par Geminis Chiron, et idem quod Charchinus ardens
Humidus Egloceros, nec plus Leo tollitur Urna. (99)

Hic dicit Lucanus quod existentibus sub equinoctiali signa opposita equales habent ascensiones et occasus. Oppositio autem signorum per hunc versum habetur:

Sunt li ari scor tau sa gemi capri can a le pis vir.

Et notandum quod non valet talis argumentatio: isti duo arcus sunt equales et simul incipiunt oriri et semper maior pars oritur de uno quam de reliquo, ergo ille arcus citius peroritur cuius maior pars semper oriebatur. Instantia huius argumentationis manifesta est in partibus predictarum quartarum.

Si enim sumatur quarta pars zodiaci que est a principo Arietis usque in finem Geminorum, semper maior pars oritur de quarta zodiaci quam de quarta equinootialis sibi conterminali, et tamen ille quarte simul peroriuntur. Idem intellige de quarta zodiaci que est a principio Libre usque in finem Sagittarii. Item si sumatur quarta zodiaci que est a principio Cancri usque in finem Virginis, semper maior pars oritur de quarta equinoctialis quam de quarta zodiaci sibi conterminali, et tamen ille due quarte simul peroriuntur. Idem intellige de quarta zodiaci que est a primo puncto Capriorni usque in finem Piscium.

In spera autem obliqua sive declivi medietates zodiaci adequantur suis ascensionibus. Medietates dico que sumuntur a duobus punctis equinoctialibus, quia medietas zodiaci, que est a principio Arietis usque in finem Virginis, oritur cum medietate equinoctialis sibi conterminali. Similiter alia medietas zodiaci cum reliqua medietate equinoctialis. Partes autem illarum medietatum variantur secundum suas ascensiones, quoniam in illa medietate zodiaci que est a (100) principio Arietis usque in finem Virginis semper maior pars oritur de zodiaco quam de equinoctiali, et tamen ille medietates simul peroriuntur. Econverso contingit in reliqua medietate zodiaci que est a principio Libre usque in finem Piscium. Semper enim maior pars oritur de equinoctiali quam de zodiaco, et tamen ille medietates simul peroriuntur. Unde hic patet instantia manifestior contra argumentationem superius dictam.

Arcus autem qui succedunt Arieti usque in finem Virginis in spera obliqua minuunt ascensiones suas supra ascensiones eorundem arcuum in spera recta, et arcus qui succedunt Libre usque in finem Piscium in spera obliqua augent ascensiones suas supra ascensiones eorundem arcuum in spera recta. Augent, dico, secundum tantum quantitatem in quanta arcus succedentes Arieti minuunt.

Ex hoc patet quod duo arcus equales et oppositi in spera declivi habent ascensiones suas coniunctas equales ascensionibus eorundem arcuum in spera recta simul sumptis, quia quanta est diminutio ex una parte, tanta est additio ex altera.

Regula quidem est quod quilibet duo arcus equales et equaliter distantes ab alterutro punctorum equinoctialium inequales habent ascensiones. (101)

Ex predictis etiam patet quod dies naturales sunt inequales.

Est enim dies naturalis revolutio equinoctialis cum tanta parte quanta sol interim pertransit motu proprio contra firmamentum. Sed cum ascensiones illorum arcuum sint inequales, ut patet per predicta tam in spera recta quam obliqua, et penes additamenta illarum ascensionum considerentur dies naturales, de necessitate illi erunt inequales in spera recta propter unicam causam, scilicet propter obliquitatem zodiaci, in spera vero obliqua duabus de causis, scilicet propter obliquitatem zodiaci et obliquitatem orizontis obliqui. Tertia solet assignari causa, scilicet eccentricitas circuli solis.

Notandum etiam quod sol tendens a primo puncto Capricorni per Arietem usque ad primum punctum Cancri raptu firmamenti describit 182 paralellos, qui etiam paralelli, etsi omnino non sint circuli sed spire, cum non sit sensibilis error in hoc, vis non constituatur sed circuli appellentur, de numero quorum circulorum sunt duo tropici et equinoctialis. Item iam dictos circulos describit sol raptu firmamenti (102) quando descendit a primo puncto Cancri per Libram usque ad primum punctum Capricorni. Isti circuli dierum naturalium appellantur. Arcus autem qui sunt supra orizontem sunt arcus dierum artificialium; arcus vero qui sunt sub orizonte sunt arcus noctium.

In spera igitur recta, cum orizon transeat per polos mundi, dividit omnes istos circulos in partes equales, unde tanti sunt arcus dierum quanti sunt arcus noctium apud existentes sub equinoctiali. Unde patet quod existentibus sub equinoctiali, in quacumque parte firmamenti sit sol, semper est equinoctium.

In spera autem declivi orizon obliquus dividit solum equinoctialem in duas partes equales. Unde, quando sol est in alterutro punctorum equinoctialium, tunc arcus diei adequatur arcui noctis, et est equinoctium in universa terra. Omnes vero alios circulos dividit orizon obliquus in partes inequales, ita quod in omnibus circulis qui sunt ab equinoctiali usque ad tropicum Cancri et in ipso tropico Cancri maior est arcus diei quam noctis, id est, arcus supra orizontem quam sub orizonte. Unde in toto tempore quo sol movetur a principio Arietis per Cancrum usque in finem Virginis maiorantur dies supra noctes, et tanto plus quanto magis accedit ad Cancrum. In omnibus aliis circulis qui sunt inter equinoctialem et tropicum Capricorni maior est arcus sub orizonte et minor supra, unde arcus diei minor est quam arcus noctis et secundum proportionem arcuum minorantur dies supra noctes. Et quanto circuli sunt propinquiores tropico hyemali tanto magis minorantur dies.

Unde videtur quod, si sumantur duo circuli eque distantes ab equinoctiali ex diversis partibus, quantus est arcus diei in uno, tantus est arcus noctis in reliquo. Ex quo sequitur quod, si duo dies naturales sumantur in anno equaliter remoti ab alterutro punctorum (103) equinoctialium in oppositis partibus, quanta est dies artificialis unius, tanta est nox alterius et econverso. Sed hoc est quantum ad vulgi sensualitatem in orizontis fixione. Ratio enim per ademptionem solis contra firmamentum in obliquitate zodiaci verius diiudicat.

Quanto quidem polus mundi elevatur supra orizontem, tanto maiores sunt dies estatis, quando sol est in signis septentrionalibus; sed econverso, quando sol est in signis australibus, tanto magis minorantur dies supra noctes.

Notandum etiam quod sex signa, que sunt a principio Cancri per Libram usque in finem Sagittarii, habent ascensiones suas simul iunctas maiores ascensionibus reliquorum sex signorum, que sunt a principio Capricorni per Arietem usque in finem Geminorum. Unde illa sex signa prius dicta dicuntur recte oriri, ista sex oblique. Unde versus:

> Recta meant, obliqua cadunt a sidere Cancri
> Donec finitur Chiron; sed cetera signa
> Nascuntur prono, descendunt tramite recto.

Et quando nobis est maxima dies in estate, scilicet sole existente in principio Cancri, tunc oriuntur de die sex signa directe orientia, de nocte autem sex oblique. Econverso, quando nobis est minima dies in anno, scilicet sole existente in principio Capricorni, tunc de die oriuntur illa sex signa oblique orientia, de nocte vero sex directe. Quando autem sol est in alterutro punctorum equinoctialium, tunc de die oriuntur tria signa directe orientia et tria oblique, et de nocte similiter.

Est enim regula: quantumcumque brevis vel prolixa sit dies vel nox, sex signa oriuntur de die et sex de nocte, nec propter prolixitatem (104) vel brevitatem diei vel noctis plura vel pauciora signa oriuntur.

Ex hiis colligitur quod, cum hora sit spatium temporis quo medietas signi peroritur, in qualibet die artificiali, similiter in nocte, 12 sunt hore naturales.

In omnibus autem aliis circulis, qui sunt a latere equinoctialis vel ex parte australi vel septentrionali, maiorantur vel minorantur dies vel noctes secundum quod plura vel pauciora de signis directe orientibus vel oblique oriuntur de die vel de nocte.

Notandum autem quod illis quorum zenith est in equinoctiali sol bis in anno transit per zenith capitis eorum, scilicet quando est in principio Arietis et in principio Libre. Et tunc sunt illis duo alta solstitia, quando sol directe transit supra capita eorum. Sunt iterum illis duo ima solstitia, quando sol est in primis punctis Cancri et Capricorni, et dicuntur ima quoniam tunc sol maxime removetur a zenith capitis eorum. Quod ex predictis patet, cum semper habeant equinoctium, in anno habebunt quatuor solstitia, duo alta et duo ima. Patet etiam quod duas habent estates sole existente in alterutro punctorum equinoctialium vel prope, et duas habent hyemes, scilicet sole existente in primis punctis Cancri et Capricorni vel prope. Et hoc est quod dicit Alfraganus quod hyemps et estas sunt illis unius et eiusdem complexionis, quoniam illa duo tempora que sunt nobis hyemps et estas sunt illis duo hyemes.

Unde ex hiis versuum Lucani patet expositio: (105)

> Deprehensum est hunc esse locum quo circulus alti
> Solstitii medium signorum percutit orbem.

Ibi enim appellat Lucanus circulum alti solstitii equinoctialem in quo contingunt duo alta solstitia sub equinoctiali existentibus. Orbem signorum appellat zodiacum quem medium, id est, mediatum, hoc est, divisum in duo media equinoctialis percutit, id est, dividit.

Illis etiam contingit in anno habere quatuor umbras. Cum enim sol sit in alterutro punctorum equinoctialium, tunc in mane iacitur umbra eorum versus occidentem, in vespere vero econverso. In meridie est illis umbra perpendicularis, cum sol sit supra caput eorum. Cum autem sol est in signis septentrionalibus, tunc iacitur umbra eorum versus austrum. Quando vero est in australibus, tunc iacitur versus septentrionem.

Illis etiam oriuntur et occidunt stelle que sunt iuxta polos sicut et quibusdam aliis habitantibus citra equinoctialem. Unde Lucanus:

Tunc furor extremos movit Romanus Horestas
Carmenosque duces, quorum iam flexus in austrum
Ether non totam mergi tamen aspicit Arcton,
Lucet et exigua velox ubi nocte Boetes.

Ergo mergitur et parum lucet. Item Ovidius de eadem stella:

Tingitur oceano custos Erimanthidos urse
Equoreasque suo sidere turbat aquas.

Ergo cadit secundum speram rectam. In situ autem nostro ille stelle numquam tendunt in occasum. Unde Virgilius:

Hic vertex nobis semper sublimis. (106)

Et Lucanus:

Axis inocciduus gemina clarissimus Arcto[n].

Item Virgilius:

Arctos oceani metuentes equore tingi.

Illis autem quorum zenith est inter equinoctialem et tropicum Cancri contingit bis in anno quod sol transit per zenith capitis eorum, quod sic patet. Intelligatur circulus paralellus equinoctiali transiens per zenith capitis eorum. Iste circulus intersecabit zodiacum in duobus locis eque distantibus a principio Cancri. Sol igitur existens in illis duobus punctis transit per zenith capitis eorum, unde duas habent estates, duas hyemes, quatuor solstitia et quatuor umbras sicut existentes sub equinoctiali. In tali situ quidam dicunt Arabiam esse, unde Lucanus loquens de Arabicis venientibus Roman in auxilium Pompeio:

Ignotum vobis Arabes venistis in orbem
Umbras mirati nemorum non ire sinistras.

Quoniam in partibus suis quandoque erant illis umbre dextre, quandoque sinistre, quandoque perpendiculares, quandoque orientales, quandoque occidentales. Sed quando venerunt Romam citra tropicum Cancri, tunc semper habebant umbras septentrionales.

Illis siquidem quorum zenith est in tropico Cancri contingit quod semel in anno transit sol per zenith capitis eorum, scilicet quando est in primo puncto Cancri, et tunc in una hora unius diei totius anni est illis umbra perpendicularis. In quali situ dicitur esse (107) Syene civitas, unde Lucanus:

Umbras nusquam flectente Syene.

Hoc intellige in meridie unius diei, et per residuum totius anni iacitur illis umbra septentrionalis.

Illis vero quorum zenith est inter tropicum Cancri et articum circulum contingit quod sol in sempiternum non transit per zenith capitis eorum, et illis semper iacitur umbra versus septentrionem, qualis est situs noster. Notandum secundum quosdam quod Ethiopia vel aliqua pars eius est citra tropicum Cancri, unde Lucanus:

> Ethiopumque solum quod non premeretur ab ulla
> Signiferi regione poli nisi poplite lapso
> Ultima curvati procederet ungula Tauri.

Dicunt enim quod ibi sumitur signum equivoce pro duodecim parte zodiaci et pro forma animalis que secundum maiorem partem est in signo quod denominat. Unde Taurus cum sit in zodiaco secundum maiorem sui partem, tamen extendit pedem suam ultra tropicum Cancri et ita premit Ethiopiam, licet nulla pars zodiaci premat eam. Si enim pes Tauri, de quo loquitur autor, extenderetur versus equinoctialem, ut esset in directo Arietis vel alterius signi, tunc premeretur ab Ariete et Virgine vel aliis signis, quod patet per circulum paralellum equinoctiali circumductum per zenith capitis Ethiopum et Arietem et Virginem vel alia signa. Sed cum philosophica ratio huic contrarietur, non enim essent ita denigrati, si in temperata nascerentur habitabili, dicendum quod illa pars Ethiopie de qua loquitur Lucanus est sub equinoctiali circulo, et quod pes Tauri de quo loquitur extenditur versus equinoctialem. Sed distinguitur inter signa cardinalia et regiones. Nam signa cardinalia dicuntur duo signa in quibus contingunt solstitia et duo in quibus contingunt equinoctia. Regiones vero appellantur signa intermedia, et secundum hoc patet (108) quod, cum Ethiopia sit sub equinoctiali, non premitur ab aliqua regione sed tantum a duobus signis cardinalibus, scilicet Aries et Libra.

Illis quidem quorum zenith est in artico circulo contingit in quolibet die anni quod zenith capitis eorum est idem cum polo zodiaci, et tunc habent zodiacum sive eclipticam pro orizonte. Et hoc est quod dicit Alfraganus quod ibi circulus zodiaci flectitur supra circulum emisperii. Sed cum firmamentum continue moveatur, circulus orizontis intersecabit zodiacum in instanti, et cum sint maximi circuli in spera, intersecabit in partes equales, unde statim medietas zodiaci emergit supra orizontem et reliqua deprimitur sub orizonte. Et hoc est quod dicit Alfraganus, quod ibi occidunt repente sex signa et reliqua sex oriuntur cum toto equinoctiali. Cum etiam ecliptica sit orizon illorum sole existente in primo puncto Cancri erit illis una dies 24 horarum et quasi instans pro nocte, quoniam in instanti sol tangit orizontem eorum et statim emergit, et ille contactus est illis pro nocte. Econverso contingit illis sole existente in primo puncto Capricorni, quia tunc est illis una nox 24 horarum et quasi instans pro die.

Illis autem quorum zenith est inter circulum articum et polum mundi articum contingit quod orizon illorum intersecabit zodiacum in duobus punctis eque distantibus a principio Cancri, et in revolutione firmamenti contingit quod illa portio zodiaci intercepta semper relinquitur supra orizontem. Unde patet quod, quamdiu sol est in illa portione, erit unus dies continuus sine nocte. Ergo si fuerit ad quantitatem unius signi, erit ibi dies continuus unius mensis sine nocte; si ad quantitatem duorum signorum, erit dies continuus sine nocte duorum mensium, et (109) ita deinceps. Similiter contingit eisdem quod portio intercepta ab illis duobus punctis eque distantibus a principio Capricorni semper relinquitur sub orizonte. Unde, quando sol est in illa portione intercepta, erit una nox continua sine die, brevis vel magna secundum quantitatem intercepte portionis. Signa autem reliqua, que eis oriuntur et occidunt, prepostere oriuntur et occidunt. Oriuntur prepostere, sicut Taurus ante Arietem, Aries ante Pisces, Pisces ante Aquarium, et tamen signa hiis opposita oriuntur recto ordine. Occidunt prepostere, sicut Scorpius ante Libram, Libra ante Virginem, et tamen signa hiis opposita occidunt directe.

Illis autem quorum zenith est in polo artico contingit quod illorum orizon est idem quod equinoctialis. Unde, cum equinoctialis intersecet zodiacum in partes equales, sic et illorum orizon relinquet medietatem zodiaci supra et reliquam infra. Unde, cum sol decurrat per illam medietatem, que est a principio Arietis usque in finem Virginis, erit unus dies continuus sine nocte. Et cum decurrat sol in reliqua medietate, que est a principio Libre usque in finem Piscium, erit una nox continua sine die. Quare una medietas totius anni est una dies artificialis et alia medietas una nox, unde totus annus est ibi unus dies naturalis. Sed cum ibi numquam magis 23 gradibus sol sub orizonte deprimatur, videtur quod illis sit dies continuus sine nocte, nam et nobis dies dicitur ante solis ortum supra orizontem. Hoc autem est quantum ad vulgarium sensualitatem, non enim est dies artificialis quantum ad philosophicam rationem nisi ab ortu solis usque ad occasum eius sub orizonte. Ad hoc iterum quod lux videtur ibi esse perpetua, dicendum quod aer ibi nubilosus est et spissus, (110) radius enim solaris debilis ibi existens virtutis plus de vaporibus elevat quam consumere valet, unde aerem non serenat.

Imaginetur autem circulus quidam in superficie terre directe suppositus equinoctiali. Intelligatur etiam alius circulus in superficie terre transiens per orientem et occidentem et per polos mundi. Isti duo circuli intersecant sese in duobus locis ad angulos rectos sperales et dividunt totam terram in quatuor quartas, quarum una est nostra habitabilis, illa scilicet que intercipitur inter semicirculum ductum ab oriente in occidentem in superficie equinoctialis et semicirculum ductum ab oriente in occidentem per polum articum. Nec tamen illa tota est habitabilis, quoniam partes illius propinque equinoctiali inhabitabiles sunt propter nimium calorem. Similiter partes eius propinque polo artico inhabitabiles sunt propter nimiam frigiditatem. Intelligatur igitur linea una eque distans ab equinoctiali dividens partes quarte inhabitabiles propter calorem a partibus habitabilibus que sunt versus septentrionem. Intelligatur etiam linea alia eque distans a polo artico dividens partes quarte inhabitabiles propter frigus a partibus habitabilibus que sunt versus equinoctialem. Inter istas etiam duas lineas extremas intelligantur sex linee paralelle equinoctiali, que cum duobus prioribus dividunt partem totalem quarte habitabilem in septem portiones, que dicuntur septem climata. (111)

Medium igitur primi climatis est ubi maioris diei prolixitas est 13 horarum, et elevatur polus mundi supra circulum emisperii 16 gradibus, et dicitur clima Diameroes. Initium vero eius est ubi maioris diei prolixitas est 12 horarum et dimidie et quarte unius hore, et elevatur polus supra orizontem 12 gradibus et dimidio et quarta unius, et extenditur eius latitudo usque ad locum ubi longitudo prolixioris diei est 13 horarum et quarte unius, et elevatur polus 20 gradibus et dimidio, quod spatium terre est 440 miliariorum.

Medium autem secundi climatis est ubi maior dies est 13 horarum et dimidie, et elevatio poli supra orizontem 24 graduum et quarte partis unius, et dicitur clima Diasyenes. Latitudo vero eius ex termino primi climatis usque ad locum ubi est dies prolixior 13 horarum et dimidie et quarte partis unius hore, et elevatur polus 27 gradibus et dimidio, quod spatium terre est 400 miliariorum.

Medium tertii climatis est ubi sit longitudo diei prolixioris 14 horarum, et elevatio poli supra orizontem 30 graduum et dimidie et quarte partis unius, et dicitur clima Dialexandrios. Latitudo quidem eius est a termino secundi climatis usque ubi prolixior dies est 14 horarum et quarte unius, et altitudo poli 33 graduum et duarum tertiarum, quod spatium terre est 350 miliariorum.

Medium quarti climatis est ubi maior dies est 14 horarum et dimidie, et axis altitudo 36 graduum et duarum quintarum, et dicitur clima Diarhodos. Latitudo vero eius est ex termino tertii climatis usque ubi prolixitas diei est 14 horarum et dimidie et quarte unius, et elevatio poli 39 graduum, quod spatium terre est 300 miliariorum. (112)

Medium quinti climatis est ubi maior dies est 15 horarum, et elevatio poli 41 graduum et tertie partis unius, et dicitur clima Diaromes. Latitudo vero eius est ex termino quarti climatis usque ubi prolixitas diei sit 15 horarum et quarte unius, et axis elevatio 43 graduum et dimidii, quod spatium terre est 255 miliariorum.

Medium sexti climatis est ubi prolixior dies est 15 horarum et dimidie, et elevatur polus supra orizontem 45 gradibus et duabus quintis unius, et dicitur clima Diaboristenes. Latitudo eius est ex termino quinti climatis usque ubi longitudo diei prolixior est 15 horarum et dimidie et quarte unius, et axis elevatio 47 graduum et quarte unius, que distantia terre est 212 miliariorum.

Medium septimi climatis est ubi prolixitas diei sit 16 horarum, et, elevatio poli supra orizontem 48 graduum et duarum tertiarum et dicitur clima Diaripheos. Eius vero latitudo est ex termino sexti climatis usque ubi maxima dies est 16 horarum et quarte unius, et elevatur polus supra orizontem 50 gradibus et dimidio, quod spatium terre est 185 miliariorum.

Ultra autem huius septimi climatis terminum, licet plures sint insule et hominum habitationes, quicquid tamen sit, quoniam prave est habitationis, sub climate non computatur. Omnis itaque inter terminum initialem climatum et finalem eorundem diversitas est trium horarum et dimidie, et ex elevatione poli supra orizontem 38 graduum. Sic igitur patet uniuscuiusque climatis latitudo a principio ipsius versus equinoctialem usque in finem eiusdem versus polum articum, et quod primi climatis latitudo maior est latitudine secundi, et sic deinceps. Longitudo autem climatis potest appellari linea ducta ab oriente in occidentem eque distans ab equinoctiali. Unde longitudo primi climatis maior est longitudine secundi, et ita deinceps, quod contingit propter angustias spere. (113)

CAPITULUM IV

Notandum quod sol unicum habet circulum per quem movetur in superficie ecliptice, et est eccentricus. Eccentricus quidem dicitur omnis circulus, et solis talis, qui dividens terram in partes equales non habet centrum suum cum centro terre sed extra. Punctus autem in eccentrico qui maxime accedit ad firmamentum appellatur aux sive augis, quod interpretatur elevatio. Punctus vero oppositus, qui maxime remotus est a firmamento, dicitur oppositio augis.

Solis autem ab occidente in orientem duo sunt motus, quorum unus est ei proprius in circulo suo eccentrico, quo movetur in omni die ac nocte 60 minutis fere. Alius vero tardior est motus spere ipsius super polos axis circuli signorum et est equalis motui spere stellarum (114) fixarum, scilicet in 100 annis gradu uno. Ex hiis itaque duobus motibus colligitur cursus eius in circulo signorum ab occidente in orientem, per quem abscidit circulum signorum in 365 diebus et quarta unius diei preter rem modicam que nullius est sensibilitatis.

Quilibet autem planeta preter solem tres habet circulos: scilicet, equantem, deferentem et epiciclum. Equans quidem lune est circulus concentricus cum terra et in superficie ecliptice. Eius vero deferens est circulus eccentricus nec est in superficie ecliptice, immo una eius medietas declinat versus septentrionem, alia versus austrum. Et intersecat deferens equantem in duobus locis, et figura intersectionis appellatur draco, quoniam lata est in medio et angustior versus finem. Intersectio autem illa per quam movetur luna ab austro in aquilonem appellatur caput draconis; reliqua vero intersectio per quam movetur a septentrione in austrum dicitur cauda draconis. Deferens quidem et equans cuiuslibet planete sunt equales. Et sciendum quod tam deferens quam equans Saturni, Iovis, Martis, Veneris et Mercurii sunt eccentrici et extra superficiem ecliptice, et tamen illi duo sunt in eadem superficie. Quilibet etiam planeta preter solem habet epiciclum, et est epiciclus circulus parvus per cuius circumferentiam defertur corpus planete, et centrum epicicli semper defertur in circumferentia deferentis.

Si igitur due linee ducantur a centro terre ita quod includant epiciclum,una ex parte orientis, reliqua ex parte occidentis, punctus contactus ex parte orientis dicitur statio prima, punctus (115) vero contactus ex parte occidentis dicitur statio secunda. Et quando planeta est in alterutra illarum stationum, dicitur stationarius. Arcus autem epicicli superior inter duas stationes interceptus dicitur directio, et quando planeta est in illo, dicitur directus. Arcus vero epicicli inferior inter duas stationes dicitur retrogradatio, et planeta ibi existens dicitur retrogradus. Lune autem non assignatur statio, directio vel retrogradatio, unde non dicitur luna stationaria, directa vel retrograda propter velocitatem motus eius in epiciclo.

Cum autem sol sit maior terra, necesse est quod medietas spere terre a sole semper illuminetur et quod umbra terre extensa in aere tornatilis minuatur in rotunditate donec deficiat in superficie circuli signorum inseparabilis a nadir solis. Est autem nadir punctus directe oppositus soli in firmamento. Unde cum in plenilunio luna fuerit in capite vel cauda draconis sub nadir solis, tunc terra interponetur soli et lune, et conus umbre terre cadet supra corpus lune. Unde, cum luna lumen non habeat nisi a sole, in rei veritate deficit a lumine et est eclipsis generalis, si fuerit in capite vel cauda directe; particularis vero, si fuerit prope (116) infra metas scilicet determinatas eclipsi. Et semper contingit in plenilunio vel circa. Unde, cum in qualibet oppositione, hoc est, in plenilunio, non sit luna in capite vel in cauda draconis nec supposita nadir solis, non est necesse in quolibet plenilunio lunam pati eclipsim.

Cum autem luna fuerit in capite vel in cauda draconis vel prope infra metas et in coniunctione cum sole, tunc corpus lunare interponetur inter aspectum nostrum et corpus solare, unde obumbrabit nobis claritatem solis. Et ita sol patietur eclipsim, non quia deficit a lumine sed quia deficit nobis propter interpositionem lune inter aspectum nostrum et solem. Ex hiis patet quod semper debet esse eclipsis solis in coniunctione sive in novilunio.

Notandum etiam quod quando est eclipsis lune, est eclipsis in omni terra. Sed quando est eclipsis solis, nequaquam, immo in uno climate est eclipsis, in alio non, quod contingit propter diversitatem aspectus in diversis climatibus. Unde Virgilius elegantissime naturam utriusque eclipsis sub compendio tetigit dicens,

> Defectus lune varios solisque labores.

Ex predictis etiam manifestum est quod, cum eclipsis solis esset in (117) passione domini et eadem passio esset in plenilunio, illa eclipsis non fuit naturalis, immo miraculosa et contraria nature, quoniam eclipsis solis in novilunio vel circa debet contingere. Propter hoc legitur Dionysius Ariopagita in eadem passione dixisse: Aut deus nature patitur, aut machina mundi dissolvetur.

Sphera materialis.

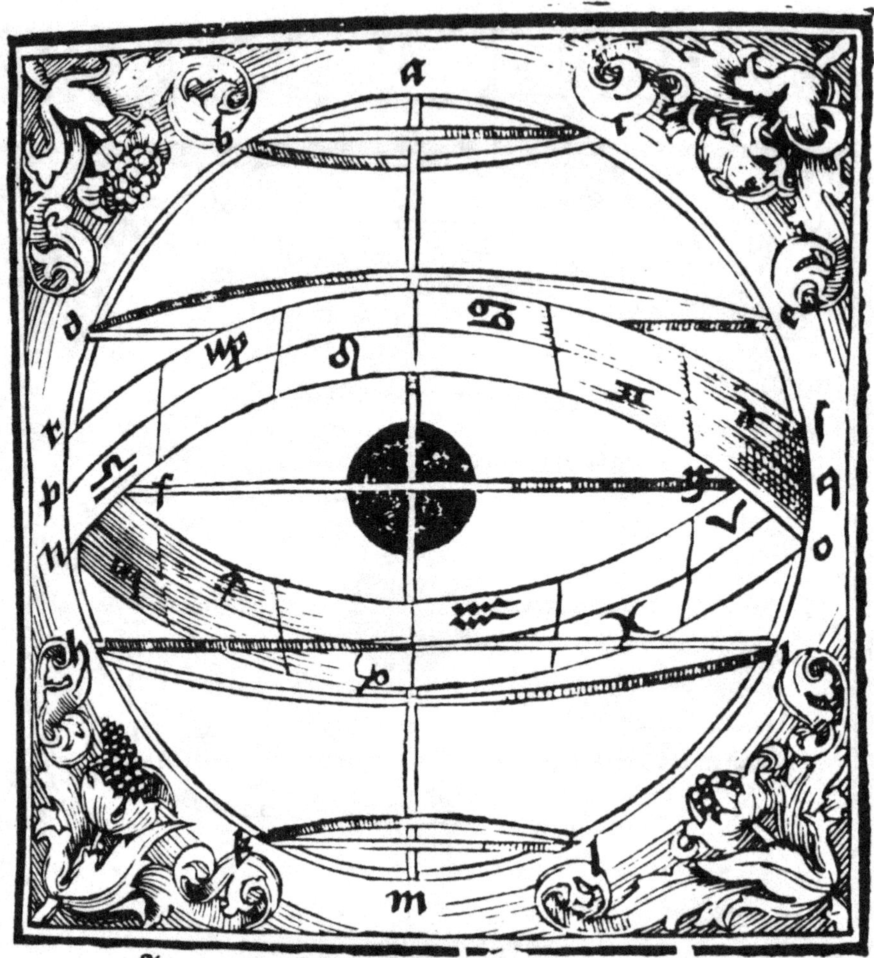

A.m.p.q.die Spheer/oder rundt des himels.
A.mitternechtige hymels spitz.
A.m.der Spheer achs.
B.c.der peryn kreyß.
D.e.Sōmerliche Sonnen wende.
F.g. des Ebennechter kreyß.
H.j.wintterische Sonnen wende.
K.l.der wyder peryn kreyß.
M.mittegliche hymel spitz.
R.s.n.o. die preytte des thierkreyß.
P.q. scheinpreche kreyß.

Magistri Conradts Heinfogels von Nuremberg. K. M. Capellan. Jn Spheram materialem vorred.

Seytmal das man zu diser zeyt
Vil theütscher kunst zu trucken geyt
Die lernen ist des himels lauff
Vnd niemant doch die maynung drauff
Noch rechten gründt nit mag gehan
Wer nit das büch heyst Sphera kann
Jn solcher kunst das fundament
Da wie ein yetzlichs Element
Mit sampt der höchsten region
Jn form vnd in proporcion
Von got so hübsch verordent sindt
Auch zehen Circkel ich do findt
Jn den am maysten leyt die kunst
Das hat durch ewer lieb vnd gunst
Magister Conradt wol betracht
Vnd dises büch zu theütsch gemacht
Das jr der Zaychen zwelff dest ee
Wie yetzlichs auff vnd nider gee
Vnd der Planetten nemet war
Schenckt er euch das zum guttem Jar

Magistri Johannis von Sacro busco

Astronomi/ein kurtze anzeygung. den jungen die in diser kunst vnterricht werden wöllen. endtlich begriffen.

¶ Das kurtzs büchlein von der gestalt der welt/teyl wir in vier haubt stück. Jm erstē haubt stuck wöl wir sagē was sphera/oder ein runde grösse sey/was der runden grösz gemeiner mittel punckt sey/was der runden grôß achs sey/was des himels Polus oder spitzs sey/wie vil der Spheer sein/was der welt gestalt vnd ir form sey.

¶ Jn dem andern haubt stuck/ wôl wir sagen von den kreyssen oder Circkeln/darauß die gegenwertige materliche Spheer/die dann ein ebenpild ist der hymelischen runden grôß zusamen gesatzt/ innerlich verstanden wirt. ¶ Jn dem dritten haubt stuck/ wôl wir sagen von dem auffgangk vnd vntergangk der zwelff Zaychen/ vnnd von der enderūg der tage vñ nacht/ die do geschicht auß wonūg in manchen gegenten des erdtrichs. Vnd von der außteyllung der wonung des erdtrichs. ¶ Jn dem vierdten haubt stuck/ wôll wir sagen von den kreyssen/vnd bewegung der Planetten/oder aygen leuffigen stern/ Vnd von vrsach der gebrechung der scheyn oder finsternuß.

Erst Capitel oder vnterscheyd des ersten haubt stuck/was ein Spheer sey.

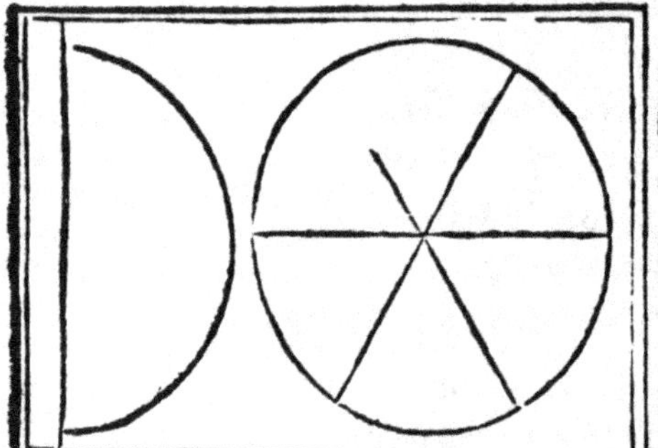

Darumb die Spheer vō dem magistro Euclides wirt also beschribē. Sphera ist ein gāck einer vmbuerte oder vmbtragung eines halben kreyß/die fest vnd eben steet/an ir mittel messigen leng/ vnnd die man also lang vmbfürt/ biß sie wider kumpt an die stat ires anfangs/das ist also vil gesprochen. Sphera/ist ein soliches sinwels vñ starcks dingk/das entspringt von einem pogen eines vmbgefuertten halbē kreyß. ¶ Aber Theodosius der mayster beschreybt vns Spherā also. Sphera/ist ein leybichs starcks dingk/mit einer preytten vmbschlossen/in dem mittel ist ein punckt/dauon alle linien gefürt an den vmbkreyß gleych langk sein/Vnd diser punckt heysset Centrum der Spheer/oder der linien gemeiner. Aber die linien die auffgerichs geet durch den selbigen punckt/vñ begreyfft yetzlichs endt des vmbkreyß der heysset der runden grôß achs. Vnd die zwen punckt die dise achs zu beden seytten enden/die heyssen des himels Poli/oder spitzen/oder wirbel. ¶ Sphera oder der runden grôß wirt zwifeltig geteylt/nach

dem ſelbs weſen/vnd nach dem zufalle/Nach dem ſelbs weſen wirt ſie geteylt in newn ſtück/mit namen in die newntte runde/die do iſt/der erſt lauff/oder der erſter waltzer/Auch genant wirt der Criſtaliſch hymel/darumb das er zu mall lautter iſt/vnd keinen ſtern hat/Nach dem waltzer iſt der geſtirnt hymel/den man heyſt das firmament. Darnach in ſiben Spheer/der ſiben Planetten/welcher etliche gröſſer ſein/etliche kleyner/nach dem das ſie mer zu nehen oder abweychen von dem Firmament/Darumb vntter diſen ſiben runden gröſſe/iſt die ſpheer Saturni die aller gröſte/Aber des monds ſpheer die aller kleynſte/als die gegenwertige figur auß weyſt.

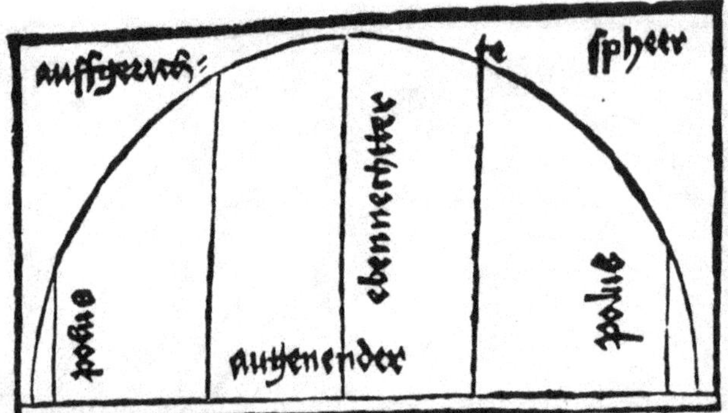

¶ Nach dem zufall wirt sie außgeteylt in ein auffgerichte/ vnd in ein krumme oder schlem̃e runde grôß. Dise lewt haben ein auffgerichte runde grôß/ die do wonendt vnter dem kreyß des himels/der do heyst der Ebennechter. ist das yemant do gewonen mag/ Vnd haben darumb die dasigen ein auffgerichte runde grôsse/wañ ir keiner der zweyer himel spitzen/oder Polus wirt erhôhet vber den andern. Oder darumb/das der selbigen lewt vmbkreyß den man nennet den Augenender/der vberschrenckt den Ebennechter/vñ wirt võ im vberschrenckt an zweyen stetten. Also/das võ der schrenckũg entspringẽ auffgericht winckel/die rundt grôssig sein.

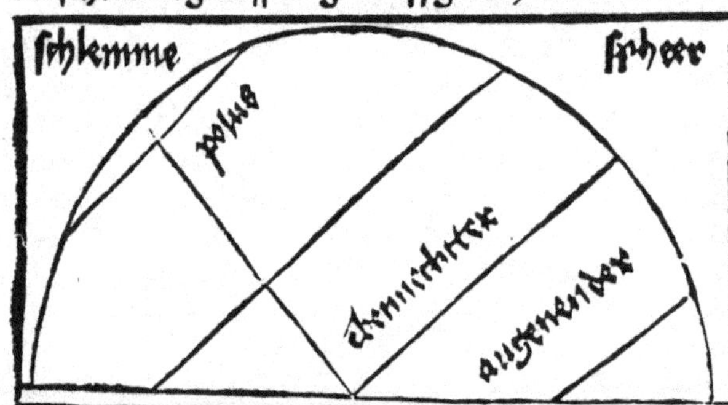

¶ Aber dise lewt haben ein schlem̃e runde grôß/ die do neben dem ebennechter wonendt/ oder verr daruber/ vnd den lewtẽ wirt alle zeyt ein himel spitz/ oder poluserhôcht vber iren Augenender/ Vnd die ander hymel spitz ist inn allweg verborgen vnter dem selbigen Augenender. Oder darumb/das der selbigen lewt künftiger Augenender/vberschrenckt den Ebennechter/vnd wirt von im vberschrenckt/Also/das von der schrenckung kommen vngleych vnd schlem̃e winckel/die rundt grôssig sein.

Das ander Capitel von der form̃ vnd gestalt des hymels.

¶ Das gemein werck oder gebew aller diser welt wirt geteylt in zwey

reych vnd ſtück/mit namen in das hymeliſch reych vñ Elementiſch
reych. Das Elementiſch reych iſt on vnterlaß durchgengklich in ge=
genwertiger verendrung/vñ wirt geteylt in vier teyl/Als in das erd=
trich/vñ iſt das kleinſt/vnd iſt recht als ein gemeiner mitler punckt
im mittel diſer aller geſetzt/Vmb das erdtrich iſt das waſſer/Vmb
das waſſer iſt lufft/Vmb den lufft iſt fewer/vñ das fewer iſt lautter
vnd nicht trüb/darumb gibt es keinen ſchein/vñ rürt an des monds
himel/Als do ſagt Ariſtoteles in dem buch der natürlichẽ himeliſchẽ
endrung/Alſo hat der höchſt vnd oberſt Got diſe vier Element ge=
ſchickt vnd ordenlich geſetzt/Vnd diſe vier Element geheyſſen wer=
den/das ſie würckent gegen einander. Alſo/das eins das ander ver=
endert/zerbricht/vñ auch gebirt/Vñ diſe Element ſein einfeltig leyb 
Alſo/das ſie nicht in vill form̄ oder
mancher geſtalt ſich teylen/wañ yetz
lichs ſtuck der erden iſt erde/vñ yetz=
lichs ſtuck waſſers iſt waſſer ꝛc. Auß
welcher vier Elementen vermiſchũg
in ſich ſelber/werden verbracht man
cherley geſtalt ð geburt/welche drey
Element ein yetzlichs vmbſchleüſſet
das erdtrich rundtlich/On als vill
das die truckenheit des erdtrichs wi=
der ſteet der feüchte des waſſers/zu
behütten die thier/die in dem waſſer nit leben mügen. Auch alle Ele=
ment on das erdtrich beweglich ſein/welchs als ein punckt der welt
von ſeiner ſchwerñ bürde wegen/der groſſen vmbwaltzung der ende
der welt/allenthalben gleych fliehendt/einer runden ſpheer das mit=
tel beſitzet/vmb das Elementiſch reych/iſt das himeliſch leüchtendt
reych/vnteylhafftig aller verendrung/vñ waltzet on mittel in einem
ſinbellen lauff. Vnd das reych genant wirt võ den natürlichen may=
ſtern/das funfft weſen/dauon das es an der zall das funfft iſt/nach
den vier Elementten/Vnd hat ein ander ſunderlichs weſen von den
Elementen/vñ das reych hat newn himel/als vor gemelt iſt/als des
Monds/Mercurij/Veneris/Sonnen/Martis/Juppiters/Satur=

ni/Firmaments/vnd letztens hymels/vnd der dasigen ein yetzlicher oberster beschleüst den vnttern on mittel rundelich/Welcher newn sein zwen lauff/Der erst lauff ist des obersten himels/der do heysset der oberst waltzer/vō den zweyen enden der achs/das ein ende heyst der perin hymel spitz/das ander/heyst gegē vber der perin himel spitz vñ laufft vō dem auffgangk in den vntergangk/wider vmb kom̄ent zu dem auffgangk/welchen lauff der Ebennechter kreyß durch-schneydt in zwey gleyche stuck/Vnd der ander lauff ist der vnttern himel/Vnd diser lauff ist widerwertig dem ersten/wañ er ist vō dem vntergangk in den auffgangk/Vnd der lauff ist auff seiner achs/die do steet von den enden der ersten achs xxiij.grad/vnd.lj.minut.Aber der erst lauff mit seiner vngestūmē rucket mit jm die vntern himel in tag vñ nacht ein mall vmb das erdtrich.Doch die acht himel wider fleyssent sich disem lauff in jren aygen leufften/dauon der acht himel waltzet in hundert Jaren nür einen grad.Disen andern lauff durch-teylt durch das mittel der zeychē trager/vnter welchem ein yetzlicher der siben Planeten hat ein aygne Spheer/in welcher er bewegt wirt auß seiner aygnen vmbwaltzūg/wider des ersten himels lauff/Vnd in mancherley verharrūg der zeyt disen lauff ist messen/Als Saturnus in.xxx.Jaren/Juppiter in.xij.Mars in zwayen/Die Sonn in CCC.lxv.tagen/vnd.vj.stundt/Venus vñ Mercurius des gleychen Der Mond aber in.xxvij.tagen/vnd.viij.stundt.

Das.iij.Cap.vō der waltzūg des himels

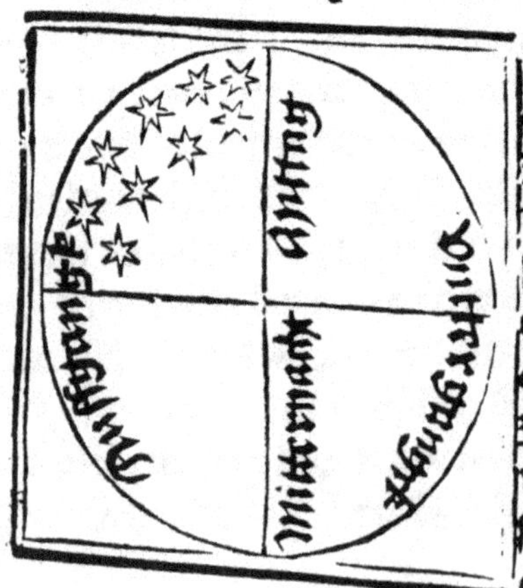

¶ Das aber der himel waltze vō dem auffgangk zu dem vntergangk/des zeychen nemen wir also/Die sterñ die vns auffgeen im auffgangk/allweg sich auff heben gemachsam/vñ nach einander waltzen sein/biß sie kom̄en an das mittel des hymels/vñ sein alle zeyt in der selbigen nehen/vñ selbigen verren zu einander/vñ haben sich also alle zeyt in einer weyß/biß das sie on vntterlaß vnd einformlich wider vnter geen. ¶ Ein anders zeychen ist/das die Sterñ bey der hymel spitzen/die man den wagen oder grosse perin heysset/die vns nymmer vnter geen/vmbwaltzen on vnterlaß/vnnd einformlich bey der himel spitze schreyben jr kreyß/vñ sein alle zeyt in einer nehen vñ einer verren gegen einander/vñ durch dise zwû stette waltzung der sterñ/sie neygen sich gegen dem vntergangk/oder nit/offenbar ist/das der sterñ himel waltzet von dem auffgangk in den vntergangk.

Das vierdt Cap. võ des himels runde.

¶ Das aber der hymel rundt oder sinbel sey/ist dreyerley vrsach/Als der einlichkeyt/bequemligkeyt/vñ nothafftigkeyt. Der einlichkeyt ist Das dise entpfindtliche welt gemacht ist/nach dem götlichen ebenpild in welchen doch weder anfangk noch endt ist/wann es ewig ist Darumb zu gleychnuß des/hat dise leyblich welt ein runde gestalt/wañ an dem rundẽ mag man nit anzaygẽ weder anfangk noch endt. ¶ Der bequẽligkeyt ist/das vnter allẽ leyben die gleych vmbschliessen oder vmbfahen seind/So ist die sinbel form̃ die aller gröste vñ vmbgreyffigst. Nun beschleüsset der hymel alle dingk/darumb ist jm die sinbel gestalt nütze vnd gemachsam. ¶ Der nothafftigkeyt ist/so der himel ein andere gestalt he: dañ ein runde/Als das er dreyecket/oder vierecket/oder vilecket were/nach volgettẽ zwey vnmögliche dingk/

mit namẽ/so müst võ not wegen etwe stat eytell oder öde sein. Oder ein leyb d vor ein stat het gehabt/nun kein vmbschliessende stat het Der yetzlichs ist vnmügiich/Als offenbar ist in den auffgerichten vñ vmbgewelzten ecken oder winckeln. ¶ Das auch der himel rundt sey/das bezeügt Alphraganus der mayster/vnd spricht also/Were der hymel schlecht/So were vns etlichs stuck des hymels neher dañ das ander/vñ aller meyst das stuck das

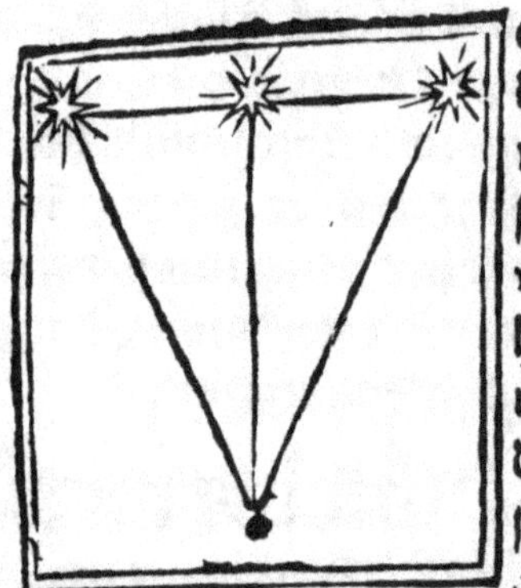

ob vnserm haubt wer. So volgt hernach das ein sterñ an dem selbigẽ teyl vns neher wer. vñ bedeücht vns grösser. wañ so der selbig sterñ were in dem auffgangk. oder vntergangk. Aber dise dingk die vnns nahent sein/scheynen grösser. dañ so sie verren werñ. Darumb die Soñ oder ein ander sterñ so sie im mittel des himels stünd solt grösser erscheynen dañ so sie stünd im auffgangk oder vntergāgk. das geschicht hie nicht/Dañ die Soñ/oder ein ander sterñ scheynt grösser im auffgang oder vntergangk/dann im mittel des himels. das do der warheyt nit gemeß ist. Vrsach diser erscheynung ist/das in dem wintter/oder so es feücht wittert/auffsteygē etliche wesserige dünst zwischen vnserm gesicht vnd der Sonnen. oder einem andern sterñ/Vnd davon das die dünst sein durchscheynig/oder durchsichtig So zerstrewen sie das ebenpild. das do fleüsset von dem sterñ zu vnserm gesicht/dauon begreyfft in vnser gesicht vil grösser dañ er ist an im selber. Recht als auch geschicht vō einem pfenning der geworffen wirt in den grundt eines durchsichtigen wassers/der (von gleychem zerstrewtem glantz) grösser erscheynt dañ er ist an im selber.

Das funfft Capitel von der rundt des Erdtrichs.

¶ Das aber das erdtrich sinbel sey als ein kugel/das finden wir also/Die zwelff himel zeychen. vnd auch die stern geen nicht gleych auff/noch vallent gleych nider allen lewtten allenthalben wonend. Beim der vor auffgeen vñ vntergeen den dasigen die do wonen gegen dem auffgangk/Vnd das sie belder oder lanckspamer auffgeen vnd vntergeen etlichen menschen. ist vrsach die auffplosung des erdtrichs/das wol erscheynt durch dise dingk/die do geschehen in der höhe des hymels/dann eine vnd eben selbige finsternuß des Monds/die vns erscheynt in der ersten stunde der nacht. die erscheynt den lewten gegen dem auffgang vmb die dritten stunde der nacht/Vnd ist dauon/das

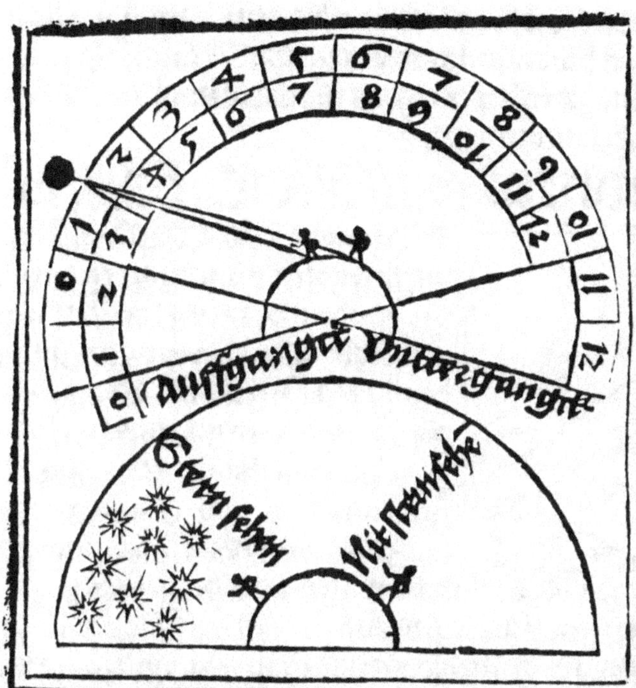

den ſelbigen lewtten ee nacht iſt geweſen/ vñ die Soñ ee vnter gangen iſt dañ vns/ Dyſes dings keynn anndere vrſach iſt/ dann das das erdtrich küglet vñ auffgeſchwollen iſt von dem auffgangk der ſterñ biß zu irem vntergangk.

¶ Das auch das erd trich zu thoſten vnd küglet ſey võ mitternacht in mittentag/ vnd herwiderumb/ Alſo erſcheynt/diſen lewtten die do wonen gegen mitternacht/etliche ſterñ ınn allweg erſcheynen vnd nit vntergeen/mit namen die daſigen die nahent ſteen bey der hymel ſpitz/die wir heyſſen die perin/oder den wagen/Aber die andern ſterñ ſein vns allweg verborgen vñ nicht auffgeen/die do nahent ſein bey der andern himel ſpitz/genant wider perin/were nun das ein menſch gieng von mitternacht gegem mittentag/Er möcht ſo verren geen/das die Sterñ die im vor waren ewigklich anſichtig/ wurden ſich neygen zu dem nidergangk/vnd ye mer er ſich nehet zu dem mittag/ye mer ſich naygten zu dem vntergang. Auch der ſelbig menſch möcht auch ſehen die ſterñ die im vor verborgen warñ. Das geſchehe auch einem menſchen/der võ mittentag gegen mitternacht gieng/vñ des vrſach iſt allein die geſchwulſt oder die rundt des erdtrichs. ¶ Wer auch das erdtrich eben ſchlecht/von dem auffgangk in den nidergangk/So wer es den lewtten gegen dem vntergangk/ als ſchier tag/als den gegen dem auffgangk/aber das iſt nicht war/ So aber das erdtrich eben ſchlecht wer/von mitternacht in mittentag/vnd herwiderumb/ die stern die allweg einem ansichtig sein/ die erschynnen jm alle zeyt wo hin er gieng/ vnd das ist aber falsch. Das aber das erdtrich vns schlecht erscheynet/ das macht allein sein vbe- rige gröss in dem gesicht der menschen.

Von der rundt des wassers. Cap. vj.

¶ Das aber das Wasser sey auffgeplosen vñ neyg sich zu der runden/ des zeychen nem wir also/ Man setz ein zill an des Meres vfer/ oder an das gestat/ vnd gee ein schyff von dem zill das schyff mag als verren in das Mere tretten/ das eines menschen auge vnten bey dem mastbawm/ das zill an dem vfer/ oder an dem gestat nit sehen mag/ Also das schyff stünd/ das auge des mēschen oben in der höhe des mastbawms mags wol sehen das selbig zill/ vnd solt doch das vnter aug bey dem mastbawm baß sehen das zill dañ das oberst Das do offenbar ist durch die linien gezogē vō beyden augen zu dem zill/das mag kein andere vrsach sein/ dañ die runde des wassers. Auß geschlossen dauon alle hindernüsse/ die die augen hindern möchten/ als nebel/vnd ander dünst auffsteygendt.

¶ Ein andere vrsach/ nem wir des selben also. Seyt das wasser ein einformiger leychnam ist/ sein alle seine stück des selbigē gantzen form vñ selbiger natur. Vnd dauon mūg wir sprechen vō einem yetzlichen stuck des wassers/das ist wasser/das mag nicht gesprochen werden vō des menschen stuck (als ein haubt) sey ein mensch. Nun die stück des wassers natürlich begerñ die sinbel form vñ gestalt/als wir sehen in den tröpflein vō dem taw Sumers zeyt gesprengt auff das krawt vñ graß/dauon muß auch das gantz wasser sinbel sein wie seine teyl.

Vom erdtrich wie es sey als ein mittel punckt der welt. Capit. vij.

¶ Das auch das erdtrich mitten im Firmament stee/ das finden wir alſo/wo ein menſch iſt auff dem erdtrich/ſo ſcheynen jm die ſtern̄ in der eben ſelbigen gröſz/ſie ſein zu mittelſt an dem hymel/oder in jrem auffgangk/oder in jrem vntergangk/Vnd das iſt dauon das das

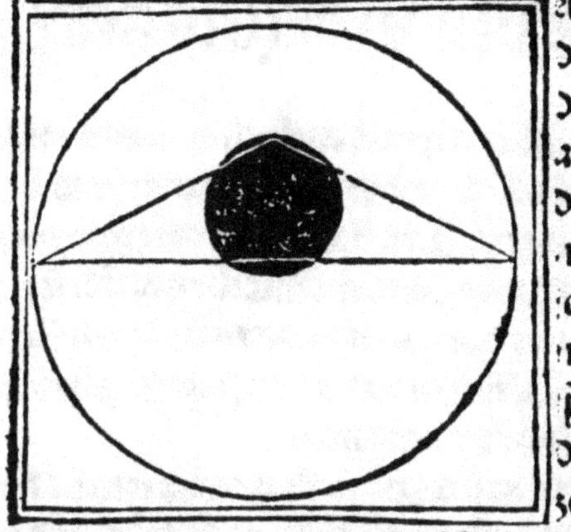

erdtrich gleych abſteet vō allen enden des hymels/wann wer das erdtrich dem hymel neher an einem teyll/dan̄ an dem andern/ſo möcht der mēſch da ſelbeſt (das do neheret zu dem firmament) des hymels halben teyl nit ſehen. Vnd das wider ſpricht Ptolomeus/vnd all ander ſtern̄ ſeher/alſo ſprechent/Wo der mēſch wonet auff dem erdtrich/ſo geen jm ſechs hymel zeychen auff/vnd die andern ſechſſe geen jm vnter/vnd der halb hymel iſt jm allweg im angeſicht/vnnd das ander halb teyl iſt jm verborgen.

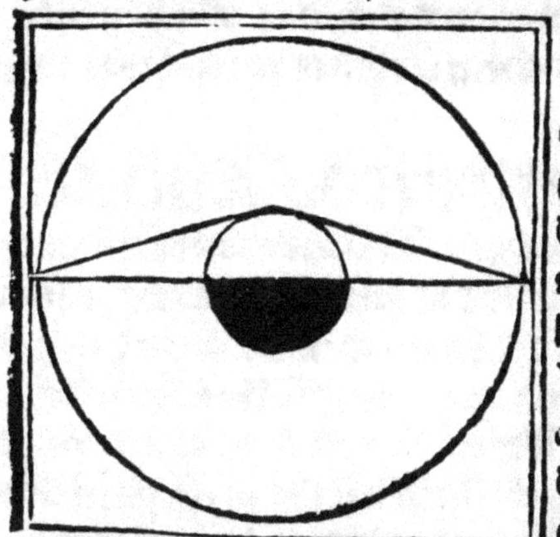

¶ Ein anders zeychen das das erdtrich nicht anders ſey gegen dem hymel/dann als ein vnteyllicher mittel punckt gegen ſeiner gröſſe/wann het das erdtrich ein gröſſe gegen dem hymel/ſo möcht wir das halbe teyll des himels nit ſehen. Sprechen auch mer Vernemen wir ein ſchlechte praytte auff dem mittel punckt der erden/die den hymel vnd das erdtrich in zwey gleyche ſtücke teyll/So ſehe ein auge auff der ſelbigen praytten des erdtrichs/des hymel halben teyll/Aber das ſelbig auge auff der vber preytte der erden ſehe auch eben den ſelbigē haben teyll des hymels. Auſz diſem vernemen wir/das der erden gröſz zwiſchen jrer vber praytte vnd jrem mittel punckt vnmercklich iſt/vnd nicht zu prüffen gegen des firmaments gröſz. Spricht auch Alphragan⁹ der mayſter/das der minſt ſtern̄ an dem hymel befeſtigt der mit geſicht zu prüffen iſt/gröſſer ſey dan̄ das gantz erdtrich. Aber der selbig kleynst sterñ gegen dem Firmament/beynahet ist als ein punckt/noch vil mer ist das erdtrich geschatzt als ein punckt/wann es kleyner ist dann der kleinst sterñ.

Von des Erdtrichs vnbewegligkeyt.

Das.viij.Capitel.

¶ Das aber das erdtrich im mittel aller hymel enthalten werdt vñ-bewegliche/vñ sey das aller schwerst/Mög wir sein schwere also ver-steen/Ein yetzlichs schwers dingk neygt sich von seiner natur gegen dem mittel punckt der hymel. Centrum/oder der mittel punckt ist ein vnteyllich marck/das man in mittel des firmaments brüfft/Seyt nun das erdtrich das aller schwerst ist/So neygt es sich auß seiner natur zu dem selbigen mittel punckt des firmaments.

¶ Auch mer/was sich von der himel mittel punckt neyget gegen der hymel vmbkreysse/das beweget sich vbersich/Neygt sich nun das erdtrich von der himel mittel punckt/so neyget es sich vbersich/das ist einem schweren dingk vnmügklich von natur/das aber bey weyl-len ein erdpiden geschicht/das ist an einem teyll des erdtrichs vñ nit in dem gantzen erdtrich ꝛc.

Von der groß des erdtrichs. Cap. ix.

¶ Des gantze erdtrichs vmbkreyß hat zweyhundert tausent vñ zwey vnd funfftzig tausent rest/Als Ambrosius Macrobius/Theodosius vnd Eratosthenes die grossen sterñ seher sprechen/wañ an des hy-mels vmbkreyß seind dreyhundert vnd.lx grad/oder kleine stücklein/vnd der yetzlichem einem geben sie sibenhundert rest/vnd das findt man also/Nym ein Astrolabium/zu theütsch heysset es ein sterñ lebs wañ als der mundt vnd die lebssen sagen was in dem hertzen verbor-gen ist/Also das sterñ lebs/der sterñ heymligkeyt offenbart/wañ du nun hast das Astrolabiū/So brüff ein zeyt/so des nachtes der himel lautter vnd hell sey/Also/das du die sterñ woll gesehen mügest/vnd sihe den hymel wagen an/durch die zwey löchlein auff dem medi-cliniū/das zu theütsch genant wirt/ein mittelneygerin/darumb das sie die lenge zu mittelst auff dem Astrolabiū vmbgeneygt zu messen zu allen enden geschickt ist/vñ merck die zall der grad/do das mediclinin auff steet/darnach gee der erden messer gestracks vom mitten tag gen mitternacht/Also langk biß er an der andern nacht klarheyt/ sein marck des wages ansehe/mit umbreybūg des medicliniū/höher in einem grad/darnach meß er seinen wegk/den er uber gangen hat/ findet er sibenhundert rest/die auff dem erdtrich antwurtten einem grad an dem hymel. So seind an dem hymel hundert und.60.grad. Gibe yetzlichem grad sibenhundert rest/als vor gesagt ist/so findest du den obgemelten umbkreyß der erden/Auß disen/so du wissen wilt nach der leer und regel/wie langk einer grossen dicke sey/die do sinbel ist/So teyl die lenge des umbkreyß in zwey und zweynntzig stücklein vñ schneyd der stücklein eins herab/darnach nim der ein und zweyntzig stücklein dritteyl/so findest du achtzigtausent hundert und.lxxxi. rest/und ein halben/und ein dritteyl eines rest/das ist der erden dicke oder Diameter. ¶ Zuuersteen dises kürtzlich/als vill hie not ist/So merck das vier gersten körner machen einen finger nach der praytten Vier finger ein handt/vier hendt einen fuß/funff fueß einen schritt/ Hundert und.25.schritt/machen ein rest oder stadiū/und acht rest geben ein meyl/Also multiplicier.700.rest durch.360.grad/komen 252000.rest/des erdtrichs umbkreyß/Abteyls durch.22. so kumbt 11454.und.6.aylff teyl/das ist das.22.teyll des umbkreyß/das ab zeühe von dem gantzen umbkreyß des erdtrichs/als von.252000. vñ.5.aylff teyl/bleybt.240545.und.5.aylff teyl/das abteyl durch drey/So kumbt.80181.rest/und.9.aylff teyll eines rest/macht ein halbs und wenig mer dann ein dritteyl.

Das ander haubt stuck diß büchleins.

sagt von den kreyssen oder Circkeln/darauß die materliche Spheer/ und die hymelische innerlich verstanden zusamen gesatzt wirt.

Von grossen auch kleinen kreyssen.vñ

vom Ebennechter/Erst Capitel.

¶ Diser Spheer ringk oder kreyß/sein etlich grösser/etliche kleyner/ als uns offenbar im gesicht ist. Der kreyß heysset der Spheer grösser kreyß/der do geschriben ist auff der praytten der runden größ/auff

G L O S S A R

1. Vorbemerkung

Ähnlich dem Glossar meiner Edition des 'Puechleins von der Spera' hat das vorliegende zum Ziel, in erster Linie diejenigen astronomisch-kosmographischen Termini zu erschließen, die zum Verständnis dieses Textes notwendig erscheinen. Zudem erläutert es wie dort ungeläufige mhd. Wörter, aber auch solche, denen in diesem Kontext eine spezifische - bei Lexer und Benecke/Müller/Zarncke häufig so nicht angeführte - Bedeutung zukommt. Im Zweifelsfall habe ich einer größeren Anzahl von Stichwörtern den Vorzug vor einer eventuell nicht ausreichenden gegeben. Dort, wo keine zufriedenstellende Übersetzung bzw. Erklärung zu finden war, habe ich dem mhd. Begriff seine Entsprechung aus der lat. Vorlage beigefügt; in den Fällen jedoch, wo dieses nicht möglich war (z. B. bei den poetischen Vorreden), habe ich meinen (oder Matthaeis) Übersetzungsvorschlag mit einem Fragezeichen versehen.

Damit der gesamte Fachwortschatz dieses Werkes erfaßt wird, habe ich darüber hinaus zahlreiche Textvarianten aus den anderen 'Deutsche Sphaera'-Hss. im Glossar verzeichnet. Ich hoffe, auf diese Weise dem Benutzer dieses Textes die Lektüre anderer, thematisch verwandter Werke etwas zu erleichtern; vor allem aber verbinde ich damit die Hoffnung, daß diese sonst von Nichtbeachtung oder gar Vergessensein bedrohten Begriffe in absehbarer Zeit Eingang in die einschlägigen Lexika finden werden.

2. Einrichtung

a. Das Lemma steht unter Angabe der Wortart in seine Grundform zurückgeführt, sofern dies möglich bzw. sinnvoll ist. Erscheint es im Text in mehreren orthographischen Varianten, so wird das Lemma in der Schreibweise, in der es im Text am häufigsten vorkommt, verzeichnet und häufig daneben auch die orthographische(n) Variante(n).

b. Von vornherein wurde der Versuch einer Angleichung an Lexers Orthographie ausgeschlossen, so daß für die Stichwörter dieses Glossars - abgesehen vom *y*, das unter *i* (jedoch nicht im Namenverzeichnis) erscheint und von der Rückgängigmachung der Apokope in einigen Fällen - einzig die Schreibweise des edierten Textes gilt und für die alphabetische Einordnung maßgebend ist. Die Orthographie der Lesarten aus anderen Hss. wird an die der Leiths. A angeglichen.

c. Das Glossar gibt nicht alle Belegstellen an, in denen der einzelne Begriff vorkommt, sondern im wesentlichen nur *eine* für jede Bedeutungsvariante. Der Deutlichkeit halber erscheint der Begriff häufig zusammen mit den benachbarten Worten. Diese Wortnachbarschaft bleibt jedoch auf das zum Verständnis des vollen Begriffsinhaltes notwendige Maß beschränkt. Vor allem aus platzökonomischen Gründen wurden z. B. geringfügige Wortumstellungen oder Wortauslassungen vorgenommen.

d. Varianten aus anderen 'Deutsche Sphaera'-Hss. wurden mit einem dem Lemma vorangestellten * kenntlich gemacht.

e. Die zur Erläuterung des Fachwortschatzes angegebenen Definitionen beruhen entweder auf dem Text der 'Deutschen Sphaera' selbst oder entstammen im wesentlichen den in der Auswahlbibliographie unter Punkt E verzeichneten Nachschlagewerken. Diese werden - selbst bei fast wortwörtlicher Übernahme - nicht gesondert zitiert, es sei denn, der aus ihnen zu erschließende Begriff erhält dort eine in den anderen konsultierten Werken nicht berücksichtigte oder abweichende Bedeutung.[1]

---

1 Zitiert werden im Glossar:
Bauer (Bibl. Nr. 9); Deschler (Nr. 12); Honigmann (Nr. 37); Ley (Nr. 38); Scherer (Nr. 44); Stegemann (Nr. 45).
Außerdem:
Josef Hopfenzitz, Kommende Oettingen Deutschen Ordens (1242-1805). Recht und Wirtschaft im territorialen Spannungsfeld, Bonn 1975 (Quellen und Studien zur Gesch. des Deutschen Ordens 33) (Hopfenzitz). Lexikon für Theologie und Kirche, begr. von Michael Buchberger, 2. völlig neu bearb. Aufl. ... hrsg. von Josef Höfer und Karl Rahner, 10 Bde, Freiburg 1957-1967 (LThK). Paulys Real-Encyclopädie der classischen Altertumswissenschaft, neue Bearb., hrsg. von Georg Wissowa u.a., 2 Reihen, 34 Bde und Supplementbände, Stuttgart 1894 ff. (Pauly). Werner Schultheiß, Konrad Groß, Fränkische Lebensbilder 2 (1968), S. 59-82 (Schultheiß).

NAMENREGISTER

Adam	(12,12) Adam.
Alexandria	(53,20) Alexandria.
Alfraganus	(13,5) lat. Namensform von Abū-l-Abbās Ahmad ibn Muhammad ibn Kathīr al-Fargānī (gest. nach 861); arabischer Astronom, im Abendland durch lat. Übersetzungen als Alfraganus bekannt.
Almeon	(27,15) lat. Bezeichnung des Abbasidenkalifen al-Ma'mūn (regierte in Bagdad zwischen 813 und 833); er ließ durch mehrere Fachastronomen Beobachtungen anstellen und überlieferte Konstanten (z. B. den Wert 1° = 56 2/3 arab. Meilen) nachprüfen bzw. verbessern. In späteren Jh.en wurde sein Name fälschlich als der eines Astronomen verstanden und als solcher verwendet.
Ambrosius	(18,3) siehe *Macrobius*.
Arabia, Araby	(46,13.14) Arabien.
Ariopagita	(61,22) siehe *Dyonisius*.
Aristotiles	(22,25) Aristoteles (384 - 322 v. Chr.); bedeutendster und einflußreichster Philosoph und Naturforscher des Abendlandes.
*Bartholomeus	(16,17) Lesart (Hs. b, f) zu *Ptolomeus*.
Chůnradus	(61,28) Schreiber der Hs. A?
Chünrat	(3,20) *der grozz C.* Konrad Groß (geb. ca. 1285 in Nürnberg - gest. 10. Mai 1356 in Bamberg); bedeutender Nürnberger Bürger und Ratgeber Ludwigs des Bayern (siehe Schultheiß, bes. S. 78).
Chůnrat von Megenberch	(6,4f.) Konrad von Megenberg (geb. 1309 in Mäbenberg - gest. 1374 in Regensburg).
Cyene	(46,29) Assuan.
Dialexandrios	(53,20) Klimabezeichnung, die sich aus der griech. Präposition διά und einem Toponym zusammensetzt, hier also das Klima oder die Lage der Stadt Alexandria.
Diaromes	(54,8) Klima der Stadt Rom.

Dyaboristines (54,19) Klima der Stadt Borysthenes (nicht Oristen). Deschler zufolge hieß diese Stadt früher Olbia (gegründet im Jahr 610). "An der Mündung des Hypanis (Bug) gelegen, wurde sie später nach dem nahen Borysthenes (Dnjepr) benannt, dessen Liman an derselben Stelle das Schwarze Meer erreicht." S.185.

Dyameros (52,27) Klima der Stadt Meroe.

*Dyametros (52,27) Lesart (Hs. e) zu *Dyameros*.

Dyarifios (54,28) Klima des Rhipengebirges oder der Riphäischen Berge. Siehe *Rifei*.

Dyarody (53,29) Klima der Insel Rhodos.

Dyasienes (53,10) Klima der Stadt Assuan.

Dyonisius (61,21) Dionysius Areopagita; unter diesem Pseudonym - der Name stammt aus dem Neuen Testament (Apostelgeschichte 17,34) - gibt sich ein unbekannter griech. Schriftsteller aus dem 5. Jh. als Paulusschüler aus. Seine Schriften beeinflußten das abendländische Denken nachhaltig.

Ethyopia (47,11) Äthiopien.

Euclydes (6,23) Euklid (um 330 - 260 v. Chr.); griech. Mathematiker.

*Eufemia (20,10) Lesart (Hs. b, f) zu *Mathes* Eufemie (Namenstag: 16. September).

Fastis (35,23) Ovids 'Fasti'.

Frankreich (19,1) Frankreich.

Gedruden (20,8) Gertrud (Namenstag: 17. März).

Georicis (35,25) Vergils 'Georgica'.

*Gregorien (20,8) Lesart (Hs. b, g, L) zu *Gedruden* Gregorius (Namenstag: 12. März).

Herasco (18,4) Eratosthenes (273 - 192 v. Chr.); Mathematiker, Astronom, der erste bedeutende Geograph der Antike.

*Herastodi (18,4) Lesart (Hs. b, f) zu *Herasco*.

*Herastodmes (18,4) Lesart (Hs. C) zu *Herasco*.

Hylarius (3,30) wahrscheinlich Hilarius (um 315 - 367); Bischof von Poitiers (LThK Bd. 5, Sp. 337f.).

J(h)esu Cristi (61,16) Jesus Christus.

Johan(ne)s von Sacrobosco, Sacrobusto (5,2; 6,1; 7,20) Johannes von Sacrobosco (geb. ca. 1200 in Holywood - gest. 1256 [1244?]); Verfasser der 'Sphaera mundi'.

*Jörgen (20,8) Lesart (Hs. f) zu *Gedruden* Georg (Namenstag: 23./24. April).

Jupiter (7,27) Jupiter; im geozentrischen System der sechste Planet.

Kathonis (37,13) Marcus Porcius Cato Uticensis (um 95 - 46 v. Chr.); röm. Staatsmann, Urenkel des Schriftstellers und Staatsmannes M. C. Cato Censorius (234 - 149 v. Chr.).

Lamparten (54,29) Lombardei.

Lempurg (17,27) die Leinburg am Moritzberg östlich von Nürnberg.

*Libatina (37,13) Lesart (Hs. b, f) zu *Libiam*.

Libiam (37,13) Libyen; früher der griech. Name für Afrika, später nur noch für Nordafrika (vgl. Pauly, 1. Reihe Bd. 13, Sp. 149-202).

Lucanus (37,12) Marcus Annaeus Lucanus, Lukan (39 - 65); röm. Schriftsteller.

Lucien (28,5) Lucie (Namenstag: 13. Dezember).

Ludweig (3,21) Ludwig der Bayer (1314 - 1347); dt. König und röm. Kaiser.

Macrobius (18,3f.) Ambrosius Theodosius Macrobius (schrieb 395 - 423); röm. Neuplatoniker.

Marien (4,16) Maria.

Mars (8,7) Mars; im geozentrischen System der fünfte Planet.

Mathes (20,10) Matthäus (Namenstag: 21. September).

Mercurius (8,14) Merkur; im geozentrischen System der zweite Planet.

Meroe (52,28) Meroe, ehemalige Hauptstadt des äthiopischen Reiches am Nil; diese Stadt galt seit der Antike als Zentrum des südlichsten Klimas (Honigmann S.12).

Mon (8,16) Mond; im geozentrischen System der erste Planet.

More (47,11) Mohr, Maure, Äthiopier.

Mor(n)lant (47,21) Äthiopien.

Nuͤrenberg (17,27) Nürnberg.

Oristen (54,19) Borysthenes. Siehe *Dyaboristines*.

Ovidius (32,26) Publius Ovidius Naso, Ovid (43 v. Chr. - ca. 18 n. Chr.); röm. Dichter.

*Peronpeyen (46,15) Lesart (Hs. b) zu *Pompeyo*.

*Pompero (46,15) Lesart (Hs. K) zu *Pompeyo*.

Pompeyo (46,15) Gnaeus Pompeius (106 - 48 v. Chr.); Feldherr und Politiker.

Ponto (35,1) Ovids 'Ex Ponto'.

Ptolomeus (16,17) Claudius Ptolemäus (um 100 - ca. 160); letzter großer (griech.) Astronom und Naturwissenschaftler der Antike.

Rifei (54,29) Rhipengebirge bzw. Riphäische Berge; sagenhaftes Gebirge im unbekannten Norden der Erde, das nach antiker Auffassung als nördlichstes Klima galt (Honigmann S. 51f.).

Rodos (53,30) Rhodos.

Rom (54,8) Rom.

Sacrobosco (5,2; 6,1) siehe *Johannes*.

Saturnus (7,25) Saturn; im geozentrischen System der siebte Planet.

Sunne (8,12) Sonne; im geozentrischen System der vierte Planet.

Theodosius (6,30) Theodosios von Bithynia (zu Beginn des 1. Jh.s v. Chr. oder gegen Ende des 2. Jh.s v. Chr.); griech. Mathematiker und Astronom. Siehe *Macrobius*.

Veits (28,3) Veit (Namenstag: 15. Juni).

Venus (8,13) Venus; im geozentrischen System der dritte Planet.

Virgilius (22,10) Publius Virgilius Maro, Vergil (70 - 19 v. Chr.); erster und berühmtester Dichter der augusteischen Zeit.

Ziplinger (3,22) Heinrich von Zipplingen (geb. vor dem 4. Nov. 1282 - gest. 9. Juni 1346 in Donauwörth); Prokurator und Deutschordenslandkomtur zu Ulm und Donauwörth; Geheimer Rat Ludwigs des Bayern (Hopfenzitz S. 224-226).

WORTVERZEICHNIS

A

abgang	m. (22,28) Abstieg, nach Süden gerichtete Bewegung der Sonne.
abgen	stv. (35,27) untergehen (von Gestirnen).
*abgeung	f. (56,25) Lesart (Hs. g) zu *stůkke* Abweichung.
abnaigen	swv. refl. (25,10) sich neigen; (25,13) abweichen. Vgl. *naigen*.
abnaigung	f. (27,2) nördliche oder südliche Abweichung, Deklination der Sonne von der Äquatorebene. Vgl. *hőhen*.
absneiden	stv. (19,18) subtrahieren; (56,21) teilen. Die Sonne durchwandert den Tierkreis und teilt ihn der Länge nach in ca. 365 Tage und 6 Stunden.
absteigen	stv. (43,3) untergehen; (40,28) drückt die Nord-Süd-Bewegung der Sonne nach der Sommerwende aus.
absten	stv. (16,13) entfernt sein von.
abwahsen	subst. Inf. (39,26) Verminderung.
ahse	f. (6,10) bezeichnet die von einem Pol der Welt durch den Mittelpunkt der Erde zum anderen Pol führende gerade Linie; Erd-, Himmels-, Weltachse, Rotationsachse der kosmischen Sphären; (26,19) *dez tyrkraizzes a.* diese Achse schneidet die Weltachse in einem Winkel von 23° (vgl. 10,27-29).
aigenleuffig	adj. (6,20) *a. stern* Planet.
aimer	m. (35,24) *schilhender a.* geneigter Krug; (37,19) pars pro toto für das Sternbild des Wassermanns. Nach Deschler erklärt sich die schräge Stellung des Kruges damit, daß "der Wassermann zu den schiefaufsteigenden Zeichen gehört." (S. 206). Siehe *kruk*.
ainformig	adj. (15,29) homogen; *a. leichnam* aus Gleichartigem zusammengesetzter Körper, d. h. jedes Teil eines solchen Körpers enthält das, was der gesamte Körper an Eigenschaften aufweist.
ainvalt	f. (2,30) Einheit.
ainveltig	adj. (9,29) *a. leib* siehe *ainformig*.

andertail — n. (24,16) Sekunde.

anderung — f. (6,17) Ungleichheit; (6,18) Einteilung; (55,9f.) *die gantz a. der wonung* Gesamtausdehnung der bewohnbaren Erdteile.

angelzaichen — n. (48,12) Haupt-, Kardinalzeichen. Siehe *himelzaichen*.

angesiht — n. (42,16f.) *nach der leut a.* nach allgemeiner Ansicht, Beobachtung; (60,18) Blickwinkel, -richtung, Sichtlinie zwischen Beobachter und Himmelskörper, Aspekt. Mit diesem Begriff werden die verschiedenen gegenseitigen Stellungen von Planeten (Sonne und Mond einbegriffen) im Tierkreis bezeichnet; (60,20) *schelch a.* (bei Finsternissen) ein Winkel, der von der Bedeckung abweicht.

anplik — m. (36,9) optische Wahrnehmbarkeit.

anprunst — f. (8,11) das Aufflammen.

antwurten, antwůrten — swv. (18,24) entsprechen.

anvang — m. (20,9) der erste Grad (des Zeichens).

anvehten — subst. Inf. (38,3) Widerlegung.

apfel — m. (26,22) Apfelsine (?). Vgl. Konrads von Megenberg 'Buch der Natur': *öpfel ... haizent aranser von dem paum arans, der ze latein orangus haizt* (318,16f.).

aquilo — m. (21,29) Nebenwind zum Nordwind, steht häufig gleichberechtigt neben *septentrio* zur Benennung der nördlichen Weltgegend.

arbait — f. (60,25f.) *des monen vil geprechen und der sunnen a.* Vergilzitat aus 'Georgica'(2,478): *Defectus lune varios solisque labores.*

astrolabium — n. (18,7f.) Instrument zur Winkelmessung, mit dem Sterne anvisiert und deren Positionen bestimmt werden können.

*astronom — m. (11,10) Lesart (Hs. g) zu *sternseher* Astronom, Astrologe.

attlanten — (34,20) Plejaden, Siebengestirn. Siehe *pleiades*.

aufbesten — stv. (18,19) zur Ruhe kommen.

aufgank — m. (13,15) bezeichnet den Augenblick des Aufsteigens eines Gestirns über dem Horizont; (10,23) *der sunnen a.* Sonnenaufgang, Orient, Osten, Ostrichtung; (33, 20-22) *der a. nach der poeten oder nach der sitenstraffer weiz* der jährliche Aufgang eines Gestirns, auch 'poetisch' genannt, weil die Dichter der Antike ihn häufig erwähnen. Je nach Zeitpunkt des Aufgangs (bzw. Untergangs) eines Gestirns im Verhältnis zum Sonnenaufgang bzw. -untergang lassen sich drei Formen des Aufgangs (bzw. Untergangs) unterscheiden:

der kosmische, der akronyktische und der heliakische (siehe *suͦnnenleich*; *werltleich*; *zeitleich*); (36,13f.) *der a. nach der sternseher weis* der astronomische Aufgang eines Gestirns; das ist der Augenblick des Erscheinens eines Gestirns über dem Horizont infolge der scheinbaren täglichen Bewegung des Gestirns am Himmel; (37,9) Aufgangsdauer, Aufstiegszeit (der Zeichen); (55,10) Anfang (vgl. 55,17).

aufgereht — adj. (9,4f.) *a. winkellein* Rechtwinkel; (46,19) senkrecht; (8,26) gerade. Siehe *rundengroͤzze*.

aufgerihts — adv. (7,5) in gerader Linie, lotrecht.

aufhoͤhen — f. (56,7) Apogäum, erdfernster Punkt der Bahn eines Himmelskörpers um die Erde; (56,10) *deu widerlag der a.* Perigäum, erdnächster Punkt der Bahn eines Himmelskörpers um die Erde.

aufrihter — m. (58,6) Bezeichnung eines Planeten während seiner Rechtläufigkeit; 'rechtläufig' ist die Bezeichnung für die Bewegung eines Planeten, wenn dieser Planet vom zweiten Stillstandspunkt (vgl. *planetenstant*; *satz*) zum ersten, d. h. von West nach Ost wandert.

aufrihtung — f. (58,5) Rechtläufigkeitsstrecke einer Planetenbahn. Siehe *aufrihter*.

*aufsteer — m. (58,6) Lesart (Hs. b,f) zu *aufrihter*.

*aufsteigung — f. (58,5) Lesart (Hs. b,f) zu *aufrihtung*.

aufswimen — stv. (34,25) aufgehen.

*aufswingen — stv. refl. (34,25) Lesart (Hs. b,f,g) zu *aufswimen*.

aufvarer — m. (58,6) synonym mit *aufrihter*.

aufvart — f. (58,4) synonym mit *aufrihtung*.

aufverter — m. (58,12) siehe *aufrihter*.

augenender — m. (28,25) Horizont, Gesichtskreis; Großkreis an der Sphäre, der die Weltkugel in zwei Hälften teilt. Die Lage des Horizonts wie auch des Meridians (siehe *mittemtager*) ist relativ; sie entspricht dem jeweiligen Standpunkt des Beobachters; (28,30) *aufgerehter a.* gerader Horizont; für einen Beobachter am Himmelsäquator läuft der Kreis des Horizonts durch beide Weltpole und schneidet den Äquator in rechte, sphärische Winkel; (29,4f.) *schilhender oder genaigter a.* schiefer Horizont; für einen Beobachter, dessen Standpunkt auf der Erdoberfläche irgendwo zwischen Pol und Äquator liegt, steht die Himmelsachse schräg, und Äquator- und Horizontebene bilden schiefe Winkel (vgl. 29,7-9). Siehe *rundengroͤzze*.

auster — m. (22,7) siehe *fruhtwint*.

auzfuͤren — swv. (17,26) schleudern.

auzpunct — m. (40,16) Exzentrizität (der Sonnenlaufbahn).

auzpuͤnctig — adj. (56,2) exzentrisch; *a. kraiz* ein Kreis, dessen Zentrum nicht der Erdmittelpunkt ist.

auzsatz — m. (40,16) synonym mit *auzpunct*.

B

begegnen — swv. refl. (25,7) in Konjunktion treten; bei Sonnen- oder Mondfinsternissen bilden Sonne, Mond und Erde eine Gerade. Vgl. *samenung*.

begreifen — stv. (7,6) verbinden; (13,22) empfinden; (20,7) durch-, überqueren; (60,23) zusammenfassen.

behalten — stv. refl. (3,16) sich vorbehalten.

behend — adj. (8,10) "etwas Feines, Zartes, Leichtes und sogar Flüchtiges; ... feinstofflich" (Deschler S. 76).

behendicleich — adj. (60,24) treffend.

bekantnuͤsse — n. (20,17) *vernunftig b.* rationales Erkenntnisvermögen (des Menschen); (21,5) *unvernunftig b.* das sinnliche Erkennen, das der *ratio* entgegengesetzt ist (Deschler S. 88).

besleuzzen, beslizzen — stv. (10,17) umschließen; (57,25) tangieren.

besniten — part. adj. (4,21) sprachlos, bescheiden (?).

besten — stv. (35,9) sich ereignen, eintreten.

bevelhen — stv. (34,23) *den fuͤrhen b.* in die Furche legen.

boreas — m. (21,28) Nebenwind zum Nordwind.

C

clima (clyma) — n. (52,21) in der Antike und im Mittelalter teilten die Geographen die Ökumene durch Parallelkreise zum Äquator dergestalt, daß von einem Kreis bis zum nächsten die Dauer des längsten Tages um eine halbe Stunde zunahm. Die Fläche zwischen einem Parallelkreis und dem folgenden bezeichneten sie als *clima*. Vgl. *wonung*.

clo — f. (47,14) Klaue, Huf. Mit *deu letst c. des gekruͤmten ohsen* meint Lukan "den äussersten Teil des einen Hufs, durch den zu seiner Zeit der Äquator verlief, ν Tauri, einen Stern vierter Grösse." (Deschler S. 204).

cristallisch — adj. (7,15) *der c. himel* Kristallhimmel. Dieser Himmel befindet sich über dem Firmament und hat weder Stand- noch Wandelsterne. Vgl. *waltzer*.

D

derheben stv. refl. (11,22) aufgehen; das Aufsteigen eines Sterns vom Osthorizont bis zu seiner Kulmination. Siehe *mittel*.

derhoͤhen swv. (42,18) siehe *erhoͤhen*.

derhoͤhung f. (27,13) Deklination, nördliche oder südliche Abweichung der Sonne vom Himmelsäquator (vgl. *abnaigung*, *hoͤhen*); (29,14) *die d. der himelspitzzen* Polhöhe.

derleuhten swv. (51,5) beleuchten.

dikke f. (19,23) *der erden d.* Erddurchmesser. Siehe *rast*.

dikke adj. (12,27) hoch; (51,3) nebelig, trüb; (60,5) nicht hohl, massiv.

drakke m. (57,7) bezeichnet das Bild der Überschneidung des Deferenten (*fürer*) und des Äquans (*geleicher*) an zwei Stellen, den sogenannten 'Mondknoten'. 'Knoten' sind die beiden Punkte, in welchen die Mondbahn die Ekliptik (den Tierkreis) schneidet; der eine Knotenpunkt, durch welchen der Mond bei jedem Umlauf von der nördlichen Seite der Ekliptik auf die südliche übertritt, heißt *des d. zagel* (57,12), das ist Drachenschwanz oder absteigender Knoten; der andere, durch den der Mond auf seiner Bahn die Ekliptik in nördlicher Richtung durchstößt, *dez d. haubt* (57,9f.), das heißt Drachenkopf oder aufsteigender Knoten.

drieket adj. (12,22) dreieckig, dreiseitig.

druͤken swv. (32,27) eine Projektion des Himmelsstreifens darstellen; einer Himmels- bzw. Tierkreisregion auf Erden entsprechen.

durchpoln swv. (4,16) durchschießen (Matthaei S. 49) (?).

durchporn swv. (3,8) ganz und gar erzählen (Matthaei S. 49) (?); Bild der Zunge als Bohrer, der Verschlossenes öffnet (?).

durchscheinig adj. (13,20) durchsichtig.

durchscheuzzen stv. (24,1f.) durchdringen.

durkifen swv. (4,6) durchnagen, durchbohren (?).

E

eben adj. (6,25) gerade.

ebennaht f. (23,26) Tagundnachtgleiche, Äquinoktium; der Zeitpunkt, zu dem die Sonne während ihrer scheinbaren jährlichen Bewegung im Schnittpunkt von Ekliptik (*scheinprecherinne*) und Himmelsäquator (*ebennehter*) steht. Zu diesem Zeitpunkt sind an allen Orten der Erde Tag und Nacht gleich lang. Siehe *punct*; *wage*; *wider*.

ebennehter m. (8,28) sphärischer Äquator, Himmelsäquator; Großkreis, der die Sphäre horizontal umschließt und sie in eine nördliche und eine südliche Hälfte teilt. Dieser halbierende Kreis ist überall gleich weit von beiden Polen entfernt (20,3-5).

ebennehtig adj. (32,17) zur Tagundnachtgleiche gehörig, äquinoktial. Siehe *ebenverrer*; *punct*.

ebenpild n. (6,14) Sphärenmodell als Nachbildung der realen, bzw. real gedachten kosmischen Verhältnisse mit allen Kreisen und Bahnen; (8,19) graphische Darstellung eines Gegenstandes; (34,3f.) sprachliche Darstellung eines Vorgangs, Beispiel; (13,21) das (Stern-)Abbild; (12,7f.) *daz gotlich e.* Beweis für die Kugelgestalt der Welt; Aristoteles' grundlegende Annahme war, daß das Universum perfekt sein müsse, und da es nur einen perfekten Körper gab, nämlich die Kugel, hatte das Universum Kugelgestalt zu besitzen.

ebenverrer m. (32,12) Parallelkreise zum Äquator; (32,17) *ebennehtig e.* Parallelkreis der Tagundnachtgleiche, Äquator; (32,18) *der sumerlichen sunwenden e.* Parallelkreis der Sommersonnenwende; (32,19) *der winderisch sunwenden e.* Parallelkreis der Wintersonnenwende. Zusammen mit den Polarkreisen (siehe *pernebenverrer* und *widerpernebenverrer*) teilen die Wendekreise die Erdoberfläche in fünf Breitenzonen auf (32,21-23). Siehe *praite*.

ebenverrerinne f. (52,18) *sehs lengen e. dem ebennehter* gemeint sind hier die sechs Parallelen, welche das bewohnte Gebiet der Erde in sieben ostwestlich verlaufende Breitenstreifen (*clima*) teilen.

ecke, eklein f. (13,2) Winkel (synonym mit *winkelein* [51,28]).

eitel adj. (12,25) leer. Siehe *leiden*.

eken swv. (12,18) eckig machen.

element n. (9,24) *die vier e.* die vier Grundbaustoffe: Erde, Wasser, Luft und Feuer, welche Gott in der Reihenfolge ihrer Schwere um den Weltmittelpunkt angeordnet hat (9,24f.).

elementisch adj. (9,17) *daz e. reich* Elementarbereich, sublunarer Bereich. Vgl. *matergleich*.

elenpoge m. (19,4) Längenmaß, Elle; 4.000 *e.* = 1 Meile. Siehe *rast*.

ende n. (16,13) *von allen e. dez himels* Beleg für die Begrenztheit, Endlichkeit des Universums.

enploͤzt — part. adj. (10,4f.) *von dem wazzer e.* bezieht sich auf den Teil der Erdoberfläche, der vom Bereich der Wassersphäre nicht erfaßt wird.

entsleuzzen — stv. (34,7) eröffnen; (61,24) refl. sich auflösen.

erde — f. (10,1) das Element Erde; (8,19) die Erdkugel als Weltmittelpunkt.

erdenmezzer — m. (18,19) lat. *cosmometra.*

erdenmezzerinne — f. (19,14) Feldmeßkunst, Geometrie.

erdenschate — m. (59,3) Erdschatten.

erein — adj. (12,26) ehern.

erhoͤhen — swv. (53,3) erheben, erhöhen; (37,19) *wirt erhoͤht* geht auf.

ertpidm — n. (17,23) Erdbeben.

ertreich — n. (9,18) synonym mit *erde*; (47,13) Land, Gebiet der Erde.

*etherreich — n. (9,16) Lesart (Hs. C) zu *himelisch reich* das Ätherrund. Äther ist die Bezeichnung für ein von mittelalterlichen Naturforschern hypothetisch angenommenes feines und elastisches Fluidum, das den ganzen Himmelsraum erfüllen sollte. Siehe *wesen.*

F

feur — n. (9,27) das Element Feuer; (8,18) Feuersphäre.

feurein — adj. (7,18) *der f. himel* der feurige, göttliche Himmel, das Empyreum. Siehe *himel.*

firmament — n. (7,23) Gestirnssphäre, Fixsternhimmel.

fliehen — stv. (30,16f.) sich entfernen, zurückweichen; (*die sunne*) *begint f. von uns* bezeichnet den Vorgang der Nord-Süd-Bewegung der Sonne.

fruhtwinderin — f. (22,4) Bezeichnung für den südlichen Himmelspol nach dem Südwind. Siehe *fruhtwint.*

fruhtwint — m. (22,5) Südwind; der lat. Begriff *auster* (22,7) für *f.* wird häufig gleichberechtigt neben *meridies* zur Bezeichnung der südlichen Weltgegend herangezogen.

fuͤrer — m. (57,1) Deferent; ein exzentrischer Kreis, dessen Mittelpunkt außerhalb der Erde liegt. Auf diesem Kreis bewegt sich der Epizykelmittelpunkt. Siehe *geleicher; überkraiz.*

fuͤrgen — stv. (47,14) vor-, vorausgehen, ausgestreckt sein.

fuz — m. (18,28f.) Längenmaß; 5 *f.* = 1 Schritt (siehe *rast*); (45,1) *geleichs under iren f.* lotrecht (siehe *schate*); (47,23) Huf (siehe *clo*).

G

gank — m. (6,24f.) Bewegung; *g. ainer ůmbverte ains halben kraizzes* Euklidische Definition der Sphäre als 'Rotationsfigur eines Halbkreises', als Umdrehung der Achse mit dem Halbkreis. Siehe *spera*.

gedinge — n. (51,13) Bedingung, Absicht; *mit sőlhem g.* hypothetisch.

gegenpunct — m. (58,24) Nadir, Gegenpol des Zenits. Siehe *nadir*.

gegenwertig — adj. (6,13) *die g. speram* Armillarsphäre (siehe *spera*).

geleicher — m. (56,29) Äquans, einer der drei Kreise der Ptolemäischen Epizykeltheorie. Dieser Kreis wird als Ergänzung zum Deferenten (*fůrer*) und Epizykel (*ůberkraiz*) eingeführt, damit sich die beobachteten Schleifenbahnen als gleichförmige Kreisbewegungen darstellen lassen. Siehe *ůberkraiz*; *fůrer*.

gemach — m. (12,15) das Prinzip der Zweckmäßigkeit.

gemachsam — adv. (11,22) nach und nach, einzeln.

gemain — f. (50,28f.) *die g. der leute* das gewöhnliche Volk, die Laien; (14,27) 'deren Vereinigung zum Sternbild'.

gemain — adj. (3,29) vertraut, bekannt; (6,9) zugehörig; (9,18) gemeinsam; (59,5) total (siehe *scheingeprechen*).

gemainer — m. (7,4) *der lengen g.* Zentrum, Mittelpunkt.

gemischt — part. adj. (48,2) *g. reich* temperierte, gemäßigte Zone.

genaigen — swv. refl. (4,19) sich versenken; (27,8) sich nähern.

genaigt — part. adj. (29,5) schief.

gent — swv. (43,2) part. von *enden*.

geperg — n. (15,25) *dez wazzers g.* Krümmung der Wasseroberfläche, kugelförmige Erhebung der Hydrosphäre.

gepeu — n. (4,2) Bau (?); (9,13f.) *daz g. aller diser werlde* der Aufbau des Kosmos, die Schöpfung (synonym mit *werk*).

geporn — part. (43,2f.) *werden g.* gehen auf.

geprech — m. (60,13) Finsternis, Verfinsterung; (60,25f.) *des monen vil g.* siehe *arbait*.

geprechen subst. Inf. (12,26) das Aufplatzen, Aufbrechen.

geprechen stv. (58,22) aufhören, verschwinden; (59,5) *so g. dem monen sein lieht* der Mond verfinstert sich.

gereht adj. (46,19) siehe *aufgereht*.

gerihtes adv. (18,19) geradeaus; (51,23) direkt.

geschikt adj. (9,23) geeignet; (23,10) gestaltet.

geschoz n. (35,16f.) *di snellen g.* Sternbild des Schützen.

*geschrenken swv. (13,1) Lesart (Hs. C) zu *gestreken*.

gesellen swv. refl. (8,5) in Konjunktion treten (vgl. *begegnen*); (29,17) sich decken; (32,3) zusammentun, addieren.

gesiht n. (17,5) *mit g. pruͤfleich* mit dem Auge (gerade noch) wahrnehmbar.

gestekt adj. (17,5) befestigt; (12,1) *g. stern* Fixsterne.

gesternt adj. (7,22) bestirnt; *g. himel* Fixsternhimmel, Firmament.

gestirn n. (43,1) Sternbild, Sternzeichen; (45,19) Sternbild, Sternkonstellation.

geswulst f. (15,4) Wölbung.

gevirekt adj. (24,30) rechteckig (jedes Zeichen stellt ein sphärisches Rechteck dar; aus diesem sphärischen Rechteck wird eine Pyramide [26,3]).

gevirt adj. (24,27) *g. sein* in Quadrate geteilt sein.

gnunk adv. (23,21) in großer Menge, sehr viel.

grad m. (2,5) Stufe; (4,5) Schneide; (24,12) Bogengrad als Maßeinheit und als Strukturelement der Kreise aufgefaßt; (19,7-9) 1 Bogengrad = 56 2/3 (arab.) Meilen. Siehe *rast*.

groͤzze f. (26,20) Bezeichnung geometrischer Formen; (26,17) *leipheftig g.* fester Körper; (17,3) Ausdehnung (des Himmels); (43,22) *g. der zeit* Zeiteinheit; (15,12) Dimension.

grunt m. (26,3) Basis (einer Pyramide), Grundfläche.

guͤrtel m. (20,12f.) *dez obersten waltzhimels g.* Äquator (weil der Äquator die äußerste Sphäre *ze mittelst* umringt); (33,3) Zone an der Himmelskugel (synonym mit *snuͤr*). Vgl. *praite*.

H

hafen — m. (12,26) Topf.

*hailvater — m. (8,4) Lesart (Hs. b,f) zu *helfvater* Jupiter.

halden — stv. (36,16) übereinstimmen mit; (50,1) sich verhalten.

halphimel — m. (28,26) Halbkugel, Hemisphäre; *der ober h.* sichtbare (nördliche) Hemisphäre; (28,27) *der under h.* unsichtbare (südliche) Hemisphäre. Siehe *kraiz*.

halpwerld — f. (30,16) Halbkugel, Hemisphäre. Siehe *kraiz*.

haubot — adj. (14,19) haubenförmig, geschwollen.

haubt — n. (57,9f.) *dez drakken h.* Drachenkopf. Siehe *drakke*.

haubtpunct — m. (27,9) Zenit, senkrecht über dem Standort eines Beobachters gelegener höchster Punkt des Himmelsgewölbes; Scheitelpunkt (vgl. *gegenpunct*).

helfvater — m. (7,28) mythologische Bezeichnung für Jupiter (Näheres bei Deschler S. 240-242).

himel — m. (10,15) Himmel, himmlische Sphäre, Umlaufbahn, Bezeichnung einzelner sphärischer Kugelschalen und des gesamten Sphärenglobus; (7,15) *der cristallisch h.* Kristallhimmel (vgl. *waltzer*); (7,18) *der feurein h.* das Empyreum (siehe *krone*). Weder Sacrobosco noch die heidnischen Astronomen äußern sich zu diesem (zehnten) Himmel (7,20f.), auch das zeitgenössische 'Puechlein von der Spera' erwähnt ihn nicht; (7,22) *der gesternt h.* Fixsternhimmel, Firmament; (10,18) *die neun h.* die neun ätherischen Sphären; (11,6) *der aht h.*, (10,15) *der ober h.*, (10,25) *der under h.*: Bezugspunkt ist die Erde als Weltmittelpunkt. Bei der Aufzählung der Planeten richtet sich Konrad nach der sogenannten pythagoräischen Ordnung, nach der sich die Sonne in der Mitte der konzentrischen Planetensphären, d. h. an vierter Stelle, befindet. Demnach heißt der Himmel des ersten Planeten Saturn (7,23-35), des zweiten Jupiter (7,27), des dritten Mars (8,7), des vierten die Sonne (8,12) usw.

himelahs — m. (53,28) Himmelsachse. Siehe *hȣhen*.

himelisch — adj. (9,16) ätherisch, aus dem *funft wesen* (10,12) bestehend.

himellauf — m. (20,29) *der erst h.* lat. *primus motus*. Siehe *lauf*; *waltzer*.

*himelleuhtend — adj. (9,16) Lesart (Hs. C) zu *himelisch* ätherisch.

himelperinne — f. (22,1) Nordpol.

himelporte — f. (4,14) Beiname der Maria.

himelschüetzze m. (35,17) Sternbild des Schützen. Siehe *schüetze*.

himelsnüer f. (32,28) Zone an der Himmelskugel. Siehe *snüer*.

himelspitze f. (21,11) Welt-, Himmelspol; (10,21) *der berinne h.* Nordpol; (10,22) *der widerberinne h.* Südpol; (31,2) *h. pei dem hymelwagen* arktischer Himmelspol, arktischer Endpunkt der Sphärenachse. Siehe *höhen*.

himelveste f. (1,23) Fixsternhimmel, Firmament.

himelwagen (hymelwagen) m. (31,2) Nordpol; (18,20) *gegen dem h.* nordwärts; (21,13f.) *der klain h.* Ursa Minor, Kleiner Bär, Kleine Bärin; Sternbild, in dem der nördliche Himmelspol liegt und das in unseren Breiten stets über dem Horizont bleibt (vgl. 11,26-28; 21,15f.); (18,13) Polarstern; *sihe den h. an* bestimme die Polhöhe (des Beobachtungsortes).

himelzaichen n. (6,16) Sternbild, Tierkreiszeichen. Der Zodiak enthält zwölf Tierkreiszeichen, von denen jedes einen Abschnitt von 30° der Ekliptikzone umfaßt (24,28). Diese sind (unter Angabe ihrer Koordinaten): 1. Widder (0-30°); 2. Stier (30-60°); 3. Zwillinge (60-90°); 4. Krebs (90-120°); 5. Löwe (120-150°); 6. Jungfrau (150-180°); 7. Waage (180-210°); 8. Skorpion (210-240°); 9. Schütze (240-270°); 10. Steinbock (270-300°); 11. Wassermann (300-330°); 12. Fische (330-360°); (48,8) *die vordersten h.* Kardinalzeichen (*angelzaichen*), nämlich die Tierkreiszeichen des Widders, Krebses, der Waage und des Steinbocks. Wenn die Sonne einen dieser vier Hauptpunkte der Ekliptik erreicht, so beginnt eine neue Jahreszeit (siehe *punct*; *reich*); (33,26f.) Fixstern; (42,28f.) *h. schilhend oder schelch aufgende* schief oder schnellaufsteigende Zeichen. "Auszugehen ist von der Tatsache, dass der Äquator mit regelmässiger Geschwindigkeit stündlich fünfzehn Grade über den Horizont schiebt. Fiele die Ekliptik mit ihm zusammen, so stiege demnach jedes Zeichen binnen zwei Stunden auf. Nun aber kommen die einen Zodiakteile schiefer über den Horizont und brauchen deshalb weniger Zeit, so dass die entsprechenden Äquatorbogen kleiner sind als 30°." (Deschler S. 147); (42,28f.) *h. reht aufgende* gerade oder langsam aufsteigende Zeichen. Diese zodiakalen Abschnitte hingegen brauchen, weil sie steil aufsteigen, länger als zwei Stunden. Die entsprechenden Äquatorbogen betragen in diesem Fall mehr als 30°.

hindergank m. (58,8) Rückläufigkeitsstrecke einer Planetenbahn; (58,11) Rückläufigkeit eines Planeten.

hindergeer m. (58,9) Bezeichnung eines Planeten während seiner Rückläufigkeit; 'rückläufig' ist die Bezeichnung für die Bewegung eines Planeten, wenn dieser Planet vom ersten Stillstandspunkt (vgl. *planetenstant*; *satz*) zum zweiten, d. h. von Ost nach West wandert.

*hinderkerer m. (58,9) Lesart (Hs. b, f) zu *hindergeer*.

hindern swv. (8,6) neutralisieren.

hoͤhen f. (53,23) bezeichnet Positionen am sphärischen Globus, die meist in Grad angegeben werden; *die h. der himelspitzze*, (53,28) *die h. der himelahs*, (54,12) *die h. der ahsen* Polhöhe; (27,21f.) *der sunnen groͤsten h.* nördliche Erhebung der Sonne oder des Tierkreises über dem sphärischen Äquator. Vgl. *abnaigung; derhoͤhung*.

hol m. (1,4) Loch, Öffnung, Mund (?).

hol adj. (2,21) klanglos, nichts von Belang.

horalogio n. (55,13) Instrument zur Zeitmessung, Wasseruhr, tragbare Sonnenuhr usw.

hornpok m. (37,18) lat. *aegoceros* Steinbock, nur bei Dichtern als Zeichen des Tierkreises verwendet.

huͤbschleich adv. (60,24) passend, treffend.

hundestag m. (23,20) bezeichnet die Zeit, welche mit dem Frühaufgang des Hundssternes, des Sirius, beginnt und mit dem Frühaufgang des Arcturus endigt. Dies entspricht etwa den Kalendertagen von 23. Juli bis 23. August. Verbunden wurde damit z. B. bei den Griechen der Glaube an die schädliche Wirkung dieser heißen Zeit, in der nach Hippokrates auch schwere Gallenkrankheiten auftreten konnten. Im Mittelalter galten die Hundstage als eine Unglückszeit, während der mancherorts selbst der Gottesdienst ruhte. Volkskalender warnen wiederholt vor Baden, Aderlaß, Wassertrinken, Eheschließungen, Reisen usw.

*hungerer m. (8,3) Lesart (Hs. b, f) zu *hungerjar* Saturn.

hungerjar m. (8,3) mythologische Bezeichnung für Saturn (Näheres bei Deschler S. 238-240).

hunt m. (23,19) Hundsstern, das Sternbild Canis Major, der Große Hund. Wenn vom 'Hund' schlechthin die Rede ist, ist Sirius, der Hauptstern dieses Sternbildes,gemeint. Der Große Hund kündigt die *hundestag* an.

huͤter m. (45,17) *der h. der perinne* Bärenhüter, Arktur, der hellste Stern im Sternbild Bootes (vgl. *ohsentreiberlein*); (45,17-21) aus diesen Zeilen geht hervor, daß für Äquatorbewohner (d. h. in der geraden Sphäre) auch die polnahen Gestirne (Zirkumpolarsterne) untertauchen (Deschler S. 215). Siehe *rundengroͤzze*.

I . J

insel f. (55,6) außerhalb der Ökumene liegende Gebiete, die jedoch von Menschen besiedelt sind.

juncfrau, juncfreulein f. n. (23,3.22) Sternbild, Tierkreiszeichen der Jungfrau, sechster Ekliptikmonat (24. August - 23. September).

K

kaufleute m. plur. (8,14) *der k. herre* Merkur.

kegel m. (13,30) Kegel; (26,3) *vierekter k.* Pyramide.

kegler m. (61,8) Gestalt eines Schatten. Siehe *schate*.

kint n. (8,15.21) Planetenkind (Begriff aus der 'planetarischen Anthropologie'); "Bezeichnung der von der Astrologie den einzelnen Pl[aneten] unterstellten Menschentypen in der nach ihren moralischen Qualitäten, Berufen, Tätigkeiten usw. durchgeführten Aufteilung." (Stegemann Sp. 70).

klainen swv. (39,16) verringern, vermindern; (43,28) refl. kürzer werden.

knischeibe f. (47,15) *der ohs mit seiner gepogenn k.* Deschler zufolge dürfte hiermit "μ Tauri gemeint sein, ein Stern fünfter Grösse, den auch Ptolemäus 'Knie' nennt." S. 205.

kõrbler m. (61,4) Schattenart. Siehe *schate*.

kraiz m. (6,12) geometrischer, sphärischer Kreis (synonym mit *zirkel* [20,4]), Kreis-, Planetenbahn; (19,25) Kreise des Sphärenmodells (synonym mit *ring*); (30,7) *grozze k.* Großkreise: Äquator; Tierkreis; Koluren; Meridian; Horizont; (32,11f.) *klaine k.* Kleinkreise, Parallelkreise: Wende- und Polarkreise; (44,21-24) *k. der hohen sunwenden* Äquator; (22,25f.) *der krumme oder der schilhende k.* Tierkreis (wegen seiner Schiefe dem Äquator gegenüber [vgl. 30,25-27]); (28,17) *dez mittentags k.* Meridian; (28,28) *k. dez halphimels oder der halpwerld* Horizont; (30,14) *k. der sumerleichen sunwenden*, (30,22) *k. der windersunwenden* nördlicher und südlicher Wendekreis; der Kreis, den die Sonne am längsten bzw. kürzesten Tag beschreibt, wenn sie auf ihrer scheinbaren jährlichen Bewegung an der Ekliptik die größte nördliche bzw. südliche Abweichung erreicht hat; (46,16) Breitenkreis.

krebs m. (23,15) Sternbild, Tierkreiszeichen des Krebses, vierter Ekliptikmonat (22. Juni - 22. Juli); (27,3) *der erst punct dez k.*, (46,8) *anvang dez k.* Sommerpunkt, Sommerwende; befindet sich die Sonne im Krebspunkt, so ist der längste Tag erreicht. Vgl. *stainpok*; *widerkerer*.

krone f. (3,3) *der himel k.* der höchste (zehnte) Himmel, das Empyreum; (35,26) *der stern der prinnenden k.* Nördliche Krone, ein extrazodiakales Sternbild des nördlichen Himmels, das im Sommer am Abendhimmel sichtbar ist.

kruk m. (24,5) Sternbild, Tierkreiszeichen des Wassermanns, elfter Ekliptikmonat (21. Januar - 19. Februar).

krumm — adj. (9,11) schief; (22,25f.) *k. kraiz* Tierkreis (synonym mit *schelch*; *schilhend*).

kuglot — adj. (14,19) kugelförmig.

kunst — f. (19,13) Wissenschaft, (freie) Kunst; (24,26) *der sternseher k.* Astronomie, Astrologie; (6,13) *von k.* künstlich.

*künster — m. (8,15) Lesart (Hs. g) zu *sprechherre* Merkur.

küͤnstig — adj. (42,15) *k. tag* Lichttag. Siehe *tag*.

L

*lantschaft — f. (51,18) Überschrift (Hs. g) Klimazone, bewohnbarer Erdteil. Siehe *clima*; *wonung*.

lauf — m. (6,21) Bewegung, Umlaufbewegung der Sphären oder Planeten um die Erde; (7,14) *der erst l.* die erste Sphäre nach dem Empyreum in Richtung Erde (synonym mit *waltzer*); (10,19; 20,16) der erste Beweger, Mitreißer (lat. *primus motus*); der tägliche Umschwung des Himmels von Ost nach West (10,22f.). Diese Laufrichtung (vgl. *vernüͤnftig l.* [20,16f.]) ist vergleichbar dem *verfunftigen bekantnüsse* (20,17), dem rationalen Erkenntnisvermögen des Menschen. Der *erst l.* zwingt die anderen Sphären in eine einheitliche Laufrichtung dadurch, daß er seinen Antrieb gewaltsam auf die nächstfolgenden Kugelschalen überträgt; (10,25) *der ander l.* der Umlauf der anderen Sphären, die eigene Bewegung der Planeten innerhalb und gegen die des ersten Bewegers von West nach Ost. Dieser Drehsinn gleicht dem *unvernunftigen bekantnusse* (21,5), dem sinnlichen, der *ratio* entgegengesetzten Erkennen; (10,11) *sinbel l.* Kreisbewegung; (11,10f.) *den l. volpringen* Bezeichnung für die Planetenperiode, Umlaufszeit (vgl. 56,21-24); (56,13) *aigen l.* die von der Erde aus wahrgenommene Bewegung eines Planeten, die Umlaufbewegung eines Planeten relativ zur Fixsternsphäre im Unterschied zum *rundengrözze l.* (56,15f.) eines Planeten, womit die Rotation des Himmelskörpers um die Weltachse gemeint ist.

laufen — stv. (22,19) sich kreisförmig bewegen, umkreisen, durchwandern.

*laufend — adj. (6,20) Lesart (Hs. b, f) zu *aigenleuffig*; *l. stern* Planet, Wandelstern.

leb — m. (23,17) Sternbild, Tierkreiszeichen des Löwen, fünfter Ekliptikmonat (23. Juli - 23. August).

lebenkraiz — m. (22,18) Umschreibung für Tierkreis.

leibik — adj. (6,28) *l. dinch* fester (geometrischer) Körper.

leichenam — m. (12,28) Körper, Gegenstand; (20,21) *ungeselter l.* die Materie.

leiden	stv. (12,25) *e die natur eitel l.* Diese Formulierung drückt den *horror vacui*, den 'Abscheu vor dem Leeren' aus.
leipheftig	adj. (26,17) *l. groͤzzen* siehe *leibik*.
lenge	f. (7,3) Radius, Halbmesser; (14,6) Linie, Gerade; (15,21) Entfernung; (18,14) siehe *mittelnaigerin*; (19,17) Länge; (24,21f.) *smaleu l.* eindimensionaler Strich, Linie; (28,21f.) *der stet l.* Longitüde, geographische Länge eines Ortes, d. h. der Winkelabstand des Ortes Meridian von einem beliebig gewählten Bezugsmeridian (heute dem Ostmeridian von Greenwich); (29,15; 52,10) Parallelkreis, Latitüde, geographische Breite eines Ortes (siehe *praite*); (52,25) Tageslänge; die *l. des groͤsten tages* dient als Charakteristikum der Breitenlage; (57,24) Tangente.
lengen	swv. refl. (41,29) länger sein (vgl. Deschler S. 177).
*lengen-naigerin	f. (18,22) Lesart (Hs. g) zu *mittelnaigerin*.
leo	m. (23,3) siehe *leb*.
lere	f. (19,13) Lehrsatz, Regel; (19,20) *nach der l. der erden dikken* "gemeint ist die Methode, den Archimedischen Näherungswert für die Zahl π anzuwenden" (Deschler S. 192).
lerespruch	m. (37,7) Regel, Lehrsatz.
leuhtend	adj. (7,18) glänzend, herrlich. Siehe *ohse*.
*lini	f. (7,3) Lesart (Hs. C) zu *lenge*.
*loͤchlach, *lochlin	n. (18,13f.) Lesarten (Hs. b, f) zu *vensterlein*.
lozzen	subst. Inf. (23,20) Aderlaß.
luft	m. (9,26) das Element Luft; (8,18) Luftsphäre, -hülle.

M

*magt, *maid	f. (23,3; 50,6f.) Lesart (Hs. g) zu *juncfreulein/juncfrau*.
mark	n. (18,21) Stelle, Zeichen.
matergleich	adj. (9,15) stofflich, greifbar; *daz m. reich* die sichtbare, greifbare, materielle (im Unterschied zu der *himelischen*) Welt.
meile	f. (18,30-19,1) Längenmaß; 1 franz. *m.* = 8 Stadien; (19,1f.) 1 dt. *m.* = 16 Stadien. Siehe *rast*.
meren	swv. refl. (43,28) länger werden.

mezzen — stv. (6,5) *ze deutsch m.* ins Deutsche übertragen.

*minnenstern — m. (8,13) Ergänzung (Hs. g) zu *morgenstern* Venus.

mittag, mittem-, mittentag — m. (22,4) Süden; (22,17) *gegen m.* in Südrichtung ; (28,16) Mittag; (28,17) *dez m. kraiz* Meridian; jeder Ort eines gegebenen Breitenkreises hat seinen eigenen Meridian. Siehe *mittemtager*.

mittager, mittem-, mittentager — m. (28,11; 29,17) Meridian, Großkreis an der Himmelskugel, der durch den Zenit und den Nadir eines Beobachtungsortes und durch die Himmelspole geht, zudem das Himmelsgewölbe in eine östliche und eine westliche Hälfte trennt. Im Unterschied zu Äquator, Tierkreis und Koluren, die fest mit der Sphäre verbunden sind und sich zusammen mit ihr bewegen, hängt dieser Großkreis (wie auch der Horizont) allein vom Standpunkt des Beobachters ab; (34,9; 36,5) als Vertretung von *sunne* (Deschler S. 245 und Anm. 437; vgl. 36,7-9).

mittel — n. f. (7,2) Bezeichnung der Mitte, Mittelposition von gegebenen Größen; (16,19f.) *daz m. des himels* die (obere, sichtbare bzw. untere, unsichtbare) Hälfte des Himmels; (10,11.17) *on m.* ununterbrochen, ohne Zwischending, kontinuierlich; (11,23) *an daz m. dez himels komen*, (13,14) *in der m. dez himels sten* Bezeichnung für das Kulminieren von Sternen. Kulmination bezieht sich auf den Zeitpunkt, in dem ein Gestirn bei seiner täglichen scheinbaren Bewegung am Himmel seine größte Höhe über oder unter dem Horizont eines Beobachtungsortes hat.

mittelmezzig — adj. (6,26) *m. lenge* Durchmesserachse.

mittel-naigerin — f. (18,16) Alhidade, der drehbare Arm (mit Ableseeinrichtung) eines Winkelmeßgerätes. "Die Alhidade ist im Zentrum der Astrolabscheibe drehbar angebracht, so dass die Zeigerspitzen bei *verreidung der mittelnaigerin* ... [18,21f.] an der Gradmarkierung des Randes entlanglaufen." (Deschler S. 189).

mittelnehter — m. (10,24) sphärischer Äquator. Siehe *ebennehter*.

mittelpunct — m. (6,9) Zentrum.

mittentagerin — f. (22,2f.) Bezeichnung für die südliche Himmelsspitze, Südpol.

mittenteg-leich — adj. (25,22) südlich; *daz m. stůkke* bezieht sich auf die Tierkreishälfte mit südlicher Deklination. Siehe *winderzaichen*.

mon — m. (8,16) Mond; nach mittelalterlicher Vorstellung trennt die Lunarsphäre die irdische von der himmlischen Region; (60,11) *so der m. neu ist* bei Neumond; Bedingung für das Eintreten einer Sonnenfinsternis; während dieser Mondphase steht der Mond in Konjunktion zur Sonne (60,11f.), und die der Erde zugewandte Seite ist unbeleuchtet. Siehe *scheingeprechen; vollmon*.

mongeprech — m. (14,14) Mondfinsternis.

moz, mozze — n. f. (8,5) Art, Eigenschaft; (19,3) Längenmaß; (48,27) *in ainer untailleichen m.* kurze Zeitdauer, Zeitpunkt ohne Ausdehnung.

N

nadir (nadyr) — m. (58,29) Fußpunkt, der dem Zenit (*haubtpunct*) eines Beobachtungsortes diametral entgegengesetzte Punkt an der Himmelskugel; Gegenpol des Zenits.

naigen — swv. refl. (17,13) streben nach; (22,16) sich neigen, abweichen. Wie *abnaigen* wird dieses Verb zur Bezeichnung für den Winkelabstand von Kreisebenen, Achsen oder Polen (z. B. zwischen Äquator- und Tierkreisebene) eingesetzt oder zur Bezeichnung für das Abweichen eines Himmelskörpers von einer Ebene (z.B. die Deklination der Sonne von der Äquatorebene).

natuͤrleich — adj. (29,18) *der n. tag* der bürgerliche Tag. Siehe *tag*.

nidergank — m. (10,23) Untergang; *der sunnen n.* West, Westrichtung.

niderval — m. (12,3) Untergang; *der sunnen n.* West, Westrichtung.

nidervallen — stv. (14,12) untergehen.

notduͤrft — f. (12,21) das Prinzip der Notwendigkeit.

nu — f. (48,27) Zeitpunkt ohne Ausdehnung.

O

ohse — m. (23,11) Sternbild, Tierkreiszeichen des Stiers, zweiter Ekliptikmonat (21. April - 20. Mai); (25,19) Bezeichnung für Norden, Nordpol (synonym mit *wagen*); (34,7) *der leuhtend o.* der Stier erhält dieses Attribut, "denn er besteht aus mehreren gut sichtbaren Sternen und Sterngruppen: Den Kopf bilden die Hyaden mit α (Aldebaran, einem Stern erster Grösse) und ε als Augen, während die Plejaden meist die Schulter- oder Nackenpartie darstellen" (Deschler S. 202). Als Erklärung dafür, daß der Stier das Jahr eröffnet, steht in einer Basler Vergil-Ausgabe von 1561 folgendes: *Aperit autem ideo ait, ... quia Aprili mense sol in tauro est, quo cuncta aperiuntur* (vgl. Deschler S. 204).

ohsentreiberlein — n. (45,14) Stiertreiber, Bootes, ein Sternbild des nördlichen Himmels, das im Frühjahr am Abendhimmel sichtbar ist (synonym mit *wagenknehtlein* und *wagenminnerlein*). Es erhält diesen Namen wegen seiner Nachbarschaft zum Großen Himmelswagen im Sternbild Ursa Major, dem es bei der scheinbaren täglichen

Drehung des Sternhimmels nachfolgt. Bootes 'treibt' die Zugochsen des Himmelswagens vor sich her.

*ohsentreter-lein — n. (45,14) Lesart (Hs. C) zu *ohsentreiberlein*.

ohsenzagel — m. (26,30) Kolur; *der erst o., der die sunwenden underschait* Solstitialkolur; (27,26) *der o., der die ebenneht schaidet* Äquinoktialkolur. Siehe *walt-ohsenzegel*.

omaizz — f. (11,4) Ameise.

P

perg — m. (12,27f.) *e geng daz wazzer ze p.* hier wird auf das Saugrohr-Experiment angespielt; (24,4) *deu sunne steigt ze p.* gemeint ist hier der Beginn des Aufstiegs der Sonne in nördlicher Richtung, also die Wintersonnwende.

*pergot — adj. (15,25) Ergänzung (Hs. g) nach *geperg* bergförmig; bezieht sich auf die Krümmung der Hydrosphäre.

perinne — f. (14,27) volkstümlicher Name für den nördlichen Himmelspol (synonym mit *himelwagen* [14,28]).

pernebenverrer — m. (32,19) nördlicher Polarkreis. Siehe *pernkraiz*.

pernhimelspitzze — f. (32,3) Nordpol.

pernhůter — m. (45,18) Bärenhüter. Siehe *hůter*.

pernkraiz — m. (31,3) nördlicher Polarkreis; für einen Ort auf dem Polarkreis dauert Polartag bzw. Polarnacht 24 Stunden (49,3-12); je weiter polwärts der betreffende Ort liegt, umso länger dauert der Polartag bzw. die Polarnacht. Am Pol selbst würde der Polartag bzw. die Polarnacht die Dauer eines halben Jahres erreichen (50,20f.).

pernspitzze — f. (50,11) Nordpol.

pfaid — n. f. (4,28) Gewand.

pigen — stv. (2,2) 'wenn ich auch nicht so hoch fliege' (Matthaei S. 49); (46,30-47,1) *den schaten niht p.* drückt die Schattenlosigkeit des Augenblicks aus, in dem die Sonne den Zenit überquert.

pinden — stv. refl. (4,13) sich anvertrauen; (5,6) verpflichtet sein.

planet — m. (7,24) Planet, Wandelstern.

planetenstant — m. (57,28) Stillstandspunkt eines Planeten (siehe *steer*); (57,28-58,1) *der erst p., der ander p.* an diesen zwei Punkten des Epizykels scheint ein Planet stationär zu sein, wo er sich von der Erde weg oder auf sie zu bewegt (synonym mit *satz*).

pleiades (pleyades) pl. (34,19) Plejaden, Siebengestirn; auffälliger, mit bloßem Auge sichtbarer offener Sternhaufen im Sternbild des Stiers. Der Sage nach handelt es sich um die sieben Töchter des Atlas mit der Pleone/ Pleione.

pogen m. (27,10) Abschnitte von Kreisen des Sphärenmodells; (28,20f.) Winkelabstand zwischen zwei Meridianen; (41,11f.) *der tag p.*, Tagbogen, *der neht p.* Nachtbogen. Tagbogen bezeichnet den über dem Horizont, Nachtbogen den unter dem Horizont liegenden Teil eines Kreisbogens, der von einem Himmelskörper bei der täglichen scheinbaren Bewegung beschrieben wird.

pok m. (37,26) Tierkreiszeichen des Steinbocks. Siehe *stainpok*.

poͤs adj. (51,21) unwohnhaft, unwirtlich.

praite f. (7,2) Oberfläche von kugelförmigen und ebenen Gebilden; (24,22) geometrische Breite; (55,16) geographische Breite; 0° Breite entspricht den Orten am Äquator, 90° jenen am Nordpol. Sämtliche Orte, die unter ein und demselben Parallelkreis liegen, haben dieselbe Breite; (57,1) *in der p. der scheinprecherinne*, (58,23) *in der p. dez zaichentragers* Kreisebene der Ekliptik; (32,23.25f.) irdische Zonen, auf die Erdoberfläche projizierte Zonen der Himmelskugel (synonym mit *reich*); *fůnf p.* bezieht sich auf die fünf Teile, in die die Erde durch die zwei Polar- und die zwei Wendekreise segmentiert wird. Das sind die zwei Polarzonen, die Tropenzone und die zwei temperierten, bewohnbaren Zwischenzonen (32,28-33,16). Vgl. *snůr*.

prehen stv. (7,19) funkeln.

pruͤfen swv. (17,3) wahrnehmen; (17,15) beobachten; (18,18) ablesen.

puch n. (6,6) Traktat; (22,26) *p. von der gepurt* Aristoteles' 'De generatione et corruptione'; (45,27) *p. von dem erdenpau* Vergils 'Georgica'.

*püg f. (15,25) Lesart (Hs. g) zu *geperg* Krümmung.

punct m. (7,2) geometrischer Punkt; (57,27) *der p. dez zuvalls* Berührungspunkt; (16,23) *untailleich p.* extrem kleines, punkthaftes Kügelchen im Verhältnis zum mächtigen Umfang des Weltbaues; (21,14) *gepruͦfter p.* ein angenommener, berechneter Punkt zur Lokalisierung des unsichtbaren Pols und überhaupt zur Bestimmung kosmischer Positionen; (36,29f.) *vier p.* während ihres scheinbaren jährlichen Laufes um die Erde zeigt die Sonne an diesen vier Haupt- oder Kardinalpunkten (*vordersten himelzaichen* [48,8]), die um 90° voneinander entfernt sind, die Jahreszeiten an. An zwei dieser Punkte, den Äquinoktialpunkten (*ebennehtigen p.* [38,28]), kreuzt die Ekliptik (bzw. der Tierkreis) den Äquator: am *ersten p. des widers* (27,24) tritt die Sonne in die nördliche Halbkugel (Frühlingsbeginn) über, am *ersten p. der wag* (27,25) in die südliche (Herbstbeginn). An den anderen zwei Punkten, den Solstitialpunkten (*sunwendigen p.* [36,30-37,1]) erreicht die Sonne ihre nördlichste und südlichste Abweichung vom Äquator: am *ersten p. des krebs* (27,3) bzw. am *p. der sümerlichen sunwenden* (27,6) beginnt der Sommer, am *ersten p. des stainpoks* (27,18) bzw. am *p. der windersunwenden* (27,18f.) der Winter.

R

raist — m. (5,1) Ruhe.

rast — m. f. (18,3) Längenmaß, Stadie; im Altertum die Bahn zum Wettlauf, die zu durchlaufende Strecke. Die Römer verwendeten das Achtelmeilenstadium (*stadium italicum*), bei dem ein Stadium das 625fache eines jeweiligen Fußes und 192,27 bzw. 184,18 Meter (Bauer S. 13) oder 186,03 Meter (Pauly, 2. Reihe Bd. 6, Sp. 1932-34) ausmacht. Demnach gilt:

(18,28f.)	5 Fuß	= 1 Schritt
(18,29f.)	125 Schritt	= 1 Stadie
(18,30f.)	8 Stadien	= 1 röm./franz. Meile
(19,1f.)	16 Stadien	= 1 dt. Meile
(18,6f.)	700 Stadien	= 1 Bogengrad
(19,21-23)	ca. 80.181 Stadien	= Erddurchmesser
(18,2f.)	252.000 Stadien	= Erdumfang (Eratosthenischer Wert)
(19,4f.)	20.400 Meilen	= Erdumfang
(19,6f.)	6.490 Meilen	= Erddurchmesser
(19,7-9)	56 2/3 arab. Meilen	= 1 Bogengrad (zu dieser Berechnung siehe Ley S. 68)
(19,3f.)	1 Meile	= 4.000 Ellen.

raubfruht — f. (21,26) volkstümlicher Name für nördlichen Himmelspol (nach dem Nordwind).

raubvater — m. (8,7) mythologische Bezeichnung für Jupiter (Näheres bei Deschler S. 241f.).

raufen — swv. (4,30) stören, verdrießen.

redenstrik — m. (37,28) Argumentationsweise, Beweisführung, Ausführung.

reht — adv. (42,28f.) *r. aufgen* steil, gerade aufsteigen. Siehe *himelzaichen*.

reich — n. (9,15) *daz elementisch oder daz matergleich r.* Elementarsphären, sublunarer Bereich; (9,16) *daz himelisch r.* die Ätherhülle; (32,23) irdische Zone, Gürtelzone (synonym mit *praite*); (48,14) alle Sternbilder, Tierkreiszeichen außer den vier Kardinalzeichen (siehe *himelzaichen*): Stier; Zwillinge; Löwe; Jungfrau; Skorpion; Schütze; Wassermann; Fische.

reiden — swv. refl. (21,19) sich drehen, Bezeichnung für die Rotation eines Himmelskörpers um einen Mittelpunkt.

ring — m. (6,20) Planeten-Laufkreis, Kreise (Metallringe) des Sphärenmodells (synonym mit *kraiz* [19,25]).

*roslauf — m. (18,30) Lesart (Hs. e, g. K) zu *rast* Stadie.

*rotunden-groͤzze — f. (6,8) Lesart (Hs. b, f) zu *rundengroͤzze* Sphäre.

ruken — swv. (10,30) mitreißen, den Bewegungsantrieb geben.

ruͤklingen — adv. (50,5) verkehrt, in verkehrter Ordnung.

rundengroͤzze — f. (6,8) Sphäre, Kugelkörper, Kugelschalen, aus denen der Kosmos besteht; (26,23f.) *der himel r.*, (28,11) *der werld r.* Himmelskugel; (56,15f.) *r. lauf* Rotation eines Himmelskörpers um die Weltachse; (8,26f.) *aufgereht r.*, (39,17f.) *gereht r.* gerade Sphäre; (8,25f.) *krumme oder schilhend r.*, (41,16) *genaigte r.* schiefe Sphäre. Derjenige Beobachter auf der Erdoberfläche hat eine gerade Sphäre, dem Nord- und Südpol der Erde (wie des Himmels) in den Horizont des betreffenden Erdortes fallen und dem der Äquator durch den Zenit und Nadir geht. Die beiden Kreisebenen bilden einen rechten (sphärischen) Winkel (9,4f.). Hieraus folgt, daß die Himmelskugel nur an denjenigen Orten der Erde als gerade Sphäre erscheinen kann, welche im Äquator der Erde selbst liegen und deren geographische Breite (Polhöhe) 0° beträgt. Die schiefe Sphäre bezeichnet alle Stellungen der Erde gegen die Himmelskugel, für die der eine Pol über dem Horizont erhöht, der andere unter demselben verborgen ist. Dabei werden Äquator und Parallelkreise vom Horizont schief durchschnitten (9,10-12).

rundengroͤzzig — adj. (9,5) sphärisch.

runst — f. (2,24) Quelle.

*runsten — swv. (4,30) Lesart (Hs. C) zu *raufen*, überströmen, ersticken (Matthaei S. 56) (?).

ruͤren — swv. (21,6) ausgehen, in Bewegung kommen oder setzen; (45,18f.) *r. deu merwazzer* geht unter.

S

sachen — swv. (3,7) verursachen.

saim — adv. (11,23) langsam, träge.

samenung — f. (60,2) Zusammenkunft, Konjunktion; sie ereignet sich, wenn zwei Himmelskörper ein- und dieselbe Länge haben und sich demzufolge entweder ganz oder teilweise bedecken.

satjar — m. (7,25) mythologische Bezeichnung für Saturn (Näheres bei Deschler S. 238-240).

satz — m. (11,25) *in ainem s.* gleichmäßig, ununterbrochen; (42,17) unveränderliche Stellung; (57,28) Stillstandspunkt eines Planeten. Siehe *planetenstant.*

sauler — m. (60,30) Schattenart. Siehe *schate.*

schate — m. (60,29) Schatten, Mangel oder Beraubung des Lichtes durch einen im Weg stehenden dunklen Körper. Das Größenverhältnis zwischen leuchtender und beleuchteter Kugel bestimmt, ob sich der Schatten hinter dem beleuchteten Objekt verbreitet (*körbler*), verengt (*kegler*), oder ob der Schatten gleich bleibt (*sauler*); (46,16f.) *linke s.* die südwärts gerichteten Mittagsschatten der Tropenzone, (46,19) *gereht s.* die nordwärts weisenden. "Zu dieser Betrachtungsweise - 'Süden' gleich 'links' - gelangt man, indem man dem täglichen Lauf der Gestirne folgend den Blick nach Westen richtet." (Deschler S. 179); (46,29) *aufgerehter s.*, (45,1) *s. under iren füzzen* Bezeichnung für einen schattenlosen Augenblick. Vgl. *pigen.*

scheiben — stv. (1,11) rollen.

scheingeprechen, scheinprechen — n. (6,21; 25,8) Lichtmangel, Finsternis, Verfinsterung; Finsternisse können nur in den Syzygien, das ist, in den Zeiten von Voll- und Neumond auftreten. Sonnenfinsternisse (60,1-12) kommen nur bei Konjunktionen (Neumonden), Mondfinsternisse (58,29-59,7) nur bei Oppositionen (Vollmonden) zustande; (59,5f.) *gemain s.* totale Finsternis; (59,8) *sunder s.* partielle Finsternis.

*scheinpergerinne — f. (49,4) Lesart (Hs. K) zu *scheinprecherinne.*

scheinprecherinne — f. (25,4) die Mittellinie des Zodiaks, Ekliptik (Sonnenbahn); der größte Kreis, den die Sonne im Lauf eines Jahres scheinbar um die Erde beschreibt. Die Ekliptik schneidet den Himmelsäquator in zwei einander gegenüberliegenden Punkten (Äquinoktialpunkten) unter einem Winkel von etwa 23 1/2°, der als Schiefe der Ekliptik bezeichnet wird.

schelch — adj. (42,29) schräg, schief (synonym mit *schilhend*).

schelchait — f. (40,11) Schrägheit, Schiefe, Neigung.

schikung — f. (8,24) Art, Art und Weise; (44,18) *ainer s. sein* gleich sein.

schilhen — subst. Inf. (40,14) Schiefe, Schrägheit.

schilhend — adj. (8,26) ungerade; (42,29) schief, schräg (synonym mit *schelch*); (22,26) *s. kraiz* Tierkreis (synonym mit *krumm* [22,25]). Siehe *himelzaichen.*

schorp — m. (23,27) Sternbild, Tierkreiszeichen des Skorpions, achter Ekliptikmonat (24. Oktober - 22. November).

schrenken	subst. Inf. (27,28) Überschneiden.
schrenkung	f. (9,4) Überschneidung.
schrit	m. (18,29) Längenmaß; 1 Schritt = 5 Fuß. Siehe *rast*.
*schuh	m. (18,28) Lesart (Hs. e, g, K) zu *fuz*.
schütze, schützlein	m. n. (23,4; 24,1) Sternbild, Tierkreiszeichen des Schützen, neunter Ekliptikmonat (23. November - 21. Dezember).
seige (seyge)	f. (4,18) Demut.
sele	f. (22,12) *deu swartz helle und die armen tiffen s.* Vergilzitat zur Bezeichnung von Südpol.
selplauffig	adj. (7,24) *s. stern* Planet, Wandelstern.
selpwesen	n. (7,12) Substanz, Beschaffenheit.
sibengestirn	n. (34,19) Siebengestirn. Siehe *pleiades*.
sibenohsin	f. (21,21) Bezeichnung für Nordpol (vgl. lat. *septentriones*). Die sieben Sterne heißen auch *die ohsen* (25,19) nach der Etymologie von *triō* Arbeitsochse beim Dreschen, Pflügen; Dreschochse. Zur Vorstellung vom Pol als Pfahl, um den die Ochsen kreisen, siehe Scherer S. 136.
sibenöhsisch	adj. (25,17) *die s. zaichen* die nördlichen Tierkreiszeichen (synonym mit *sibensternig*). Siehe *sumerzaichen*.
sibenstern	m. (21,18) Umschreibung für Norden, Nordpol.
sibensternig	adj. (25,17) *die s. zaichen*. Siehe *sibenöhsisch*.
siben-treterinne	f. (21,23) Bezeichnung für Nordpol. Siehe *sibenohsin*.
sidel	n. (2,10) Wohnsitz; *gotes s.* Gottes Werk, die Welt.
sinbel, sinwel	adj. (6,29) rund, alles, was in gewisser Weise kugel- und kreisförmig, gewölbt oder geschweift ist; (51,28) *s. eklein* sphärischer Winkel.
sinbeln	f. (15,4) Rundung.
sitenstraffer	m. (33,22) Dichter, vermutlich eine etymologisierende Lehnübersetzung von *poeta* < *poena* + *ethos* (Deschler S. 231). Siehe *aufgank*.
sitzen	stv. (5,4) verfaßt sein.
sitzzer	m. (58,2) siehe *steer*.
slahen	stv. (44,22) teilen, kreuzen.
*slahent	adj. (55,13) *nach der s. or* Lesart (Hs. g) zu *horalogio*.

sleht adj. (13,5) flach; (44,22) stv. *slahen*.

snelle adv. (49,2) plötzlich.

snůr f. (32,24) Begriff zur Bezeichnung für Breitenzonen des Sphärenglobus, Zone an der Himmelskugel, Himmelsstreifen (synonym mit *gůrtel* [33,3]); diese fünf Regionen entsprechen fünf Gegenden (*praiten*) auf der Erde.

spera f. (6,8) Sphäre (synonym mit *rundengrőzze*). Mit *s. materialis* (Ergänzung durch Hs. b, f) soll nach Deschler (S. 385, Anm. 187) "der Gegensatz zur Äthernatur der wirklichen Sphären ausgedrückt werden." (6,23-27) Euklidische Definition der (idealen) Kugel der Geometrie als die Rotation eines Halbkreises um seine Durchmesserachse; damit aber wird nicht der Sphärenkörper definiert, sondern lediglich dessen Generierung formuliert. Die Ergänzung *leibik stark dinch* (7,1) als Ausdruck für die Festkörper-Eigenschaft der Weltkugel entstammt der 'Sphärik' von Theodosius; (6,13) *die gegenwertigen s.* Armillarsphäre, ein künstliches Sphärenmodell, das als *ebenpild* die Wirklichkeit (Planetenbahnen, Groß- und Klein-Kreise) repräsentieren sollte.

spitze f. (7,8) Spitze, Pol.

stainpok m. (24,3) Sternbild, Tierkreiszeichen des Steinbocks, zehnter Ekliptikmonat (22. Dezember - 20. Januar); leiht, wie der Krebs, einem Sonnwendpunkt und einem Wendekreis seinen Namen; (27,18) *der erste punct des s.*, (49,26f.) *der anvang dez s.* Winterbeginn, Winterwende; steht die Sonne im Steinbockspunkt, so findet der kürzeste Tag statt (43, 8-10). Siehe *widerkerer*.

stant m. (58,4) Siehe *planetenstant*.

steer m. (58,2) Bezeichnung für den Zustand eines Planeten, während er aus der rechtläufigen Bewegung in die rückläufige übergeht oder umgekehrt; während dieser Zwischenphasen scheint der Planet seinen Platz am Himmel im Verhältnis zu den übrigen Himmelskörpern nicht zu ändern. Man nennt ihn dann 'stillstehend, stationär' und spricht vom 'Stillstand' des Planeten. Vgl. *planetenstant*.

stern m. (6,20) Stern, der Begriff bezeichnet kollektiv alle Arten von Himmelskörpern wie z. B. Planeten, Fixsterne oder Sternbilder; (11,27) *die s. pei der himelspitzen*, (14,22) *die ůmblauffent s.* Zirkumpolarsterne; (21,22) *die siben s.* Umschreibung des Großen Wagens.

sternhimel m. (11,8) Fixsternsphäre, Firmament.

sternlebs f. (18,8) Verdeutschung von *astrolabium*.

sternprůfer m. (34,29) Astronom, Astrologe.

*sternschauer m. (11,10) Lesart (Hs. b) zu *sternseher*.

sternseher — m. (24,14) Astronom, Astrologe. Siehe *aufgank*.

*stillstend — adj. (6,20) Ergänzung (Hs. b, f) nach *stern*; *die s. stern* Fixsterne (synonym mit *unleuffig*).

sträffleich — adj. (1,1) ermahnend.

strik — m. (38,2) siehe *redenstrik*.

stuͤk — n. (7,13) Sphäre, Himmel, Teil geometrischer Formen; am häufigsten Kreisabschnitte des sphärischen Raummodells (synonym mit *grözze* [29,28f.]); (18,6) *klain s.* Grad; (9,17) Element; (22,24f.) Tierkreiszeichen (synonym mit *zaichen*); (52,20) bewohnbarer Erdteil.

stumpf — adj. (14,2) stumpfwinklig.

sumerzaichen — n. (23,24) Bezeichnung für die sechs nördlichen Zeichen des Tierkreises: Widder; Stier; Zwillinge; Krebs; Löwe; Jungfrau; befindet sich die Sonne *in den s.* (bei nördlicher Deklination), sind die Tage länger als die Nächte; befindet sie sich in den *winderzaichen* (bei südlicher Abweichung), sind die Verhältnisse umgekehrt (42,19-21).

sunnenlauf — m. (56,15) Sonnenbewegung. Siehe *lauf*.

suͤnnenleich — adj. (35,19) *der s. aufgank*, (35,30) *der s. undergank* heliakischer Auf- und Untergang eines Sterns, der erste sichtbare Aufgang eines Sterns in der Morgendämmerung bzw. der letzte sichtbare Untergang eines Gestirns in der Abenddämmerung.

sunwende, suͤnwente — f. (26,25) Solstiz, Sonnenwende; der Zeitpunkt, zu dem die Sonne während ihrer scheinbaren jährlichen Bewegung um die Erde den größten Abstand vom Äquator erlangt. Sie erreicht dann mittags ihre größte bzw. geringste Höhe über dem Horizont. Die größte Deklination (vgl. *hoh s.* [44,5f.]) hat die Sonne zur Zeit des Sommersolstitiums, das auf den 21. Juni fällt (Sommeranfang), ihre kleinste Deklination (vgl. *nider s.* [44,10]) zur Zeit des Wintersolstitiums am 21. Dezember (Winterbeginn). Siehe *ebenverrer*; *kraiz*.

sunwendig — adj. (36,30-37,1) *s. punct* Solstitialpunkt. Siehe *punct*.

T

tag — m. (29,18f.) *der naturleiche t.* der bürgerliche Tag, der sich aus Tag und Nacht zusammensetzt; (43,25) die Zeit, welche zwischen zwei Meridiandurchgängen der Sonne liegt, 24 Stunden; (41,4) *der kuͤnstige t.* der Lichttag (im gegensätzlichen Sinn von Nacht), die Zeit zwischen dem Auf- und Untergang der Sonne, die Zeit des Aufenthaltes der Sonne über dem Horizont (50,29-51,1); die Länge des Tages hängt von der geographischen Breite des Beobachtungsortes und der Jahreszeit ab. Nur während des Äquinoktiums hat der *kuͤnstige t.* 12 Stunden, alle übrigen Tage des Jahres sind entweder länger oder kürzer (43,26-30).

tail — n. (22,3) *t. dez himels*, (22,5) *t. der werlde*, (33,1) *t. der erden* als Bezeichnung für die Himmelsrichtung oder kosmische und irdische Orte; (20,1; 47,19) Teilabschnitte von geometrischen Formen und Sternzeichen; (47,2) Zeitabschnitte.

tauken — swv. (45,28) *getaukt werden* poetische Bezeichnung für untergehen.

tegleich — adj. (34,3) einen neuen Tag bringend.

tirkraiz (tyrkraiz) — m. (22,21) Zodiak, Tierkreis, Großkreis der Sphäre; eine die Himmelskugel umspannende Zone, 12 Grad breit (24,23f.), die 12 Tierkreiszeichen zu je 30 Grad in der Länge (24,28) enthält. Mit dem Äquator ist der Tierkreis der wichtigste Kreis des Kosmos. Andere Bezeichnungen: *krummer oder schilhender kraiz; lebenkraiz; tyrzirkel; uͤmbkraiz der zaichen; zaichentrager.*

tirzirkel (tyrzirkel) — m. (11,18) Zodiak (synonym mit *tyrkraiz*).

türssenmär — n. (1,2) bezieht sich auf die weltlichen Volkserzählungen (Riesen- und Heldengeschichten) als Lügengeschichten.

twingen — stv. (35,16f.) *deu klain naht t. di snellen geschoz* poetische Bezeichnung für das Untergehen eines Zeichens.

U

yberig, uͤbrig — adj. (15,11) übergroß, übermäßig.

uͤberkraiz — m. (57,19) Epizykel, aufgesetzter Kreis, dessen Peripherie ein Gestirn umläuft, während der Kreismittelpunkt selbst gleichzeitig einen größeren, exzentrischen Kreis (den *fuͤrer*) beschreibt. Auf diese Weise entsteht eine schleifenförmige Kurve, die gelegentlich auch als Epizykel bezeichnet wird. Man bediente sich der Epizykeltheorie, 'um die Phänomene zu retten', d. h. um die beobachteten ungleichförmigen Kreisbewegungen der Himmelskörper als gleichförmige darzustellen. Siehe *fuͤrer; geleicher.*

uͤberpraite — f. (16,30) Oberfläche.

*uͤberschreiten — stv. (46,7) Lesart (Hs. b, f) zu *uͤberschrenken.*

uͤberschrenken — swv. (9,2) schneiden; (57,6) *deu gestalt des uͤ.* bezeichnet den sichelförmigen Kreisabschnitt (*drakke*), der durch die Überschneidung der exzentrischen und konzentrischen Planetenbahnen entsteht.

uͤberschrenkung — f. (57,8) bezeichnet Schnittpunkte und Überschneidungen geometrischer Größen.

uͤbertreffend adj. (33,30) *mit ainer uͤ.-sprache* lat. *antonomastice.*

uͤberwaltzen stv. (40,5) durchlaufen.

ulmec adj. (1,15) faulig, von Fäulnis angegriffen.

uͤmbfuͤren swv. (6,26) drehen, herumführen, bezeichnet die Umdrehung der Achse mit dem Halbkreis; (47,28) parallel verlaufen.

uͤmbgreifen stv. (20,14) umringen, umzingeln.

uͤmbgreiffig adj. (12,17) umfassend, geräumig.

umbhoͤht adj. (13,2f.) *u. sein* hervorstehen.

uͤmbkraiz m. (7,3) Umkreis, Umfangslinie; (44,22) *der uͤ. der zaichen* Tierkreis.

uͤmblauf m. (40,3) Umdrehung; (49,17) Umlauf, Erdumkreisung.

uͤmblaufen stv. (18,14) sich drehen, drehbar angebracht sein. Siehe *stern.*

uͤmbnaigen swv. refl. (18,16f.) sich neigen, drehen.

uͤmbruk m. (40,28) kreisförmige Bewegung.

uͤmbrukken subst. Inf. (40,21) siehe *uͤmbruk.*

uͤmbslinge f. (40,25) Spirale, schneckenförmiger Kreis.

uͤmbslizzen stv. (4,8) erfassen; (7,2) ein-, umschließen; (33,3) umschreiben. Vgl. *umbvahen.*

*uͤmbswaif m. (18,2) Lesart (Hs. g) zu *uͤmbkraiz* Umkreis.

umbvahen, uͤmbvangen stv. (12,16) die Eigenschaft haben, einen Körper zu umschließen (synonym mit *uͤmbsliezzen* [12,15]); (13,2f.) *uͤ. sein* eingeschlossen sein.

uͤmbvart f. (57,20) Umkreis, Peripherie. Siehe *gank.*

uͤmbwaltzen stv. (11,28) um die Erde kreisen, sich drehen; Bezeichnung für die kreisförmige Bewegung der Sterne und Sphären um die Erde oder die Weltachse.

unab-schaidleich adj. (58,23f.) untrennbar.

unaigentleich adv. (47,16) doppelsinnig, mehrdeutig.

underdruͤken swv. (49,1) *u. werden* untergehen.

undergank m. (16,12) bezeichnet den Augenblick des Verschwindens eines Gestirns unter den Horizont infolge der scheinbaren täglichen Bewegung des Gestirns an der Himmelssphäre; (11,21) *der sunnen u.* Sonnenuntergang, Okzident, Osten, Ostrichtung. Siehe *aufgank.*

*underlauf m. (11,21) Lesart (Hs. C, d, e, W) zu *undergank.*

underloz m. (50,17) *on u.* kontinuierlich, ununterbrochen.

*underperinne f. (14,26) Lesart (Hs. f) zu *widerperinne*.

undertauken swv. (45,12) poetisch für untergehen.

undervall m. (6,16) Untergang. Siehe *undergank*.

ungestüm f. (10,30) Umschwung; eine sich mit enormer Geschwindigkeit vollziehende Bewegung.

*unleuffig adj. (6,20) Ergänzung (Hs. b, f) vor *stern*; *u. stern* Fixsterne (synonym mit *stillstend*).

*unrat m. (18,9) Lesart (Hs. K) zu *munt* (?).

untailheftig adj. (10,10) ohne Anteilnahme; *u. aller veranderung* erhaben über die Veränderlichkeit und Vergänglichkeit sublunarer Dinge.

*untailvängig adj. (10,10) Lesart (Hs. C) zu *untailheftig*.

unterseigen stv. (11,26) Bezeichnung für den Abstieg eines Gestirns von der Kulmination bis zum Untergangspunkt.

untertun anom. v. (49,3) *u. werden* untergehen.

unvelleich adj. (45,26) *deu u. ahs* Bezeichnung für die Unverrückbarkeit des Pols.

unwegleich adj. (10,7) *u. sein* unbeweglich sein, im Ruhestand verharren.

*unwergenleich adv. (47,16) alternative Ergänzung (Hs. g) zu *unaigentleich*.

unwonhaft adj. (32,29) Bezeichnung für die unwirtlichen Gebiete jenseits der Ökumene.

V

veint adj. (37,25) *v. sein* Gegenzeichen sein, einem zodiakalen Zeichen diametral gegenüberstehen.

veintschaft f. (37,22) Gegenüberstellung (der Tierkreiszeichen).

vensterlein n. (18,13f.) die Diopterrvorrichtung der Alhidade zur Anvisierung des Polarsterns.

verlisen stv. (11,28) *daz wir sie nimmer v.* daß sie (die Zirkumpolarsterne) uns nie untergehen; (59,16f.) *den schein v.* sich verfinstern.

verpergen stv. (34,21f.) *v. werden* poetisch für untergehen.

verreidung f. (18,21) Bewegung, Umdrehung.

verslingen stv. (4,25) übertragen.

viereket adj. (12,22) vierseitig. Siehe *kegel*.

vierschrötig	adj. (23,13) von gewaltiger Größe und Stärke.
vileket	adj. (12,22) vielseitig.
visch, vischlein	m. n. (23,4; 24,7) Sternbild, Tierkreiszeichen der Fische, zwölfter Ekliptikmonat (20. Februar - 20. März).
volgen	stv. (38,7) vollständig, zuende aufgehen (vgl. *v. oder gantz aufgen* [43,23]).
vollmon	m. (58,29f.) Vollmond; diese Mondphase tritt während der Opposition ein, d. h. wenn der Mond der Sonne genau gegenübersteht. In dieser Zeit ist die ganze sichtbare Oberfläche des Mondes beleuchtet.
volpringen	stv. (11,10f.) vollenden; *der satjar v. seinen lauf in dreizzig jaren* bezeichnet die Zeit, die Saturn braucht, um den ganzen Zodiak zu durchlaufen.

W

wag	m. (24,8) Wasser.
wage	f. (23,25) Sternbild, Tierkreiszeichen der Waage, siebter Ekliptikmonat (24. September - 23. Oktober); (27,25) *erster puncte der w.*, (44,4f.) *anvang der w.* Herbstpunkt, Herbstäquinoktium. Siehe *ebennaht*; *punct*.
wagen	m. (11,27) volkstümliche Bezeichnung des Nordgestirns; (14,23; 21,13) Großer (Himmels-)Wagen, Großer Bär, Große Bärin (im landläufigen Sinn sind Großer Bär und Großer Wagen das gleiche); Umschreibung für Norden.
wagen-knehtlein	n. (45,10) Bootes (siehe *ohsentreiberlein*). Der Vermerk, das *sternlein* führe den Himmelswagen (45,13-15), läßt vermuten, daß hiermit entweder Auriga 'der Fuhrmann', ein bekanntes Sternbild des nördlichen Himmels, oder Alkor 'das Reiterlein', ein Stern im Sternbild Ursa Major, gemeint sein könnte (vgl. Deschler S. 211-216).
wagen-minnerlein	n. (45,14) Wagenliebhaber, nach Deschler (S. 212-214 und Anm. 629) etymologische Übertragung von Arctus oder Arctophylax (andere Bezeichnung für Bootes). Vgl. *ohsentreiberlein*.
waltohsen-zegel	m. pl. (26,26) Koluren, Bezeichnung für jene beiden Längenkreise, die sich an den Himmelspolen rechtwinklig schneiden und den Tierkreis (die Ekliptik) an den Äquinoktial- und an den Solstitialpunkten kreuzen. An diesen (vier) Schnittpunkten beginnt jeweils eine neue Jahreszeit. Vgl. *ohsenzagel*.
waltzen	stv. (11,6) sich drehen, kreisen, umlaufen; (21,22) *die siben stern w. tregleichen* "sie legen ihren kleinen Drehkreis in derselben Zeit zurück wie alle andern Fixsterne, die doch einen längern Weg haben"

(Deschler S. 211).

waltzer — m. (7,14) *der erst w.*, (10,20) *der oberst w.* die Ursprungsquelle der Bewegung für die himmlischen Sphären in ost-westlicher Richtung; das *primum movens*, das sich selber bewegt. Diese wuchtige Bewegung (vgl. *ungestüm*) überträgt sich nach Aristoteles auf die nächstfolgende, in ihm enthaltene Sphäre, und von dieser auf die weiteren, inneren Sphären. Gegenläufig zu dieser Bewegung ist die des Firmaments und der sieben Planeten von Westen nach Osten zum Ausgleich im kosmischen Bewegungsrhythmus. Siehe *lauf*.

waltzhimel — m. (20,12f.) *der oberste w.* der erste Beweger. Siehe *gürtel*; *waltzer*.

wazzer — n. (8,18; 9,19) Wasserelement; Hydrosphäre.

wazzerer — m. (35,23) Sternbild des Wassermanns. Siehe *aimer*; *kruk*.

*wazzerman — m. (23,4) Lesart (Hs. g. K, L) zu *kruk*.

wehsein — adj. (12,17) aus Wachs, biegsam.

werbel — m. (22,11) Nordpol; (22,12f.) *der ander w.* Südpol.

werk — n. (61,24) *daz gantz w. der werlt* der Aufbau des Kosmos, das Weltgebäude; (20,28) die Schöpfung, das Vergängliche; (9,23) Wirkung.

werlt — f. (6,7) die Gesamtheit der Schöpfung, das Universum; (20,18) *die klain w.* der Mensch, der Mikrokosmos; (20,20) *die grozze w.* der Makrokosmos.

werltleich — adj. (33,26) *der w. aufgank*, (34,11) *der w. undergank* kosmischer Auf- und Untergang eines Gestirns, Bezeichnung für den Auf- und Untergang eines Gestirns bei Tagesbeginn.

wesen — n. (10,12) *daz funft w.* Äther; jenseits der Sphäre des Mondes bestehen die Körper aus einem fünften Element, der Quintessenz, die weder erzeugt werden noch zugrundegehen kann (vgl. *etherreich*); (20,22) Substanz; (45,22) geographische Breite.

wider — m. (23,5) Sternbild, Tierkreiszeichen des Widders, erster Ekliptikmonat (21. März - 20. April); (27,24) *der erste puncte des w.*, (41,28) *der anvang des w.* Frühlingspunkt, Frühlingsäquinoktium. Siehe *ebennaht*; *punct*.

widerfleizzen — stv. refl. (11,2f.) *die aht himel w. sich dem lauf* sie widerstreben dem *primum movens*. Siehe *waltzer*.

widerkerer — m. (32,29) Wendekreis; (41,23f.) *der w. des krebs*, (42,2) *der w. des stainpoks* der Wendekreis des Krebses und des Steinbocks. Diese zwei Kleinkreise laufen parallel mit dem Äquator und stehen von ihm um das Maß der Schiefe der Ekliptik, ca. 23 1/2°, ab; (30,15) *der sumerleich w.* bezeichnet den nördlichen Wendekreis, (30,23) *der winterisch w.* den südlichen.

widerkrigend adj. (8,2) *dem leben w.* lebensfeindlich; (34,12) entgegengesetzt, gegenüberliegend (synonym mit *widersehend* [37,10]).

widerlage f. (56,10) Gegenüberstellung, Opposition; *w. der aufhohen* Perigäum, Erdnähe. Siehe *aufhohen*.

widerperinne f. (14,26) Südpol.

widerpern-ebenverrer m. (32,20) südlicher Polarkreis.

widerpern-kraiz m. (31,5) südlicher Polarkreis.

widerpunct m. (59,15) Nadir, Gegenpol des Zenits. Siehe *nadir*.

widersatz m. (59,12) (Planeten-)Opposition.

widersehend adj. (56,8) gegenüberliegend (synonym mit *widerkrigend*).

wiltz stv. (11,4) Konj. Prät. von *waltzen*.

*winderling m. (40,25) Lesart (Hs. K) zu *ůmbslinge* Spirale.

windersun-wende f. (27,18f.) Wintersonnenwende. Siehe *kraiz*; *punct*.

winderzaichen n. (25,25) Bezeichnung für die sechs südlichen Zeichen des Tierkreises: Wage; Skorpion; Schütze; Steinbock; Wassermann; Fische. Siehe *sumerzaichen*.

wonhaft adj. (33,11) Bezeichnung für die bewohnbaren Gebiete der Erde.

wonung f. (52,21) *die siben w.* die durch die sechs Parallelkreise (52,17-20) geteilten, ostwestlich verlaufenden, bewohnbaren Gebiete der Erde (*clima*); diese Klimata unterscheiden sich durch ihre Neigung zur Äquatorebene voneinander; (52,30-53,1) *der w. praiten* bezeichnet die südnördliche Ausdehnung des einzelnen Klimas; (51,21f.) *die w. sint pos* für menschliche Besiedlung ungeeignetes Land.

wurken swv. (9,27f.) *in sich w.* einem steten Wechsel, der Veränderung unterworfen sein (?).

Z

zagel m. (57,12) *dez drakken z.* Drachenschwanz. Siehe *drakke*.

zaichen n. (22,25) Tierkreiszeichen (synonym mit *himelzaichen*).

zaichentrager m. (22,24) Tierkreis; (58,23.26) Ekliptik. Siehe *tirkraiz*.

zedozzen part. (14,21) aufgeschwollen; Bezeichnung für die Wölbung der Erde.

zeitleich adj. (34,24) *der z. aufgank*, (35,14) *der z. underval* akronyktischer Auf- und Untergang eines Gestirns, Bezeichnung für den Auf- und Untergang eines Gestirns bei Sonnenuntergang.

*zevarn stv. (8,11) Lesart (Hs. K) zu *zuͤrnen*.

zirkel m. (20,2) Kreis.

zuendig adj. (38,7) nach Deschler (S. 147) ist z. "der Terminus technicus für das mitaufsteigende Äquatorstück" beim Aufstieg eines Zeichens.

zugang m. (22,27) Aufstieg, nach Norden gerichtete Bewegung der Sonne.

zuken subst. Inf. (30,10) Bewegung, Umschwung.

zupuͤnctig adj. (56,30) konzentrisch.

zuseitig adj. (37,4) siehe *zuendig*.

zuvall m. (8,24) *nach dem z.* entsprechend dem Standpunkt des Beobachters; (57,27) *punct dez z.* Berührungspunkt.

*zwilling m. (23,3) Lesart (Hs. g) zu *zwinlein*.

zwinlein n. (23,14) Sternbild, Tierkreiszeichen der Zwillinge, dritter Ekliptikmonat (21. Mai - 21. Juni).

zwischensatz m. (60,9) Zwischenstellung, Dazwischentreten (des Mondes).

*zwistant m. (60,9) Lesart (Hs. g) zu *zwischensatz*.

Wortschatzkonkordanz
von
'Deutscher Sphaera' und 'Puechlein von der Spera'

Es kann im folgenden nicht das Ziel sein - allein schon aus Raumersparnis -, das gesamte Vokabular der 'Deutschen Sphaera' und des 'Puechleins von der Spera' (Bibl. Nr. 3) synoptisch zu erfassen. Vielmehr beabsichtigt die nachstehende Wortliste, anhand eines Vergleichs zweier nahezu zeitgenössischer Übersetzungen der lat. 'Sphaera mundi' auf den konkurrierenden Wortschatz im Bereich des astronomisch-kosmographischen Zweigs mittelalterlicher Artesliteratur aufmerksam zu machen. Sie verzichtet weitgehend darauf, einerseits solche Begriffe zu verzeichnen, die zwar in der Wortbildung, jedoch kaum in der Bedeutung voneinander abweichen: *reht/gereht/aufgereht*; *mischung/zumischung*; *puch/puechlein* etc., andererseits solche, die oben als iterierend bezeichnet wurden (siehe Grundsätze dieser Ausgabe: Einrichtung, Punkt 7): *undergang/nidergang* usw. oder die miteinander beliebig vertauschbar sind: *kraiz/cirkel/ring* bzw. in beiden Texten identisch sind: *aufgang*; *werlt*; *gestalt*; *tailen* usw. Mit wenigen Ausnahmen nicht aufgeführt sind schließlich Begriffe der 'Deutschen Sphaera', die im 'Puechlein' nicht ins Deutsche übersetzt wurden: *hauptstuk/capitel*; *der sunnen aufgang/orient*; *fürer/deferens* etc.

A

abgang	(22,28)	(69,1) hinegang
abnaigen	(25,10) (32,9)	(69,36) weichen (75,7) abgang
abnaigung	(27,2)	(71,9f.) abweichung
abwahsen	(39,26)	(80,25) di mynnerung
ainformig	(15,29) a. leichnam	(64,32f.) geleich genaturet corpus, daz ist leich- nam
anderung	(55,10)	(91,34) underschaid
attlanten	(34,20)	(77,8) die henne mit den huenlein
aufgereht	(27,28) a. winkelein (28,30) a. augenender	(71,34) geleiche wincheln (72,28.29) slecht [oder] recht orison
aufhoͤhen	(56,7)	(92,23f.) auferhebung oder dy hochste stat
	(56,10) deu widerlag der a.	(92,25) der hohe widersatz
aufrihter	(58,6)	(94,7f.) gerichtet oder ge- slichtet
aufvarer	(58,6) *siehe* aufrihter	
augenender	(9,2) (28,27)	(60,12) zirkel des umbgesichtes (72,26f.) ender des gesichtes oder der chraiz des umbegesichts
auzpunct	(40,16) *siehe* auzsatz	
auzpuͤnctig	(56,2) der kraiz ist a.	(92,16f.) der zirchel ist ge- centert auz der werlt center
	(57,16)	(93,27f.) auzgecentert
auzsatz	(40,16) a. der sunnen	(81,7f.) auzzentrichait des chraizz der sunne

B

begreifen	(26,14)	(70,24) pesliezzen
benemen	(32,5)	(75,3) abziehen
beslizzen	(31,25) (51,30-52,1)	(74,31) undervangen (89,21) umbegreiffen

D

derhoͤhung	(27,13)		(71,21)	abweichung
	(29,14)		(73,1)	auferhebung
dikke	(19,11)	der erden d.	(66,21)	die mitter linie
	(19,23)		(66,26f.)	di durichgende linie dez chraizzes der erden

E

ebennaht	(20,11)		(67,9)	tag und nacht geleich
	(26,26)		(70,37)	gleichung [des] tagz und [der] nacht
ebennehter	(8,28)		(60,8f.)	zirkel, der tag und nacht geleichet
	(20,3)		(67,2)	der mitter zirkel
	(20,6)		(67,6)	nachtgeleichend
	(20,11f.)		(67,10)	der geleicher dez tages und der nacht
ebennehtig	(36,30)		(78,20f.)	nachtgleichleich
	(38,28)		(79,32)	nachtgeleichund
ebenpild	(6,14)		(59,7)	inpiltichleich
ebenverrer	(32,12)		(75,9f.)	geleiche verre stende von einander
ecke	(13,2f.)	e., die umbhoͤht und uͤmbvangen sint	(62,32f.)	winchel auferhaben und umbgefueret
erdenmezzer	(18,19)		(66,12)	werltmezzer
erhoͤht	(29,6)		(72,35)	auferhaben

F

fruhtwint	(22,5)		(68,13)	sauden
fuͤren	(15,23)	eine lenge f.	(64,28)	eine slechte linie ziehen

G

gank	(6,24f.)	g. ainer uͤmbverte	(59,16f.)	umbganch einer umbfuerung
gegenwertig	(6,13)		(59,6)	begreifleich
gemischet	(33,12)		(76,7)	gemazzet
genaigt	(29,5)		(72,34)	chrump; ungeleich
geperg	(15,25)		(64,29)	die hohe

gesellen	(32,3)		(75,2)	zesammen fugen
	(42,24f.)	geselte aufgeng	(82,33)	aufgeng mit ainander gesamment
gesternt	(7,22)	g. himel	(59,35)	hymel dez gestirnes
geswulst	(15,4)		(64,8)	die hoch
grunt	(26,3)		(70,14)	fuͤz
H				
haubot	(14,19)	kuglot und h. sein	(63,28)	eine hoche [haben]
himelahs	(53,28)		(90,37)	des hymels angel
himelspitze	(20,5)		(67,5)	dez hymels nabe oder angel
	(21,12)		(67,31)	nab der welte
	(26,12)		(70,21)	ort
	(10,21)	der berinne h.	(61,19f.)	himels nab oder angel gegen dem norden
	(10,22)	der widerberinne h.	(61,20f.)	di nab dez hymels gein dem sauden
himelwagen	(14,24)		(63,34)	nabe [oder] angel des norden
	(21,13f.)	der klaine h.	(68,6)	die mynner perynn
hoͤhen	(54,6)		(91,6)	auferhebung
K				
kruk	(23,4)		(69,11)	wazzerman
kuglot	(14,21)	k. sein	(63,30)	ein hohe haben
kuͤnstig	(9,10)		(60,18)	maisterleich
L				
lauf	(7,14)	der erst l.	(59,34)	die newnde spere [oder] der erst hymel
	(10,30)		(61,26f.)	die erst bewegung unde lauf
leibik	(6,28f.)	l. dinch, stark und sinwel	(59,20)	sinibel und gantze chugel
lenge	(15,23)		(64,28)	eine slechte linie
M				
mittelmezzig	(6,26)		(59,17)	stilstend
mittemtag	(14,22)		(63,31)	sauden; mittentag

mittentager	(28,22)	(72,22)	mittegischer cirkel
mongeprech	(14,14)	(63,23)	vinsterung dez manes

P

perinne	(14,27) (30,13) *siehe* himelspitze	(63,32) (73,26)	norden die nordische nabe
pigen	(47,1)	(85,34)	naygen
pleiades	(34,19)	(77,6f.)	dy henne mit den huenlein
praite	(7,2) (26,3) (32,23) (51,25)	(59,24) (70,14) (75,22) (89,15)	auzzer tail fletz gegent uberfletz

R

reich	(32,23) (48,9)	(75,22) (87,5)	gegent gegent oder lannd
ruken	(10,30) r. von seiner ungestuͤm	(61,27)	zukcht durch seine snellichait
ruͤklingen	(50,5)	(88,18)	hinderling
rundengroͤzze	(6,8)	(59,2)	spera
rundengroͤzzig	(27,29)	(71,34)	rond

S

samenung	(60,2)	(95,6)	zufugung
satz	(11,25) in ainem s. (42,17) (58,2)	(62,6f.) (82,22f.) (94,4)	an underlaz vestichait stant
schein	(51,4) der sunnen s.	(89,8f.)	stral der sunne
schein-geprechen	(6,21)	(59,13)	vinstrung
scheinprecher-inne	(25,4)	(69,32)	linie der vinster
schelch	(43,2f.) s. geporn werden	(83,5f.)	neygend aufgen
schelchait	(40,11)	(81,3)	di chrumpe
schilhend	(8,26) (22,26)	(60,7) (68,36)	chrump ungeleich
schorp	(23,3)	(69,10)	tarant

schuͤtze	(24,1)	(69,10) schiẹzzer
selplauffig	(7,24) *siehe* stern	
sibengestirn	(34,19)	(77,6f.) dy henne mit den huenlein
sibenohsin	(21,21)	(67,34) syben gestirne
sibentreter-inne	(21,23)	(68,3) siben zerreiber oder zertreiber
sinbeln	(15,4)	(64,8) hoch
sitzzer	(58,2)	(94,4f.) stend (*p. präs.*)
spitze	(26,9)	(70,18) nabe
steer	(58,2) *siehe* sitzzer	
stern	(7,24) selplauffiger s. (14,22) die siben uͤmb-lauffent s.	(59,36) planet (63,30) norden
sternseher	(33,22)	(76,19) maister dez gestirnes
strik	(38,2)	(79,11) rede
sumerzaichen	(42,19f.)	(82,28) nordische zaichen
sunwendig	(36,30-37,1)	(78,20) sunnestentleich
suͤnwente	(26,25)	(70,36) sunnstant

T

tirkraiz	(11,18) (26,9)	(61,31) chraiz der tyr (70,18f.) chraizz der zaichen

U

uͤberpraite	(16,30) uͤ. der erden	(65,23) der erden sinibel fletz
uͤberschrenken	(9,2.3) (46,7) (50,13)	(60,13) tailen (85,6) durichhawen oder tailen (88,24) hawen
uͤberschrenkung	(57,8) (57,10)	(93,14f.) dy taylung oder dy durchsneydung (93,17) widersneydung
uͤberwaltzen	(40,5)	(80,34) vollauffen
umbhoͤht	(13,2) *siehe* ecke	
uͤmbkraiz	(7,3) (18,2)	(59,26) auzzer tail (66,1) umbganch

uͤmblauf	(40,3)	(80,32) umbewegung
uͤmblauffent	(14,22) *siehe* stern	
uͤmbrukken	(40,21)	(81,11) lauff
uͤmbsliezzend	(12,15)	(62,24) mit forme umbgemezzen
uͤmbslinge	(40,25)	(81,14) umbgewunden chraizz
uͤmbslozzen	(7,2)	(59,24) begriffen
umbvahend	(12,16) *siehe* ecke	(62,24) mit forme umbgemezzen
uͤmbvart	(57,20) *siehe* gank	(93,32f.)umbchraizz
uͤmbwaltzen	(11,28) (12,1) (48,26)	(62,9) sich umbwegen (62,13) lauf (87,18) umbelauffen
ungestuͤm	(10,30)	(61,27) snellichait
unterseigen	(11,26)	(62,7) in den niderganch chomen

V

veintschaft	(37,22)	(79,3) widersats
vensterlein	(18,13f.) v. der lengen	(66,8f.)lueger der linien
volpringen	(11,7f.) den lauf v.	(61,33f.)den chraizz der tyr durchmezzen
vorderst	(48,8) v. himelzaichen	(87,1) angelisch zaichen

W

wagen	(14,23) (21,13) grozzer w.	(63,30) norden (67,35) grozze perynn
waltzen	(10,11) (11,20) (41,27)	(61,11) chraizzleich umbgen (62,1) bewegt werden (82,4) lauffen
waltzer	(7,14) der erst w.	(59,34) die newnde spere [oder] der erst hymel
waltzhimel	(20,12f.) der oberst w.	(67,12) der erst himel
wesen	(45,22)	(84,35) gelegenhait
widerfleizzen	(11,2f.) sich dem lauf w.	(61,28f.)hingegen gen
widerkerer	(32,29)	(75,31) widercherund zirkel
widerkrigend	(37,21)	(79,2) widersatzt

widerperinne	(14,26)	(63,37)	nabe oder angel gein dem mittentag
	(31,5) *siehe* himelspitze	(74,9)	der werlt sudische nab
winderzaichen	(25,25)	(70,7f.)	sudisch oder mittegisch zaichen
wonung	(47,9)	(86,5)	gelegenhait
	(51,19)	(89,12)	lannd
	(52,21)	(90,2)	ertzelannd

Z

zaichentrager	(47,14)	(86,11)	chraizz des zaihentragenden hymels
zalen	(55,8)	(91,33)	raitten
zedozzen	(14,21) z. sein	(63,30)	ein hohe haben
zestreuen	(13,21) daz ebenpild z.	(63,13)	di strale der gesichte tailen
zuendig	(38,7) z. sein	(79,16)	mitgemezzen werden
zuken	(30,10)	(73,24)	lauff
zupuͤnctig	(56,30) ein z. kraiz	(93,5f.)	ein zirkel, der mit der erden ist gecentert
zuseitig	(37,4) *siehe* zuendig		
zuvall	(57,27) der punct dez z.	(93,37)	der punct der beruͤrung
zuwahsen	(39,27)	(80,26)	merung

T E X T I L L U S T R A T I O N E N

Das folgende Abbildungsmaterial entstammt dem Cgm 156 der Bayerischen Staatsbibliothek, München (Hs. A), dem Ms. germ. fol. 1068 der Staatsbibliothek Preußischer Kulturbesitz, Berlin (Hs. g) und dem Add. 15696 aus dem British Museum, London (Hs. d).

Die beim Textabdruck der Figuren vorgenommenen Eingriffe in den überlieferten Wortlaut werden durch Kursivschrift kenntlich gemacht, ohne sie jedoch in einem textkritischen Apparat zu rechtfertigen.

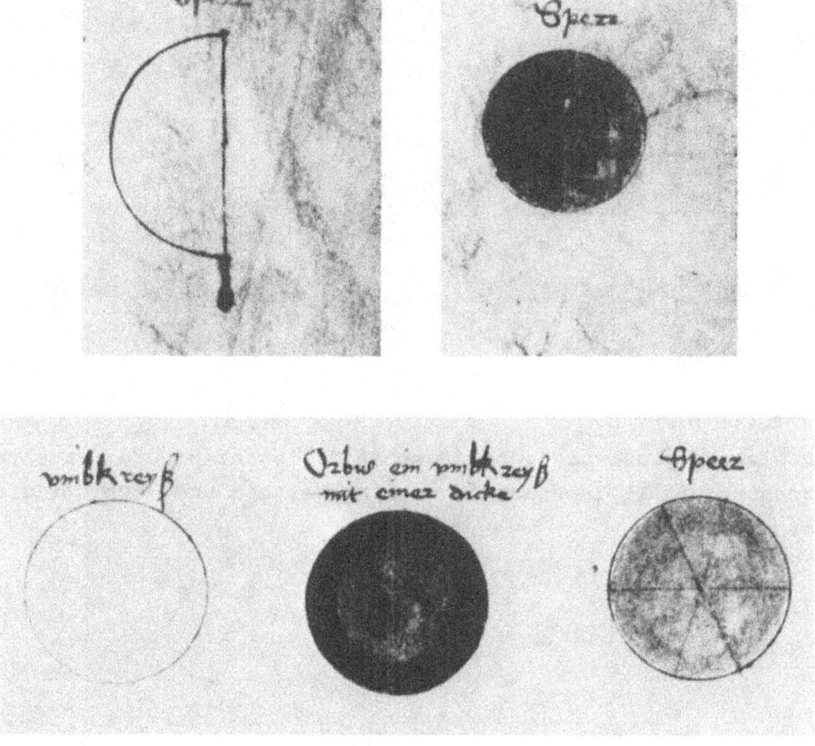

Figur 1: Hs. A, Bl. 1[r]

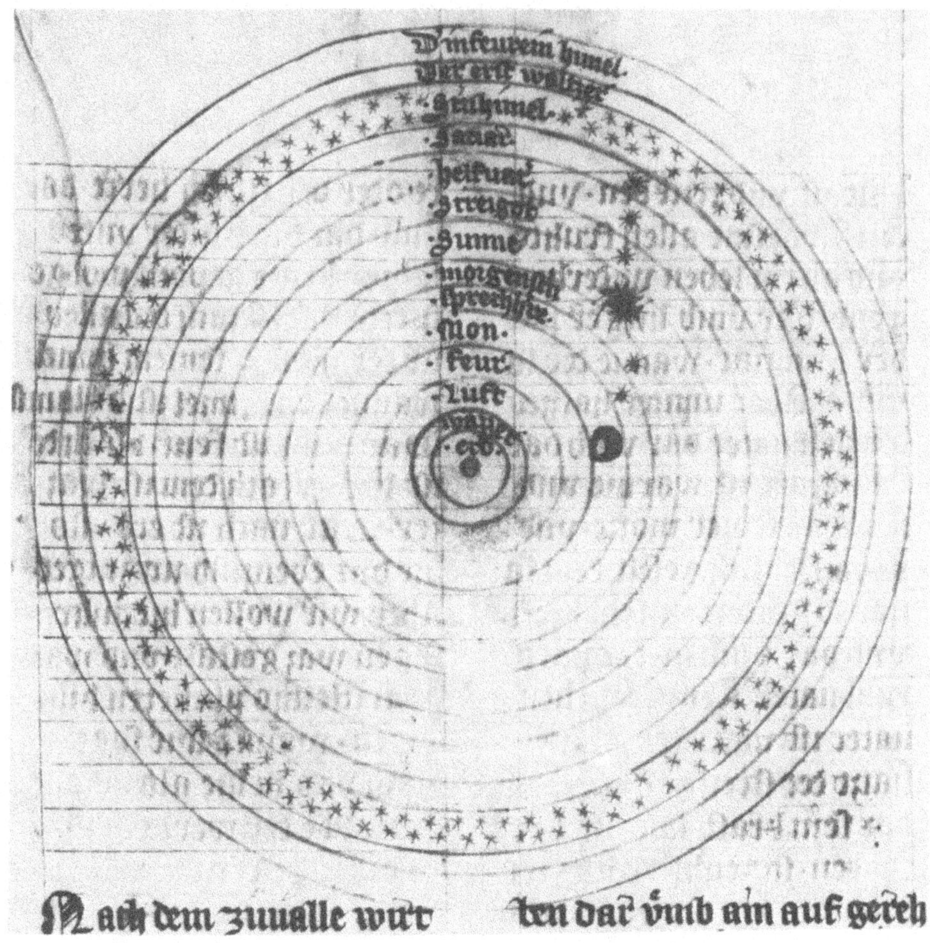

Figur 2: Hs. A, Bl. 2^v

Text der Figur 2:

In diser gegenwertigen figur sihst du der himel und der planeten ordenung und ir zal nach der sternseher sin und nach der cristen und der juden won.

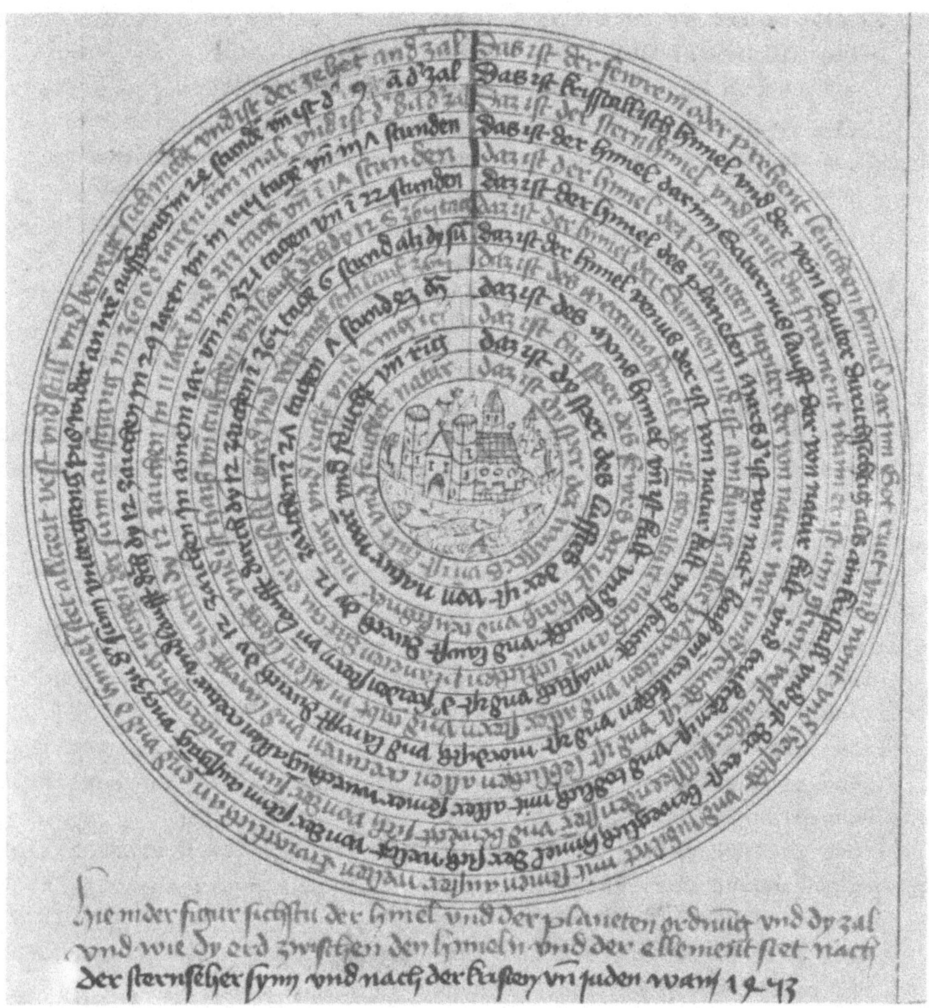

Figur 3: Hs. g, Bl. 218[v]

Text der Figur 3:

Hie in der figur sichstu der h*i*mel vnd der planeten ordnung vnd dy zal vnd wie dy erd zwischen den himeln vnd der ellement stet nach der sternseher synn vnd nach der kristen vnd juden wan. 1453.

Von oben nach unten:

- Das ist der fewrein oder prehent leuchten himel, darinn got ruet vnd wont vnd herscht vnd jubilirt mit seinen au*s*erwelten ewigclich an end, vnd der himel stet allczeit vest vnd still vnd bewegt sich nicht vnd ist der zehent an der zal.

- Das ist *der* krisstallisch himel, vnd der *ist* rein lauter durichsichtig als ain kristall vnd ist der erst beweglich himel, der sich weltzt von der sunn auffgang vncz zu der sunn vntergang pis wider an iren auffgang in 24 stunden vnd ist der 9 an der zal.
- Daz ist der sternhimel vnd haist daz firmament, wann er ist ain gruntvest aller stillsteenden stern vnd bewegt sich von der sunn vntergang gegen der sunn auffgang in 36000 iaren ain mal vnd ist der 8 an der zal.
- Das ist der himel, darinn saturnus laufft, der von natur kalt vnd trukchen ist vnd todlich mit aller seiner wurchung allen cre*a*turen vnd laufft durch dy 12 zaichen in 29 iaren vnd in 155 tagen vnd in 7 stunden.
- Daz ist der himel dez planeten jupiter, der von natur warm vnd feucht ist vnd ist leblichen allen cre*a*turen vnd lawfft durch dy 12 zaichen jn 11 iaren vnd 313 tagen vnd in 17 stunden.
- Daz ist der himel des planeten mars, der ist von natur haiß vnd trukchen vnd ist mördisch vnd lawfft durich dy 12 zaichen jn ainem iar vnd in 321 tagen vnd in 22 stunden.
- Daz ist der himel der sunnen vnd ist ain kunig aller planeten vnd aller stern vnd gibt in allen liecht vnd ist haiß vnd trukchen vnd lauft durch dy 12 signa *in* 365 tagen.
- Daz ist der himel venus der ist von natur kalt vnd feucht mäslich vnd ist der freiden stern vnd laufft durch dy 12 zaichen in 365 tagen 6 stunden alz dy sunn.
- Daz ist des mercurius himel der ist genaturt nach ainem iglichen planeten, darczu er gesellt wird vnd volpringt sein lauf *in* 365 *tagen*.
- Daz ist des mons himel vnd ist kalt vnd feucht vnd lawft durch dy 12 zaichen in 27 tagen 7 stund*en* 43 minuten.
- Daz ist daz sper des fewrs daz ist haiß vnd trukchner natur vnd leicht vnd ring.
- Daz ist dy sper des lufftes der ist von natur warm vnd feucht vnd ring.
- Daz ist dy sper dez wassers vnd ist kalt vnd feuchter natur.

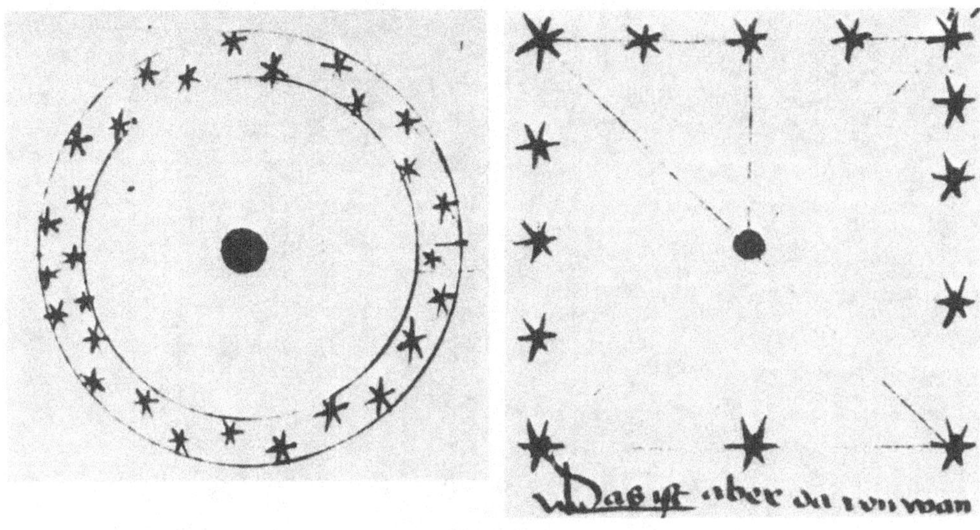

*Figur 4: Hs. d, Bl. 5^r^*

*Figur 6: Hs. d, Bl. 6^r^*

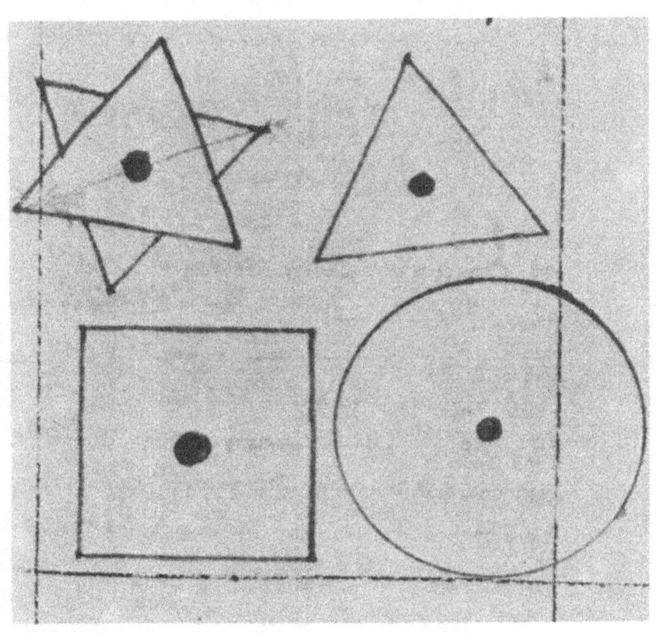

*Figur 5: Hs. g, Bl. 221^r^*

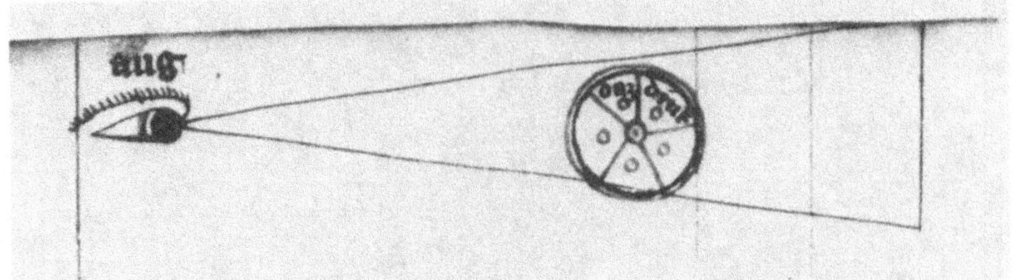

Figur 7: Hs. A, Bl. 5^{v}

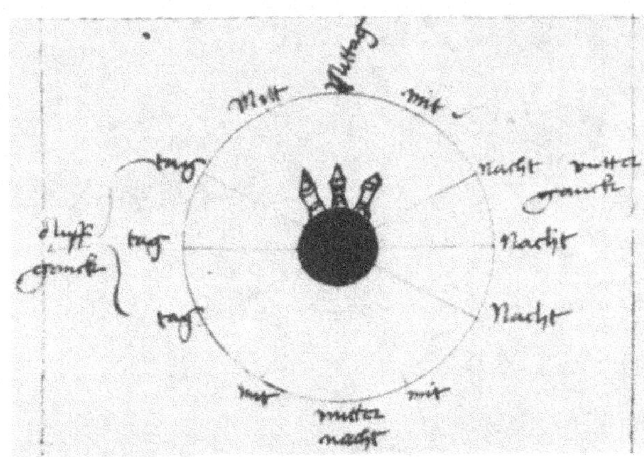

Figur 8: Hs. A, Bl. 6^{r}

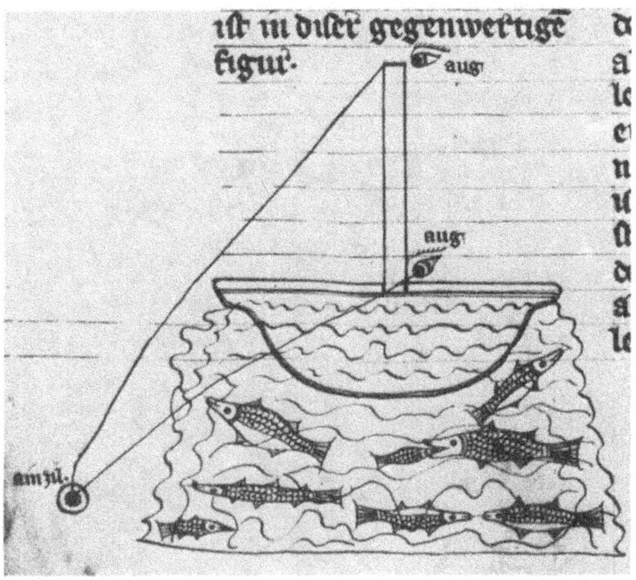

Figur 9: Hs. A, Bl. 6^{v}

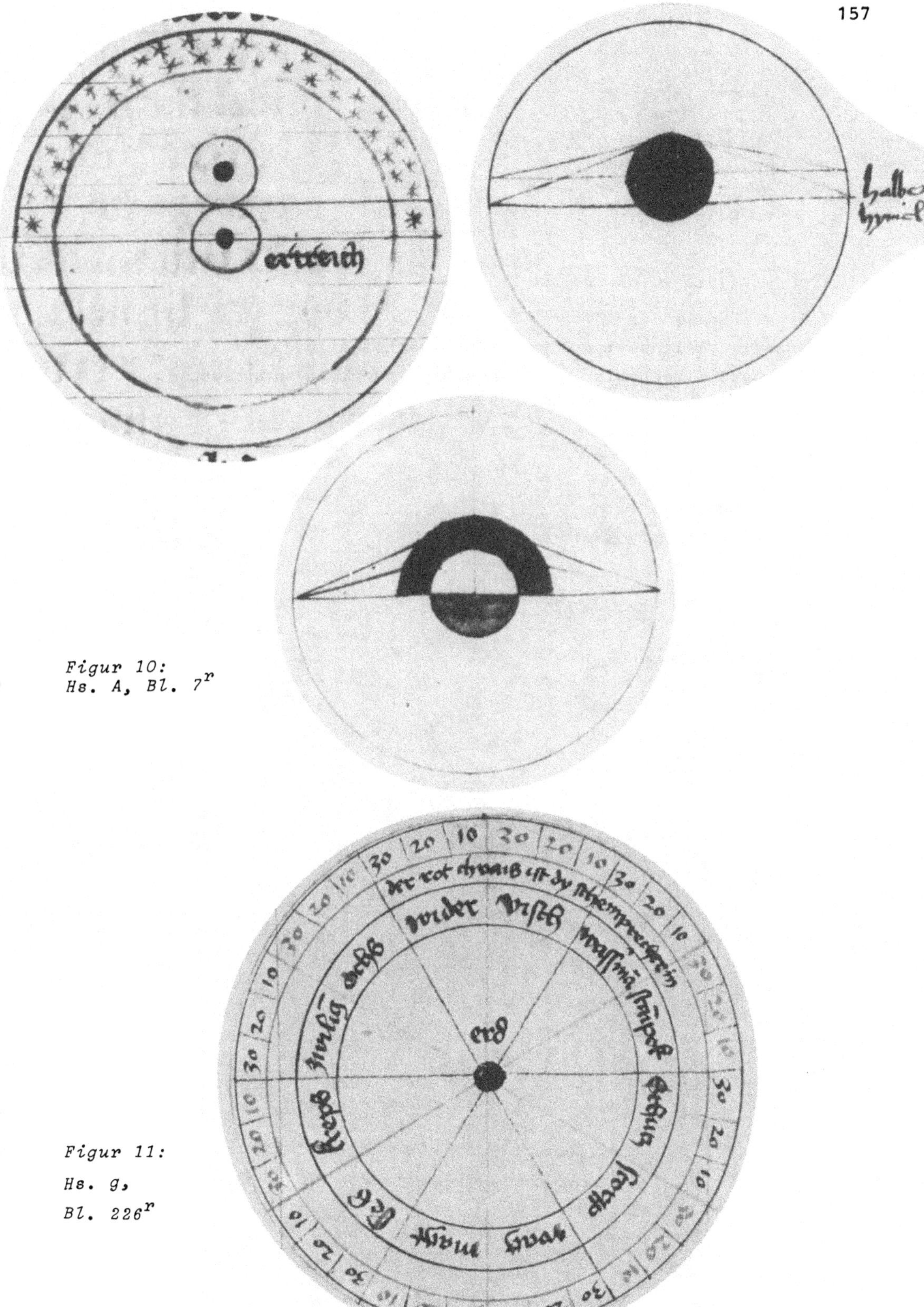

Figur 10:
Hs. A, Bl. 7[r]

Figur 11:
Hs. g,
Bl. 226[r]

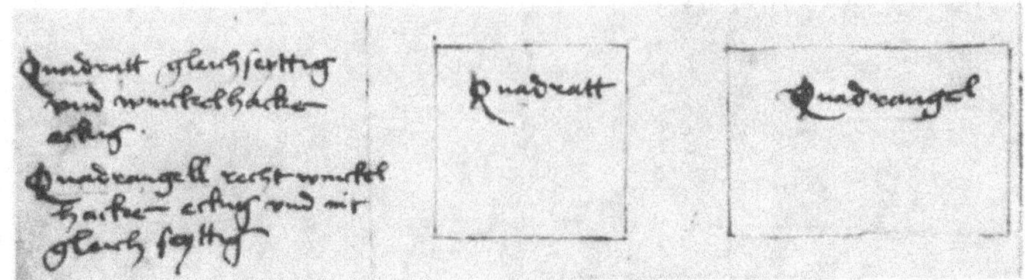

Figur 12: Hs. A, Bl. 11ᵛ

Text der Figur 12:

Quadratt: gleichseyttig vnd winckelhackeneckig.

Quadrangell: rechtwinckelhackeneckig vnd nit gleichseyttig.

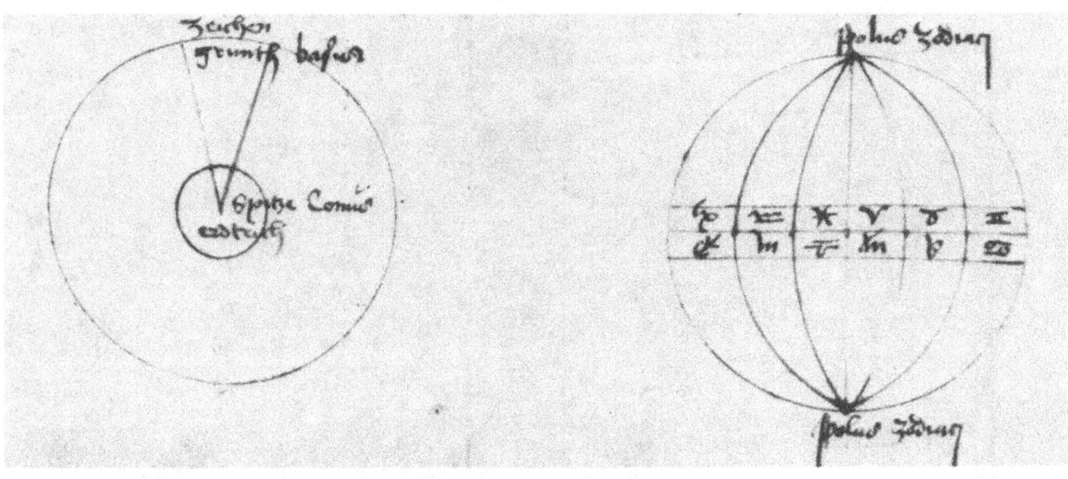

Figur 13: Hs. A, Bl. 12ᵛ

Figur 14: Hs. A, Bl. 12ᵛ

Figur 15: Hs. g, Bl. 229[r]

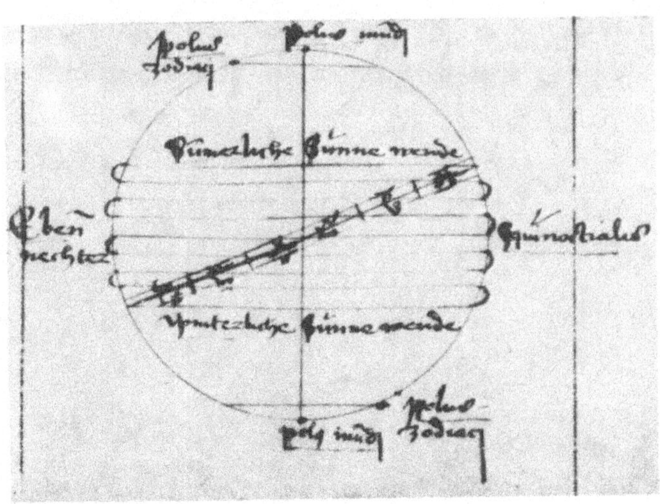

Figur 16: Hs. A, Bl. 20[r]

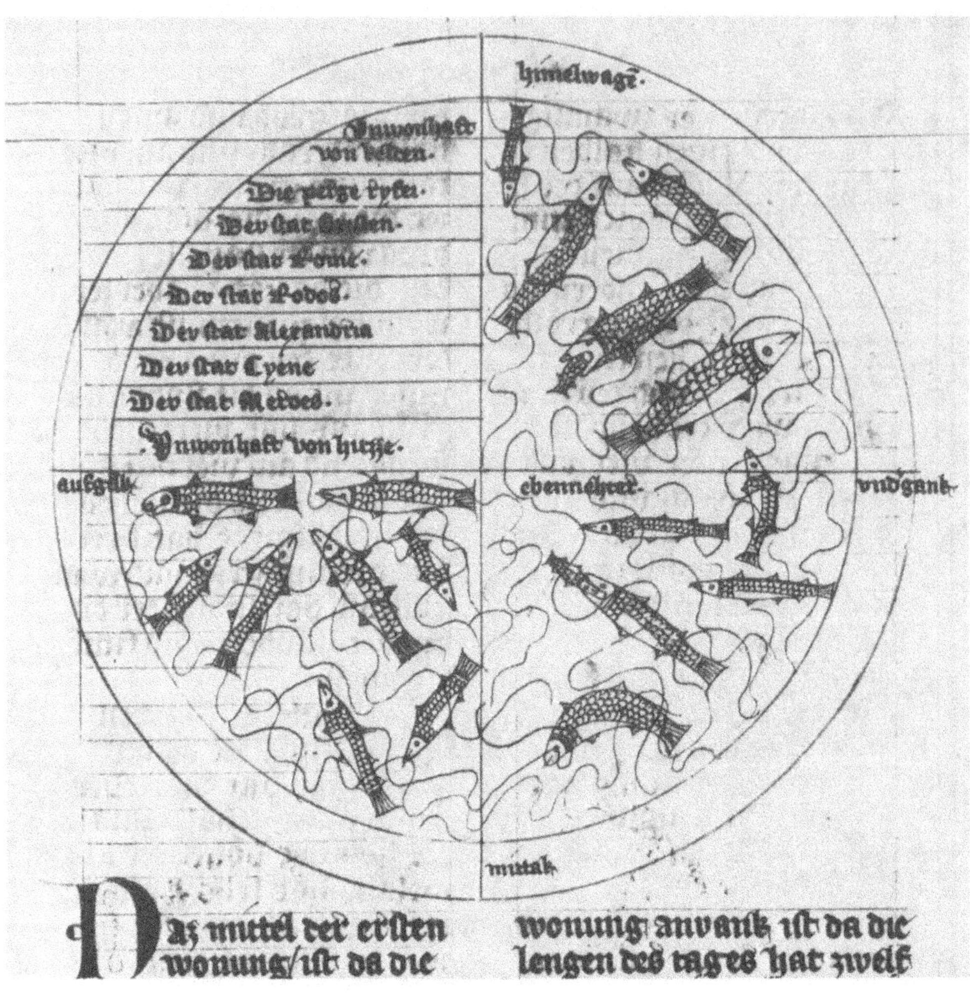

Figur 17: Hs. A, Bl. 26[r]

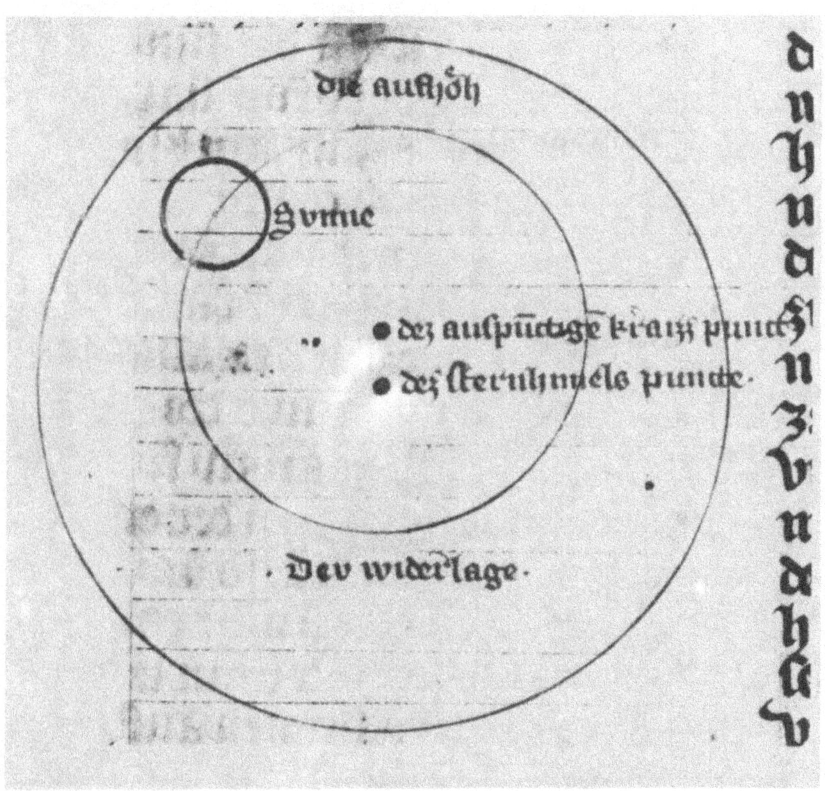

Figur 18: Hs. A, Bl. 28[r]

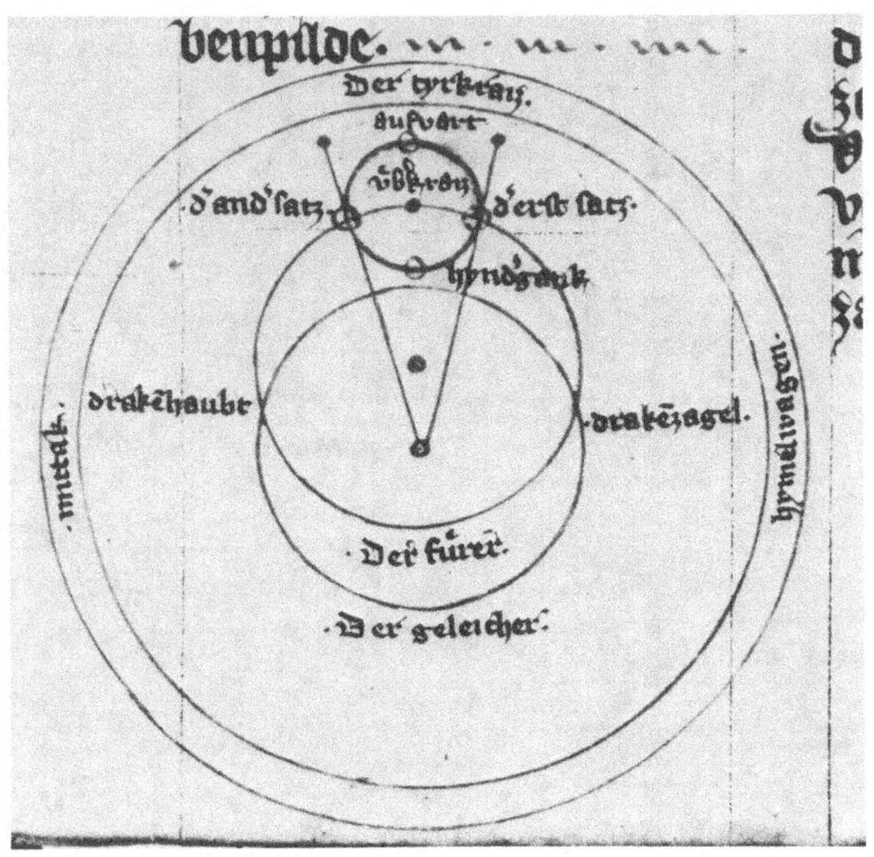

Figur 19: Hs. A, Bl. 29r

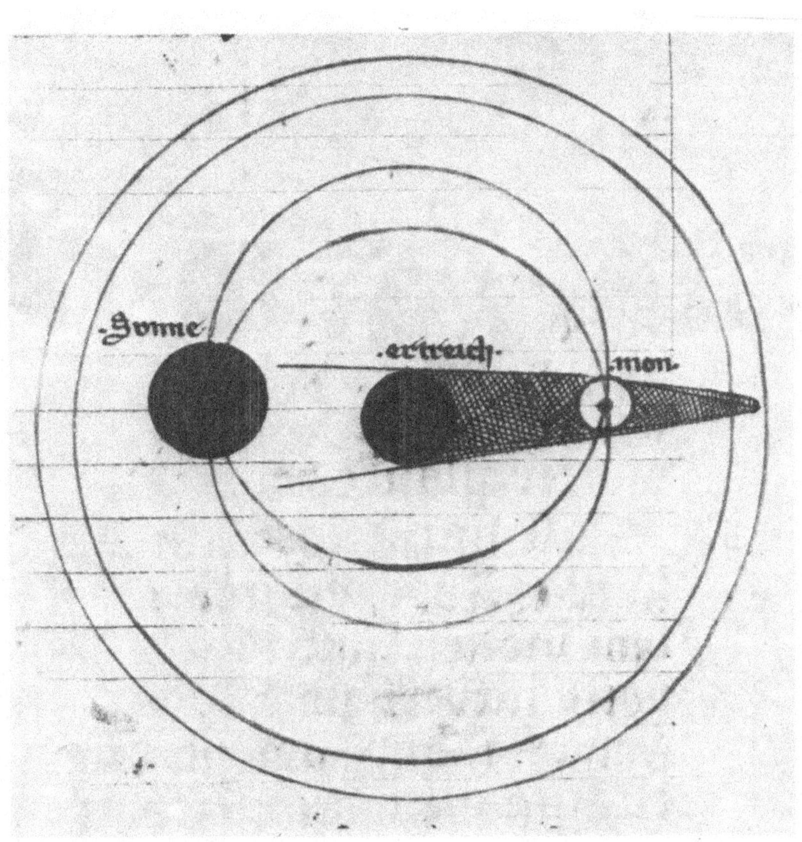

Figur 20: Hs. A, Bl. 29^v

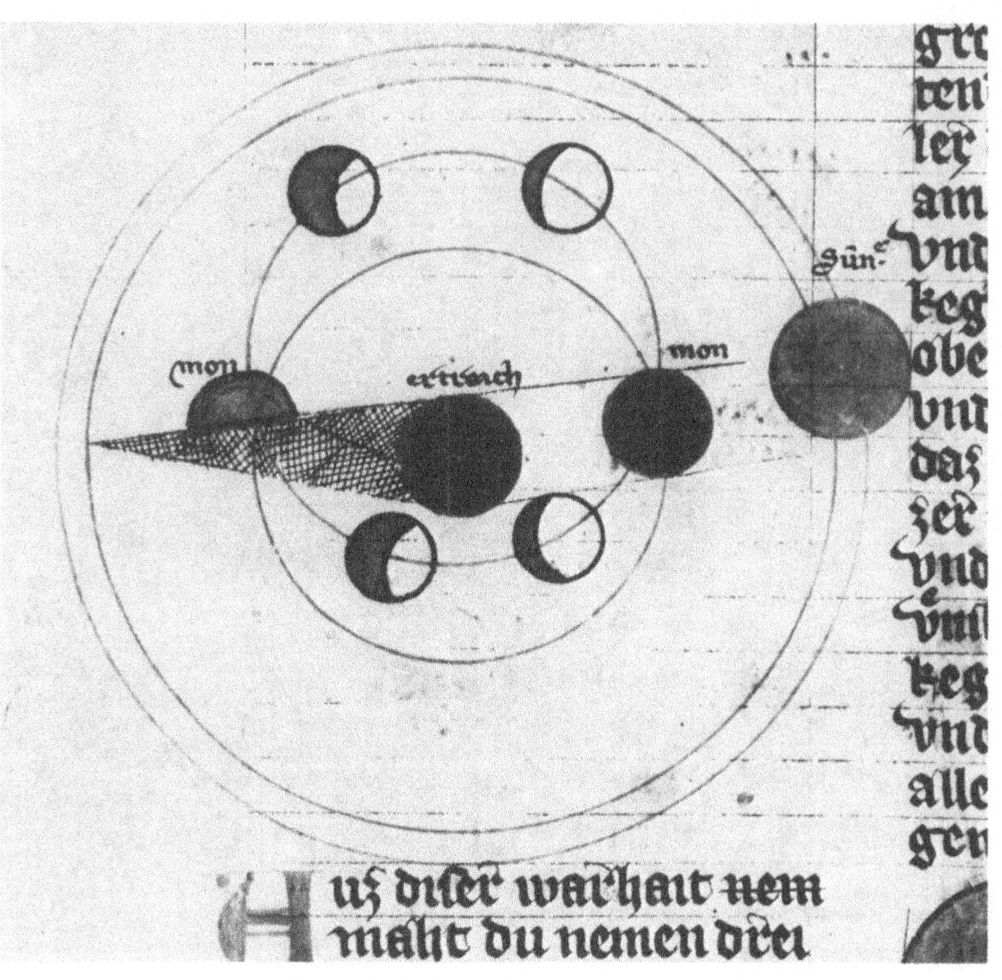

Figur 21: Hs. A, Bl. 30^v

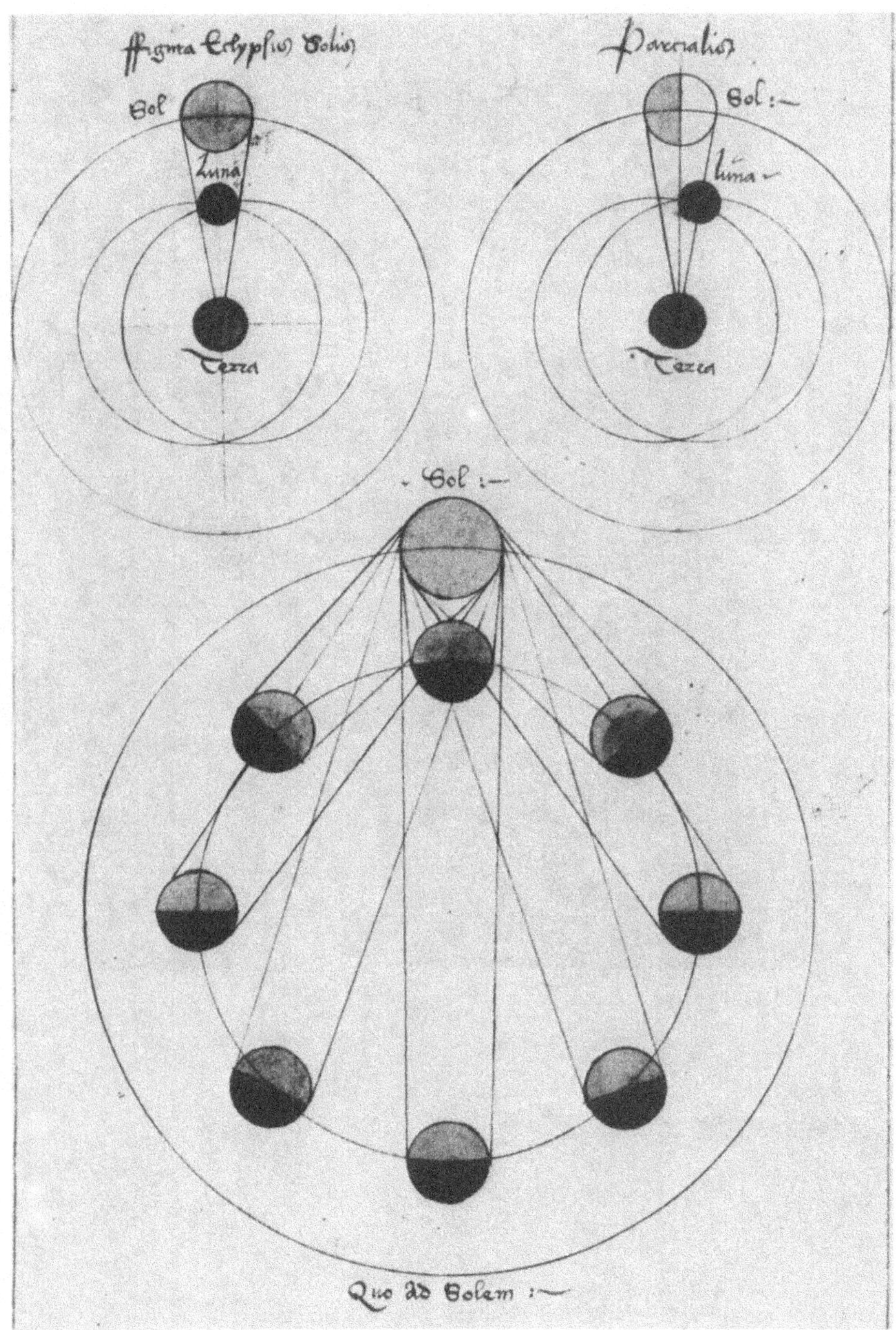

Figur 22: Hs. A, Bl. 32r

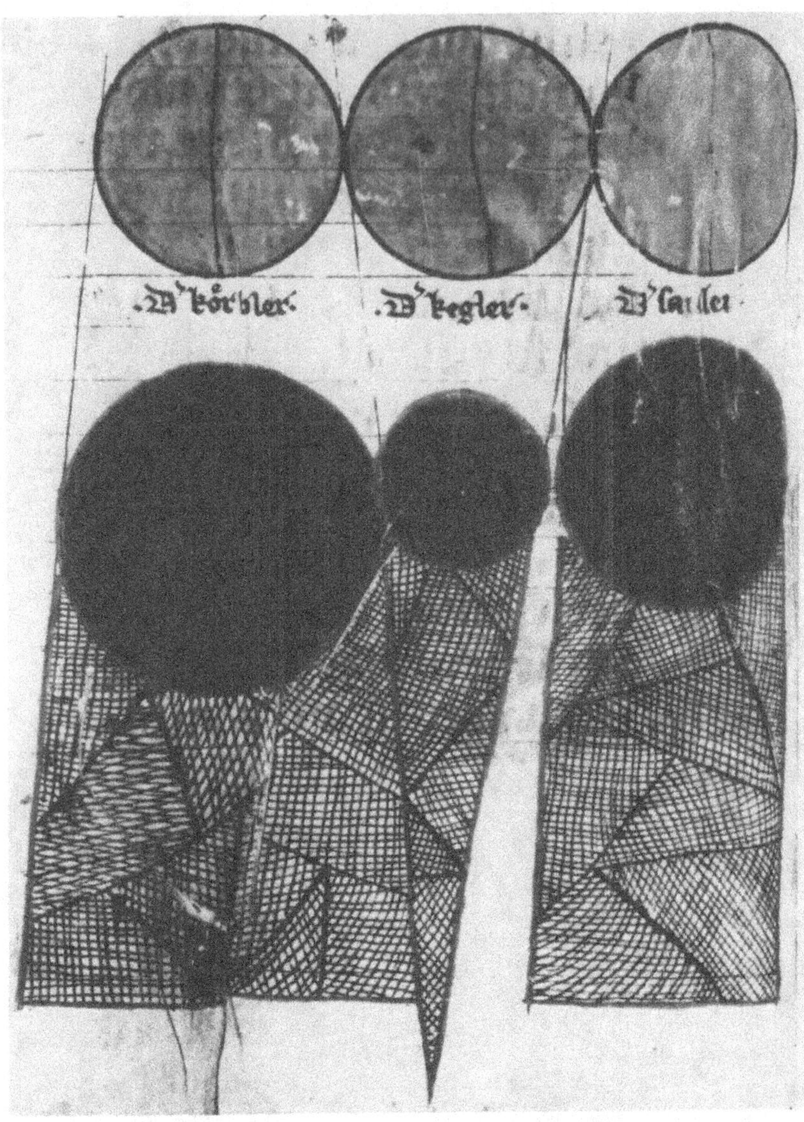

Figur 23: Hs. A, Bl. 30^v

www.ingramcontent.com/pod-product-compliance
Lightning Source LLC
Chambersburg PA
CBHW081128020726
47505CB00010B/2280

* 9 7 8 3 4 8 4 2 0 1 0 9 5 *